司法学研究丛书

主编：崔永东

本书出版受到"上海市教育委员会科研创新计划"项目资助

司法与社会之关系研究

SIFA YU SHEHUI ZHI
GUANXI YANJIU

崔永东／著

人民出版社

司法学研究丛书编委会名单

序

　　我国著名法社会学家、法史学家瞿同祖曾说："法律是社会产物,是社会制度之一,是社会规范之一。它与风俗习惯有密切的关系。它维护现存的制度和道德、伦理等价值观念,它反映某一时期、某一社会的社会结构,法律与社会的关系极为密切。因此,我们不能像分析法学派那样将法律看成一种孤立的存在,而忽略其与社会的关系。任何社会的法律都是为了维护并巩固其社会制度和社会秩序而制定的,只有充分了解了产生某一种法律的社会背景,才能了解这些法律的意义和作用。"①"法律是社会产物"这一名论揭橥了社会是法律的基础这一现象,并指明法律与社会的各个侧面都有千丝万缕的联系。

　　赵震江、付子堂教授所著的《现代法理学》一书也指出："社会是由各种相互联系、相互作用的因素所构成的复合体,包括经济、政治、文化等社会领域,以及法律、道德、宗教等社会规范。"②又说："社会生活的各个方面相互之间乃是有着密切联系的统一体,法律作为社会中的一种制度形态和一种规范体系,是与其他社会现象不可分割的。所谓'法律以社会为基础',就包括了法律的经济基础、政治基础、文化基础和道德基础等等。"③

　　诚如其言,法律、司法与社会的各个领域都有密切的关系,诸如政治、经济、金融、军事、道德、宗教、科技、体育等,无不渗透着法律的因素、映射着司法的影子。社会各领域的冲突和纠纷,都要诉诸司法或准司法的手段加以解决。因此,本书以探讨司法与社会之关系为宗旨,以古今结合、中外结合、思想与制

① 瞿同祖:《中国法律与中国社会》,中华书局1981年版,第1页。
② 赵震江、付子堂:《现代法理学》,北京大学出版社1999年版,第183页。
③ 赵震江、付子堂:《现代法理学》,北京大学出版社1999年版,第184页。

度结合、理论与实践结合作为研究的方法,大跨度、多角度地探索司法在调整社会秩序、规范社会生活方面的功能和作用。本书除了进行学理论证、宏观分析外,还提出了一些前瞻性、储备性和对策性建议,从而助推学术成果的社会转化,实现学术功能与对策功能的合一。为讲好"中国故事"、提高中国软实力贡献一份心力。

　　法律和司法均以社会为基础,司法进步必须以社会进步为前提。如果站在社会学立场上思考司法问题,就会发现所谓"司法"是一个弹性概念,除了"国家司法"的含义外,还有"社会司法"的内涵;如果说前者的依据是"国法"即国家制定法,那么后者的依据就是"活法"即社会规则了。在调整社会秩序方面,社会司法的作用甚至超过了国家司法。在此意义上,社会司法属于"准司法",如调解、仲裁、和解等是其主要手段。西方的法律社会学派也持上述见解。我们可以说,中国古代的民间调解、中国现代的"枫桥经验"以及西方的多元化纠纷解决机制等都属于社会司法。对社会司法的功能、价值及其在整个司法文明中的作用,学界有必要进一步深入探讨。本书的探索只不过是抛砖引玉而已。

　　是为序。

崔永东

2019 年 10 月 23 日夜

于上海松江望山楼

目　录

第一章　司法与道德

一、法律与道德关系的理论考察

　　法律与道德,其难舍难分的关系有着悠久的历史,迄今仍然是法学界或者伦理学界探讨的热门问题,而且该问题不仅具有深刻的学理意义,还有重大的现实意义。处理好该问题,不仅有利于法治文明的进步,更有利于道德文明乃至整个社会文明的建设。

　　对法律与道德之关系加以探讨的论著,可谓汗牛充栋。不但我国学界对此颇为用力,国外也有很多学者对此加以探讨。如有的学者就认为,法律规范必须有道德基础,失去道德基础,法律规范就为立法者的专横任意打开了方便之门。在许多社会生活领域,由法律与道德共同调整,道德建设的加强有助于法律调整的顺利进行;在另一些社会生活领域,由于法律的缺位,道德的介入会有助于弥补法律的不足。在社会主义条件下,"社会主义法与道德是我国社会主义上层建筑的两个紧密相联的部分。一方面,社会主义法制的加强有助于培养社会主义道德,社会主义法的制定以法律的形式将社会主义道德基本原则和要求确认下来。社会主义法的实施,对违法犯罪的打击和对合法行为、对社会有贡献的行为的鼓励,有利于扶植正气,压制邪气,树立和发扬社会主义道德风气。另一方面,社会主义道德建设又能为社会主义法制建设创造良好的思想道德环境,社会主义道德建设不仅是社会主义法的制定的基础,而且对社会主义法的实施也有重要影响,如果没有广大人民群众和干部道德水准的提升,就不可能有全民族的社会主义法制观念,社会主义法不可能顺利贯彻实施。"①另外，法律与道德之间又有着明显的区别："作为两种不同的调整社会关系的方式，它们的形成、调整对象、调整机制、调整范围、评价行为的标准等方面又各不相同。"②

英国法学家哈特曾对法律与道德的关系有一段精彩言论："法律和道德不仅分享同一套词汇，以至于既有法律上的也有道德上的义务、责任与权利；而且，所有国内法律制度都体现着特定的和基本的道德要求之宗旨。……正义的观念似乎要把这两个领域统一起来：正义既是适合于法律的善，又是诸善中最具法律性质的善。"③

我国学者也指出："法律与道德的关系之所以如此紧密，从外在方面来看，关键在于它们都是一种社会规范，共同服务于维持人类社会生活的正当秩序。二者功能的相似性——对正义的追求，使得人类在选择它们时，甚至于发生困难。在人类发展的相当长的时期内，人类对它们几乎都是不加区分的。而法律与道德的分离，甚至被一些法律史学家视为人类社会发展到较高阶段的标志。"④

该学者进一步指出："从法律与道德的内在联系来看，二者在各自存在及其发挥作用的过程中，似乎总是互为表里，或者至少存在相当大的交叉地带。通常，为法律所调整的社会关系，也为道德所重视。而严重违背道德的行为，既受到道德的谴责，又受到法律的惩罚。"⑤另外，道德与法律之间的区别也是明显的："从表面上看，法律与道德存在诸多显著区别：产生方式不同，作用方式不同，约束力不同，等等。但是，归根到底，二者的区别在于作为社会规范，它们在规范的内在结构方面存在本质差别：法律的结构是明晰的，而道德的结构是模糊的。有关法律与道德的任何其他区别，都可以从这一核心区别得到解释。在法理学上，法律是一种社会规范，这种规范的基本特征在于，法律有一种内在而完整的逻辑结构：一种从行为模式到法律后果的因果关系。"⑥

美国法学家卡多佐认为，法律是道德的表现："法律确实是一种历史的衍

---

① 沈宗灵主编：《法理学》，高等教育出版社 1994 年版，第 226—227 页。
② 沈宗灵主编：《法理学》，高等教育出版社 1994 年版，第 226—227 页。
③ ［英］哈特：《法律的概念》，张文显等译，中国大百科全书出版社 1996 年版，第 8 页。
④ 怀效锋主编：《德治与法治研究》，中国政法大学出版社 2008 年版，第 224 页。
⑤ 沈宗灵主编：《法理学》，高等教育出版社 1994 年版，第 225 页。
⑥ 怀效锋主编：《德治与法治研究》，中国政法大学出版社 2008 年版，第 227 页。

生物,因为它是习惯性道德的表现,而习惯性道德从一个时代到另一个时代的发展是悄无声息的,无人意识到的。"①法律与道德是密切关联的:"不断坚持说道德和正义不是法律,这趋于使人们滋生对法律的不信任和蔑视,把法律视为一种不仅与道德和正义相异而且是敌对的东西。"②

美国现代著名法学家博登海默曾指出:"那些被视为是社会交往的基本而必要的道德正当原则,在所有的社会中都被赋予了具有强大力量的强制性质。这些道德原则的约束力的增强,当然是通过将它们转化为法律原则而实现的。禁止杀人、强奸、抢劫和伤害人体,调整两性关系,制止在合意契约的缔结和履行过程中欺诈与失信等,都是将道德观念转化为法律规定的事例。"③上述言论实际上是对法律的道德基础进行了肯定。对任何一个社会来说,维持其秩序的基本道德原则往往被立法者赋予法律强制力,这样的基本道德原则就变成了法律原则。这在民法典、刑法典等法典中都是常见的现象。

从历史上看,道德与法律之间存在着双向流动的现象。事实上,随着人类文明的进步,既有一些道德规范被法律化,也有一些法律化的道德规范从法律中脱离出来,重新回到道德的领域。博登海默也指出了这一点。他说:

> 反过来看,一些在过去曾被认为是不道德的因而需要用法律加以禁止的行为,则有可能被划出法律领域而被归入个人道德判断的领域之中。例如,在英国,成年男子之间相互同意的同性恋行为已被排除在刑法管辖范围之外,而美国的伊利诺伊州也制定了同样的法律。在英国,已经制定了自杀未遂罪,美国已普遍允许堕胎自由。婚外性关系已通过不实施刑事规定而不再成为一种罪行。还需要指出的是,在美国的许多州,违反婚约之诉以及情感疏远之诉都已被取消,其结果是曾应受侵权法规约束的行为已被转移到了道德评价的领域之中。④

考察世界法制史上道德法律化的历程,可以发现在道德与法律之间呈一种双向流动的样态:一些道德规范正向"流动"到法律规范之中,是谓道德转

---

① 〔美〕本杰明·卡多佐:《论司法过程的性质》,苏力译,商务印书馆1998年版,第64页。

② 〔美〕本杰明·卡多佐:《论司法过程的性质》,苏力译,商务印书馆1998年版,第83页。

③ 〔美〕E.博登海默:《法理学:法律哲学和法律方法》,邓正来译,中国政法大学出版社1999年版,第374页。

④ 〔美〕E.博登海默:《法理学:法律哲学和法律方法》,邓正来译,中国政法大学出版社1999年版,第377页。

化为法律;一些法律规范又逆向"流动"到道德规范之中,是谓法律还原为道德。这种双向的"流动"正说明了道德与法律之间复杂的互动关系,它确实是一种耐人寻味的文化现象。

当然,法律毕竟不能完全等同于道德,它们有各自的领域和范围。博登海默也看到了这一点,他说:"法律中还存有一些道德观念并不起任何重要作用的广泛领域。技术性的程序规则、流通票据的规则、交通规则的法令以及政府组织规划的细节,一般都属于这一类。在这些领域中,指导法律政策的观念乃是功效与便利,而不是道德信念。"①诚然,法律不能取代道德,道德也不能取代法律,它们均有独立的作用与价值。两者的关系应该是互相补充、互相促进,而不是取彼舍此。如果把所有的道德规范转化为法律规范,把所有的道德原则转化为法律原则,那么结果就是法典变成了道德法典,这恰恰不利于人类文明的进步。

英国法学家哈特还揭示了道德与法律的关系:"每一个现代国家的法律工作者处处表明公认的社会道德和广泛的道德理想二者的影响。这些影响或者是通过立法突然地和公开地进入法律,或者是通过司法程序悄悄地进入法律。在有些制度中,如美国,法律效力的最后准则中明确地包括了正义原则或重要的道德价值;在其他制度中,如英国,虽然最高立法机关的权限没有形式上的限制,可是它的立法还是毫不含糊地符合正义或道德。……法规可能仅是一个法律外壳,因其明确的术语而要求由道德原则加以填充。"②

美国著名法理学家朗·富勒对道德与法律的关系也进行了深入的探讨。他把道德区分为"愿望的道德"和"义务的道德"两部分,称"愿望的道德在古希腊哲学中得到了最明显的例示。它是善的生活的道德、卓越的道德以及充分实现人之力量的道德","如果说愿望的道德是以人类所能达致的最高境界作为出发点的话,那么,义务的道德是从最低点出发。它确立了使有序社会成为可能或者使有序社会得以达致其特定目标的那些基本规则"③。

可见,所谓"义务的道德"是一种基本道德,它是对维系社会秩序的一种

---

① [美]E.博登海默:《法理学:法律哲学和法律方法》,邓正来译,中国政法大学出版社1999年版,第379页。

② [英]哈特:《法律的概念》,张文显等译,中国大百科全书出版社1996年版,第199页。

③ [美]富勒:《法律的道德性》,郑戈译,商务印书馆2005年版,第7—8页。

最低限度的要求,或称为"底线伦理"。而"愿望的道德"是一种"卓越道德",代表了一种理想的道德,是人类所能达到的一种最高的道德境界。"义务的道德"要求人人必须践行,而"愿望的道德"则不需人人践行,因为一般人难以达到,只有少数道德精英才能趋近或达成之。

富勒认为,"义务的道德"是法律的"表亲",就是说它与法律最为接近,甚至可以直接转化为法律。而"愿望的道德"则不宜直接转化为法律,因为"愿望的道德与法律不具有直接的相关性"①。富勒另外所言,"法律不可能强迫一个人做到他的才智所能允许的最好程度",即法律不能强人所难,而若将愿望的道德转化为法律义务,则实属强人所难,对道德与法律必然产生"两害"的后果。

美国著名法社会学家庞德在其所著的《法律与道德》一书中将法律的发展分成了三个阶段,第一阶段是原始法阶段,在该阶段,宗教、习俗、道德与法律混杂于一种简单的社会控制之中。第二阶段是严格法阶段,在该阶段,国家或组织化政治团体取得了确定的优势,法律也明确地与其他社会控制方式相分离。但这一阶段的法律规范是粗糙和僵硬的,并且"法律对道德变得极其冷漠"。另外,道德还赶超了习惯,习惯的活力大大降低。第三阶段是道德与法律融合的阶段。在这一阶段,"纯粹道德理念从外部大量地涌入了法律",因此,"道德义务成为了法律义务","道德原则被认为同样是法律原则"。"此阶段所有法律体系的特征是:法律制定必须符合道德的倾向,道德观念随之融入法律理念的进程,以及将没有法律制裁内容的道德转化为有效的法律制度。"②

根据庞德的表述,在第三阶段,道德对法律进行了广泛的渗透,甚至可以说"道德乃是潜在的法律"。通过这种渗透,道德规则被转化为法律规则,道德原则被转化为法律原则。由此也体现了一种使法律和道德"趋同"的努力。庞德指出:"使法律和道德趋同的努力——以法律规范覆盖道德领域,并使既存规范吻合一个合理的道德体系的要求——造就了近代法。"③这就是说,西方国家的近代立法也得益于这种使法律与道德趋同的努力。

---

① [美]富勒:《法律的道德性》,郑戈译,商务印书馆2005年版,第7—8页。
② [美]罗斯科·庞德:《法律与道德》,陈林林译,中国政法大学出版社2003年版,第44页。
③ [美]罗斯科·庞德:《法律与道德》,陈林林译,中国政法大学出版社2003年版,第45页。

在西方自然法学者看来,道德与法律是同质的,一个法律规则的"前身"往往就是一个道德规则。例如,一个衡平法原则的前身就是一个道德原则,然后它又成为一个普通法原则。学者 Miller 在 *Historical View of the English Government* 一书中所揭示的:"法律和衡平法在持续行进,并且前者不断地从后者那里获得支持。随着岁月流淌,每一个新的、特殊的解释都变成了一条古老的规则。今日严格法的很大一部分内容,以前被看作是衡平法。而目前的衡平法判决,日后必然会被归于严格法之列。"①衡平法是公平正义之法,其主要内容是道德规则,在英美法系国家,正是衡平法的道德规则不断地向"严格法"(普通法)领域渗透,使后者体现了更加明显的道德性。

庞德指出:"19 世纪后半期是法律的成熟期。在法律的成长期纳入法律体系的道德制度和学说,已实现了自身的合法化。我们得到了一个衡平法的'体系'。衡平法学说取得了法律的形式,譬如说'衡平法禁止翻供'。"②衡平法体系的诞生正是道德观念"合法化"的一种表现,其经久不衰的魅力也正昭示着道德对法律领域的持续渗透。

当然,也应看到,道德并不完全等于法律,双方各有其范围,但两者之间又存在着广袤的交叉地带。正如庞德所说:"法律规范有时与道德相左,或许有时必定与道德相左。但是,这种情况也不是一种美德。在论证'法律是一回事,道德是另一回事'时,并不需要大量的此类情况。"③

西方近代的分析法学对法律与道德之间存在的密切联系表示了否定,同时也对法律的基础应当是道德的说法进行了否定。庞德对此提出了批评:"分析法学声称法律与道德是截然不同且互不相关,而自己只关注法律。如果分析法学家在实务中发现二者的领域发生接触甚或重叠,他会想当然地认为原因就是:虽然在一个理论上非常先进的法律体系中,可以清楚地界分司法功能和立法功能,但这种界分在实务中却无法得以完全实现。他会说,只要这种界分尚未实现,那么法律与道德仍会出现混淆或重叠。就他看来,法律与道德在四种场合发生联系,即司法立法、法律规范的解释、法律适用以及司法自

---

① 转引自[美]罗斯科·庞德:《法律与道德》,陈林林译,中国政法大学出版社 2003 年版,第 45 页。

② [美]罗斯科·庞德:《法律与道德》,陈林林译,中国政法大学出版社 2003 年版,第 48 页。

③ [美]罗斯科·庞德:《法律与道德》,陈林林译,中国政法大学出版社 2003 年版,第 55 页。

由裁量。他认为在这四种场合,权力界分是不彻底的,而法律与道德之间存在一条接壤线。只要能彻底界分司法权与立法权,那么法律就归属于法院,而道德归属于立法;法律规范归属于法学,道德原则归属于伦理学。"①尽管分析法学认为在道德与法律之间存在着一条接壤线,但这无非是因为司法权与立法权没有彻底分割所致,如果彻底分割则会使法律归属于法院,道德归属于立法。庞德认为,仅仅从上述几个方面看到法律与道德的联系是远远不够的,而且那种通过彻底界分立法权与司法权以达到道德与法律彻底分离的企图也是不可行的。

美国学者贝克尔在《18世纪哲学家的天城》一书中对德国历史法学派萨维尼的观点表示认同,他写道:"法律并不是由立法者制订的,就像语言不是由语法学家创造的一样。法律有如语言,乃是一个民族自然的道德风尚的产物,它只不过是一个民族持久的风俗习惯,是从它过去和现在的生活中活生生地跃出的。因此,立法者的任务不是'制订'法律,而是通过考察历史来发现法律是什么。"②这是将法律看成是一个民族道德风尚的产物,凸显了法律与道德的密切联系。

就以刑法为例,其道德因素不可胜举。学者对此有所揭示:"刑法的基本精神包含着道德的内容,刑法的发展演变离不开道德的因袭和变迁。不仅如此,从道德的角度出发,才能确切地理解刑法的根本价值。"③还说:"刑法的道德性可能包括这样的两层含义:一是刑法内容和精神中对于道德的肯定,这应当是实证的客观存在。刑法中含有道德因素,且这种道德因素是刑法的存在根据。例如,对于犯罪与刑罚的定义,刑法从道德的角度寻求惩罚正当性的根源。二是刑法对于道德的支持和维护,这一含义是应然的存在,这关系到刑法如何走向良善的必要考量。刑法所要达成的正义、公平等价值,应该都是在契合道德内容的过程中逐步实现的。"④

在我国社会主义法治建设过程中,决策者也深刻认识到了法律与道德、法

---

① 〔美〕罗斯科·庞德:《法律与道德》,陈林林译,中国政法大学出版社2003年版,第63—64页。
② 〔美〕卡尔·贝克尔:《18世纪哲学家的天城》,何兆武等译,生活·读书·新知三联书店2001年版,第336—337页。
③ 包涵:《论刑法中的道德判断》,中国人民公安大学出版社2015年版,第114页。
④ 包涵:《论刑法中的道德判断》,中国人民公安大学出版社2015年版,第114页。

治与德治的密切关系,因而提出了依法治国与以德治国相结合的治国方略:
"国家和社会治理需要法律和道德共同发挥作用。必须坚持一手抓法治、一
手抓德治,大力弘扬社会主义核心价值观,弘扬中华传统美德,培育社会公德、
职业道德、家庭美德、个人品德,既重视发挥法律的规范作用,又重视发挥道德
的教化作用,以法治体现道德理念、强化法律对道德建设的促进作用,以道德
滋养法治精神、强化道德对法治文化的支撑作用,实现法律和道德相辅相成、
法治和德治相得益彰。"①这是从意识形态的角度对法律与道德的关系进行了
界定。

二、司法与道德之间的关系

司法与道德有密切关系,道德观念对司法活动能发挥重要影响。在博登
海默看来,那种坚持在司法中把法律与道德区分开来的要求是难以实现的,
"至于一个法律制度是否能够完全不使用含有道德涵义的广义概念,如诚信、
犯意(犯罪意图)和违背良心的行为等概念,也是颇令人怀疑的"②。接着,博
登海默又说:

> 当法律出现模糊不清和令人怀疑的情形时,法官就某一种解决方
> 法的"是"与"非"所持有的伦理信念,对他解释某一法规或将一条业已
> 确立的规则适用于某种新的情形来讲,往往起着一种决定性的作用。
> 正如卡多佐法官所言,法官们常常"为了对道德要求作出回应"而不得
> 不在各处破例作出让步。弗兰克福特法官也持有同样的观点,他说,
> "司法机关的作用并非如此有限,它可以使联邦法院成为一种正义的工
> 具,因为它必须正视数个世纪以来始终构成法律一部分的道德原则和
> 衡平原则"。当法院因宣布一个先例无效而背离遵循先例的原则的时
> 候,也有可能发生依赖道德观念的情况。另外,如前所述,如果一个法
> 官被要求去执行一项与社会正义感完全不一致的法规,那么他就可能

---

① 《中共中央关于全面推进依法治国若干重大问题的决定》,人民出版社 2014 年版,第 7 页。
② [美]E.博登海默:《法理学:法律哲学和法律方法》,邓正来译,中国政法大学出版社
1999 年版,第 378 页。

面临法律中的道德方面的问题。①

这段话谈到了道德观念对司法实践的影响,法官的道德信念往往对其处理具体案件起着决定作用。法律不可能是包容无遗的,也不可能是绝对清晰的,因而,法官的固有道德观念也就难免影响到他的审判实践。正如弗兰克福特法官所说,法官的道德信念使"法院成为一种正义的工具"。可以说,法官的"自由裁量"行为背后,是受一定道德观念支配的。在判例法系国家,"法官造法"是被允许的,故某一法官依道德观念所作的判决又有可能成为以后法院遵循的"先例",这也就意味着道德的法律化。

英国法律史学家梅因在《古代法》一书中曾说:"英国衡平法是建筑在道德规则上的一种制度。"②我国也有学者根据英国衡平法的理论和实践提出了"衡平司法"的概念,并认为这一现象在中国法律传统中也同样存在。衡平司法体现了"公平""正义""平等"等道德观念对司法实践的影响,所谓的"衡平法"格言正是衡平司法所遵守的具体规则,如"平等即衡平""衡平重意思轻形式""衡平不允许有不法行为而无补救""衡平法依良心行事""请求衡平救济者须为衡平行为并须自己清白""衡平法不帮助怠于行使权利者""衡平法力求完全公平而非部分公平"等。上述格言无不体现了鲜明的道德精神和价值观念,"衡平格言是在衡平法律的实践中形成的基本价值理念,同时又对衡平法律制度的发展起到了举足轻重的作用。"③

学者认为,中国司法传统中同样存在着类似于英国"衡平司法"的观念和机制。中国古代的司法官以建立或者恢复一种稳定和谐的人际关系及社会关系为着眼点,强调化解纠纷恢复和谐,而不是致力于建构一种影响深远的制度体系。"支撑司法官价值判断的是一种'衡平'的理念与精神,这里的'衡平'概念虽然与英国衡平法有着某种共同含义,但它并非是外来的语汇,尤其是其普适性的意义完全有着一种本土化的渊源。'衡平'概念可以作为探索和研究中国传统司法文化内在逻辑与意义结构的重要工具,用其来描述中国古代司法的理念和运作以及整个社会法律秩序的真实图景,是颇为恰当的。……

---

①　[美]E.博登海默:《法理学:法律哲学和法律方法》,邓正来译,中国政法大学出版社1999年版,第378页。

②　[英]梅因:《古代法》,沈景一译,商务印书馆1959年版,第40页。

③　顾元:《衡平司法与中国传统法律秩序》,中国政法大学出版社2006年版,第289页。

中国传统司法中的'衡平',是指司法官在天理、国法、人情、风习等的支配和综合作用下,对案件作出合于现实理性需要的适当性处理,其结果常常是对于国家实现法定规则的一种'技术性'规避。所谓的衡平司法,实质上就是司法官尽其可能地权衡他所面临的所有社会条件,而作出的能够最大限度地达到和谐与均衡的判断的过程。衡平司法是中国人治社会中法律与道德有效运作的润滑剂,它对于建构和维系传统社会法律秩序具有十分重要的意义。"①指出衡平司法是古代中国司法中"法律与道德有效运作的润滑剂",确实有见地。

其实,如果不计较所谓名词概念是否属于舶来品,衡平司法用"伦理司法"来表述可能更加简捷易解,中国古代的伦理司法是儒家伦理道德影响司法领域的体现。正如学者所说:"中国古代社会的司法、审判的观念和制度以儒家伦理思想为基础,全面、直接的受到儒家思想的指导,中国古代社会的司法、审判实为'伦理司法'。"②

有学者考察了中国现代司法,发现道德的影响无处不在。他写道:"在司法过程中,道德总是通过种种途径影响法律规则而试图影响法官的司法裁决。这些因素包括法律渊源、案件的性质和类别、法官个人因素等形式因素,以及法律适用、实质性法律推理、法律事实认定和法官自由裁量等实质因素。"③应该说这符合中国司法的实际。

卡多佐曾列举了一个著名的案例来说明道德原则对司法实践的影响,这一案例就是著名的里格斯诉帕尔默案件。其中的一方作为遗嘱遗产继承人而杀害了被继承人,衡平法院决定不允许一个谋杀者享有遗嘱收益。卡多佐认为,衡平法院的这种判决是基于一个根本的原则,"它深深扎根于普遍的正义情感中,这就是,无人应当从他自己的不公中获利或从他自己的错误中占便宜"④。"衡平"的意思是公平,衡平法院追求的基本价值就是公正,而公正是植根于人的内在情感之中的。上述判决说明,道德原则确实潜移默化地影响着法官的司法实践行为。因此可以说,一种优良的司法就是一种合乎正义的

---

① 顾元:《衡平司法与中国传统法律秩序》,中国政法大学出版社 2006 年版,第 1—2 页。
② 罗昶:《伦理司法》,法律出版社 2009 年版,第 12 页。
③ 怀效锋主编:《德治与法治研究》,中国政法大学出版社 2008 年版,第 264 页。
④ [美]本杰明·卡多佐:《司法过程的性质》,苏力译,商务印书馆 2002 年版,第 23 页。

道德价值的司法。

有学者认为,英国的衡平法是作为对普通法的严苛性(即法律不能根据具体情况具体适用而致牺牲个别正义)而进行补救的措施出现的,因此,"蒙受不公的人民遂求诸英王,英王委托衡平法官处理此类案件。他们根据正义与良心之原则处理之,逐渐形成了衡平法的体系,以克服普通法的僵硬性与严苛性。由此可以看出,衡平法是这样的一种思想方式:将既有的法律规范看作是有缺陷的,因而必须确立效力更高的另外一种法律规范,在既有法律规范出现缺陷时对其补正,这就是衡平法的实质。"①

诚信作为一个道德原则,不仅是一个重要的法律原则,还是一个重要的司法原则。有学者将诚信原则看作是掌握在法官手中的衡平法。"诚信是来源于道德的法律制度,它分为客观诚信和主观诚信两个方面。这两种诚信标准的模糊性导致它们成为授予法官自由裁量权的工具,因此,无论是客观还是主观诚信,最终都转化为裁判诚信。"②另有学者进一步强调:"诚实信用原则是国家立法、执法和司法过程中必须遵循的一项重要原则,是文明有序的人类社会的一项普遍原则,是公私法通用的一项法律原则。"③

在法律解释方面,法官为了寻求一个"令人满意的"解决方案,就必须仔细探究各种相关解释中的"内在价值"。庞德指出:"在实践中,'令人满意的'往往意指在道德上是令人满意的,而'内在价值'往往意指内在的伦理价值。"④在庞德看来,司法权运用过程中的法律解释现象,其中蕴含着深刻的道德因素。而在法律适用与法官的自由裁量中,道德因素更是无孔不入。他指出:"法律与道德发生联系的另一个场合,是法律适用。分析法学家们往往认为,法律规范的适用是一个纯粹的机械过程。"⑤他们试图将法院变成司法场所的"自动售货机",并反感衡平法救济中的自由裁量空间以及衡平法格言对伦理道德的引用,庞德认为对司法权机械化运用的尝试是徒劳无功的。

他又指出:

---

①　徐国栋:《民法基本原则解释》,中国政法大学出版社 2004 年版,第 27 页。

②　徐国栋:《民法基本原则解释》,中国政法大学出版社 2004 年版,第 27 页。

③　李龙等主编:《和谐社会中的重大问题研究》,中国社会科学出版社 2008 年版,第 128 页。

④　[美]罗斯科·庞德:《法律与道德》,陈林林译,中国政法大学出版社 2003 年版,第 74 页。

⑤　[美]罗斯科·庞德:《法律与道德》,陈林林译,中国政法大学出版社 2003 年版,第 55—56 页。

事实上,在实际的司法过程中,法律适用中的伦理因素从来都未曾被排除出去过。上世纪我们的分析性法律科学,仅仅是用教义学虚构掩盖了那一实际过程,它让我们看不清自己正在做些什么,并引发了一些不适当的尝试——运用规则处理那些没法依规则处理的事务。显而易见,伦理因素在法律适用的两个层面上一直起着决定作用,即法律标准的适用和司法自由裁量。公正审判大部分是依靠法律标准得以实现的,而这种趋势还在增强。在法律和道德的交融时期,这些标准藉由各种自然法理论进入了法律。它们与个人或企业的品行有关,并且含有大量的道德因素。因而,我们法律上有关过失的注意义务标准,公平竞争标准,受托人的诚实管理标准,罗马法上有关特殊交易的诚实信用标准,或者说罗马法上关于一个谨慎而又勤勉的完全行为能力人在此类情况下的行为标准,都包含了一种有关公正或合理的理念。此外,就像所有道德规范那样,这些法律标准在适用过程中可以实现个别对待。它们并不是机械地适用于一系列抽象的事实,而是根据每一个案子的具体情势进行适用的。这种适用凭着对公正和平等的洞察力进行,它有着很大的自由度,包含了对待决行为之详情的道德判断。①

上段话有几点需要注意:(1)法律适用过程中体现了明显的道德因素;(2)法律标准本身容纳了大量的道德因素;(3)法律标准的德性因素是公正审判赖以存在的根基;(4)法律上的公平竞争标准、诚实信用标准、受托人的诚实管理标准等都体现了公正、合理的理念;(5)体现德性因素的法律标准的适用可以根据具体情况实现个别对待。这样,法律适用的过程经过法官之手变成了一个释放德性诉求的过程,司法在一定程度上变成了德性司法。

庞德还强调,在法官个人自由裁量的领域内,也是法律与道德发生联系的场合。"在许多情形中,司法行为的方向完全取决于法官个人的正确感和公正感。"②说得更直白些,此处的所谓"正确感"和"公正感"也就是法官的道德感,这种道德感在法官的自由裁量中发挥着至关重要的作用。庞德认为,那种否定法官自由裁量权的做法是徒劳的。"虽然上个世纪,我们费尽心机地想

① [美]罗斯科·庞德:《法律与道德》,陈林林译,中国政法大学出版社2003年版,第55—56页。
② [美]罗斯科·庞德:《法律与道德》,陈林林译,中国政法大学出版社2003年版,第85页。

使司法自由裁量无立锥之地,但事实业已证明,规则和机械适用在某些场合仍然是无能为力的。当今的趋势,是扩大自由裁量的范围,而不是去限制它。使自由裁量变得可以容忍的正确方法,或许就是承认此时我们已进入了伦理学领域,而伦理学同样是一门科学,并且也包含了一些原则。"①作为对机械适用法律情形的一种反动,自由裁量的扩张使司法进入了伦理学的疆界,"司法的伦理化"或者"伦理司法"至此得以一展风采!

道德对司法领域之影响最著者莫过于司法道德体系的形成。所谓司法道德,是指法官、检察官、警察等司法人员在司法实践中必须遵守的道德规范的总称。司法道德是"法律运行大厦"的重要支柱,司法人员的职业道德素养直接关系到法律实施、司法公正及法治国家的建立这样的大问题。因此,对司法道德进行研究具有重要的现实意义。其实,司法道德并不是一种纯粹的道德规范,而是一种带有相当强制性的"准法律",它介于法律与道德之间,体现了"软性约束"与"刚性约束"相结合的特点。"准法律"往往表现为行业纪律或部门规章等,似乎其作用比不上法律那么"显眼",但它确实是现代法治大厦的重要支柱。

我国一些专家曾提出构建"司法伦理学"学科的设想。所谓司法伦理学,"又称司法道德学,是关于司法人员职业道德的学说。它是依据司法工作职业道德活动的特点,阐明司法职业道德的形成、发展以及规范体系的科学。"②并强调该学科的主要内容包括如下三部分:司法伦理学一般原理;司法道德规范体系;司法道德活动。这说明,司法道德完全可以成为一个自足的职业道德体系。当然,这是现代人的标准,但古代中外历史上同样存在司法道德,反映了道德对司法领域的深刻影响。

在西方思想史上,存在着关于司法道德的许多论述,这些论述特别强调公平正义问题。早在古希腊罗马时期,许多思想家就已经将"持平"(公平)当成了对法官进行道德评价的标准。亚里士多德就说:"裁判官者,则公平人之化身耳。裁判官即在持平。"③而近代英国法学家霍布斯指出,一个好的法官应当具备的条件是:"第一,须对自然律之公道原则有正确之了解,此不在乎多

---

① [美]罗斯科·庞德:《法律与道德》,陈林林译,中国政法大学出版社 2003 年版,第 86 页。
② 沈忠俊等:《司法道德新论》,法律出版社 1999 年版,第 9 页。
③ 《西方法律思想史资料选编》,北京大学出版社 1980 年版,第 32 页。

读律书,而在乎头脑清醒,深思明辨。第二,须有富贵不能淫之精神。第三,须能超然于一切爱恶惧感情之影响。第四,听诉须有耐心,有注意力,有良好之记忆,且能分析处理其所闻焉。"①这里面有两条是对法官的道德要求,第一条要求法官有一种公道的精神,第三条是要求法官必须秉公办事,不要受私情私欲的影响。

英国法官丹宁曾说:"当你走上这条路时,你必须记住,有两个伟大的目标要达到:一是要看清法律是正义的,另一个它们被公平地执行。二者都是重要的,但其中法律被公平地执行更为重要。如果因为不道德的法官或道德败坏的律师们而得不到公平的执行,就是拥有正义的法律也是没有用的。一个国家不可能长期容忍不提供公平审判的法律制度。"②上述言论使我们联想到中国古代儒家的格言——"徒法不能以自行""有治人,无治法",光有好的法律而无好人来执法,那么好的法律也形同虚设。丹宁强调了对法官的道德要求,那就是必须公平执法,如此才能使法律的正义价值得以实现。

为了实现法律的正义价值,英国司法制度也重视正当程序问题,正当程序原则体现的是一种"自然公正"(natural justice)。有的学者指出:"自然公正是正当程序原则在英国的独特表现形式,是英国司法制度中的一条最基本的法则。它意味着平等地对待争议的双方当事人或各方当事人,不偏袒任何人,对所有的人平等和公正地适用法律,必须给予被告以充分的辩护、申诉的权利等。在法律上,自然公正适合于对一切案件的审理,裁判者的偏袒将构成撤销其裁判的正当理由。起初,自然公正原则仅适用于司法机构和准司法机构,直至 20 世纪 60 年代以后才逐步适用于行政机关,后来进而发展到一切其他行使权力的人和团体,包括行政裁判所和某些社会团体(如工会),在行使权力的时候都不得违背该项原则。由于这是一个最低限制的公正原则,它的适用范围很广,所以称为自然公正原则。"③可以说,自然公正原则为司法人员提出了更高的道德要求,只有通过公平正直的司法人员执法,才能使司法程序的正当性得到保障和贯彻。

从西方近代以来的立法实践看,他们都很重视对法官、检察官及警察等

①　转引自沈忠俊等:《司法道德新论》,法律出版社 1999 年版,第 40 页。

②　Lord Denning, *The Toad to Justice*, London, 1955, pp.6-7.

③　杨一平:《司法正义论》,法律出版社 1999 年版,第 147 页。

"法律人"的法律约束,这种法律约束实际上是把司法道德法律化了。如1793年《法国宪法》第3条规定:"自由就是属于个人行为不侵害他人权利的行为的权利,它以自然为原则,以公正为准则,以法律为保障。其道德上的限制表现于下列格言:己所不欲,勿施于人。"这也是对司法官员的道德要求。司法官员的品德还表现在不侵害人民的权利上,1776年美国的《弗吉尼亚权利法案》规定:"未经人民之代表同意,任何机构执行法律或停止执行法律之一切权力均有损人民的权利不应行使。"1810年《法国刑法典》第119条规定:"行政警察官或司法警察官,拒绝转送或怠于转送被拘留于正式拘留所或其他场所之人提出旨在证明其拘留为非法或系出于专横行为之控诉,且不能证明其已将控诉转报上级者,处剥夺公权,并依第117条之规定负损害赔偿之责。"这是对司法专横行为的法律否定。该法第177条规定:"凡行政官吏、司法官吏、行政机关之代理人员或其他工作人员,因从事其职务应为但不许收受报酬之行为,收受贿赂、约许或馈赠者,处枷项之刑;并科处二倍于所收贿赂或约许价值之罚金,但此等罚金数额无论如何不得低于二百法郎。"这是对司法人员收受贿赂行为的法律禁止。1871年《德国刑法典》第332条规定:"官吏因为违背其职务或义务之行为,而收受赠物其他之利益,与为要求或使为约诺者,依贿赂罪,处五年以下之惩役。"该法第334条规定:"裁判官、仲裁判断者、陪审者、参审官,就有其指挥与裁判之义务之法律事件,以可为关系人之利益或损失之指挥与裁判,而收受赠物其他之利益,及为要求与使为约诺者,处惩役。"上述对司法官员收受贿赂行为的惩治规定,实际上是从另外一个角度表达了立法机关对司法官员公正品德的要求,因为一个收受贿赂的司法官员是不可能公正执法的。

另外,国际社会还注重通过"准立法"(职业纪律或行为守则)的方式对司法官员提出道德要求。1979年第34届联合国大会通过的《执法人员行为守则》规定:"执法人员无论何时均应执行法律赋予他们的任务,本着其专业所要求的高度责任感,为社会全体服务,保护人人不受非法行为的侵害。"第2条规定:"执法人员在执行任务时,应尊重并保护人的尊严,并且维护每个人的人权。"第5条规定:"执法人员不得施加、唆使或容许任何酷刑行为或其他残忍、不人道或有辱人格的待遇或处罚,也不得以上级命令或非常情况,例如战争状态或战争威胁、对国家安全的威胁、国内政局不稳定或任何其他紧急状态,作为施行酷刑或其他残忍、不人道或有辱人格的待遇或处罚的理由。"第7条规定:"执法人员不得有贪污行为,并应极力抗拒和反对一切贪污行为。"上述规定反映了对执法人员贪污及不人道行为的法律阻却,从另一面看也表达了对善良与公正的司法品德的要求。

1975年第五届联合国预防犯罪和罪犯待遇大会通过的《警察及其他执法机构正在兴起的作用,特别提及变化中的期望与履行职责的最低标准》第197条规定:"警察根据法治原则行事,同时又各自对法律负责。这就要求每位警官做到完全正直与公正。"第198条规定:"如果该行业的高级官员要做到彼此以诚相见,那么他们本人就应该诚实。"第205条规定:"改进控制犯罪工作需要有灵活而敏感的警察机构,它需要最正直的、客观的、熟悉社会的人以及有正确判断力的人。"第259条规定:"正直是警察及其执法官必须具备的第一品质。警察的训练应包括道德、人权和社会科学等科目。"可见,正直、公正、诚实等优秀品质成了警察的职业道德,而这种职业道德是保证警察公正执法的前提。特别值得一提的是,该《标准》还提出了"应制定国际警察道德法典"的呼吁,反映了其欲把警察职业道德法律化的努力。

在我国历史上,历代统治者和思想家对从事司法活动的官员都提出了一些道德要求。例如,早在西周时期,统治者就对司法官员提示了"明德慎罚"的要求,"明德"是指司法官员必须具备高尚的道德,如仁慈、宽厚、中正、不贪等;"慎罚"是指谨慎判处刑罚。对一个法官来说,只有具备了高尚的道德,才会谨慎而公正地从事司法审判活动。据《尚书·吕刑》记载:"五过之疵:惟官,惟反,惟内,惟货,惟来。其罪惟均,其审克之。"这里点明了法官的五种罪过:畏惧权势、反报恩怨、徇私舞弊、索贿受贿、受人请托。法官若犯以上诸罪,将严加惩处。应该说,这是将法官道德准则刑法化了。另外,《吕刑》还对法官提出了"惟敬五刑,以成三德"的要求,"三德"按《孔传》解释为刚毅、宽厚、正直。意思是说只有谨慎动用五刑,才会养成"三德"。《吕刑》还要求法官应当做到"哀敬折狱"(以怜悯谨慎的心情从事审判)、"咸庶中正"(审判公正)、"有德惟刑"(以高尚的品德来指导审判),等等,否则将受到法律追究。

从《唐律·断狱律》来看,唐代统治者也将他们认可的如廉洁、公正、仁厚等司法道德刑法化了。如第472条规定:"诸主守受囚财物,导令翻异及与通传言语,有所增减者,以枉法论,十五匹加役流,三十匹绞。"意思是说凡主管狱政的官员接受囚犯的财物,引导翻供,或者传递审判官员与证人的话,从而导致罪名与刑罚有所增减的,以受财枉法罪论处,赃值十五匹的处加役流,赃值三十匹的处绞刑。看来,司法官员违反廉洁道德,收受贿赂,将按受财枉法罪论处。该律第483条规定:"诸监临之官因公事,自以杖捶人致死及恐迫人致死者,各从过失杀人法;若以大杖及手足殴击,折伤以上,减斗杀伤罪二等。"司法官员因公事亲自用棍棒打死人或胁迫致人死亡,则按过失杀人罪处罚;如果用棍棒或手脚殴打犯人受伤,则按斗杀伤罪减二等处罚。司法官员打伤或打死犯人,有违仁厚之德,理应受到刑事制裁。该律第487条规定:"诸官司入人罪者,若入全罪,以全罪论;从轻入重,以所剩论;……其出罪者各如之。"凡审判官从事审判而入人之罪,如果入人全罪,则按所入全罪的刑罚判处审判官;如果是将轻罪重判,则按所加重的刑罚幅度论处。属于出人罪的,也按上述办法处置。这就是著名的"出入人罪"问题,所谓"入人罪"是将无罪的人判为有罪或将罪轻的人判为罪重;所谓"出人罪"是将有罪的人判为无罪或将罪重的人判为罪轻。即使用今天的标准看,出入人罪也是严重违反司法道德的行为,它带来的后果是司法不公与司法冤滥,因此对其施加严厉的刑事惩罚是必要的。

应该指出,中国司法传统中重视司法道德的思想与制度为中国当代的司法道德建设提供了一种文化背景,也提供了一种精神资源与制度资源。改革开放以来,伴随中国法治现代化的进程,我们先后制定了关于司法人员职业道德的规范性文件,并且公开出台了《法官法》《检察官法》《警察法》等,使司法道德逐步被法律化了。

一些学者对社会主义司法道德也进行了研究,认为当代中国的司法道德具有如下功能:调节功能、教育功能、认识功能、沟通功能、激励功能、评价功能、指导功能和预测功能。并认为当前司法道德的基本原则是:司法公正,捍卫人民民主专政,服务于民,实事求是,人道主义,等等。而司法道德规范的具体内容是:(1)立场坚定,爱憎分明;(2)忠于职守,公正执法;(3)实事求是,调查取证;(4)清正廉明,严守纪律;(5)谦虚谨慎,团结协作;(6)革新进取,无私奉献。①

---

① 参见沈忠俊等:《司法道德新论》,法律出版社1999年版,第50—102页。

　　司法不公现象的存在,其原因很多,但司法腐败、司法人员违背职业道德是其重要原因之一。据分析,司法腐败主要表现在:(1)以权代法;(2)办"关系案""人情案"和"金钱案",甚至索贿受贿;(3)以罚代法;(4)以权卖法;(5)违法办案,违法执行;(6)搞地方保护主义;(7)吃拿卡要;(8)任人唯亲;(9)乱收费,乱拉赞助,诉讼费管理混乱;(10)泄露审判机密;(11)对当事人态度生硬,耍威风。①

　　为此,有的学者主张要从全面提高司法人员素质、完善错案追究制度等入手,健全司法廉洁、监督机制,"为了遏制司法腐败,实现司法公正,必须从制度上健全对司法腐败的监督制约机制。应当参照《国家公务员暂行条例》关于公务员地区回避制度,规定法官、检察官的地区回避和定期交流任期制度。建立法官、检察官财产申报制度,制定法官、检察官道德法等。特别是要加强人大、新闻和公众对司法的监督,制定相关的法律法规,保障监督权有效行使。同时,要加大对司法人员违法犯罪行为的打击力度,维护司法机关的形象和法律的权威。"②该学者提出"制定法官、检察官道德法"的主张,值得人们关注。

　　应当指出,在中国现代立法实践中,已经开始注意将一些司法道德规范纳入立法中了。如《检察官法》第十条将"秉公办案,不得徇私枉法"等作为检察官应当履行的义务。第四十七条将"贪污受贿""徇私枉法""刑讯逼供""隐瞒证据"或者"伪造证据"等作为应当受到惩戒的行为。另外,我国《法官法》在纳入司法道德方面也有与《检察官法》大致相似的规定,反映了两部法律的立法者将新时代的一些司法道德予以法律化的努力。

　　我国的《警察法》第二十条规定:"人民警察必须做到:(一)秉公执法,办事公道;(二)模范遵守社会公德;(三)礼貌待人,文明执勤;(四)尊重人民群众的风俗习惯。"这是从正面维护了警察的职业道德。第二十二条规定禁止警察从事如下行为:"弄虚作假,隐瞒案情,包庇、纵容违法犯罪活动","刑讯逼供或者体罚、虐待人犯","敲诈勒索或者索取、收受贿赂","殴打他人或者唆使他人打人","接受当事人及其代理人的请客送礼",等等。上述禁止性规范实际上从另一方面维护了公正、廉洁、宽厚、人道、诚信等职业道德。

---

　　①　参见陈兴业等:《中外司法制度比较》,商务印书馆2000年版,第426—427页。

　　②　陈兴业等:《中外司法制度比较》,商务印书馆2000年版,第443页。

需要指出的是,在现代中国的法治实践中,除了有国家权力机关制定的法律以外,还有大量的"准法律"。何谓"准法律",有学者指出:"这是一种道德规范在法制生活中转化而成的更具有规范性、明确性与可操作性的行为规则,是介于法律规范与道德规范之间的一种行为规范,是类似于法律又区别于法律的东西,就是我们经常说的'墙上的法律',具体表现为我们日常生活中的行为规范,比如,小学生行为规范、公务员行为准则、律师职业道德与职业纪律、法官工作守则和公民道德实施纲要等。这些都是道德规范在法治社会中具体行业、领域的具体化,我们认为准法律是法律能够运行的'软件设施',离开了准法律的支持与维护,法律运行的质量将大打折扣。"①按照上述标准看,我们在"法律人"职业道德(或称司法道德)建设中,也有一定数量的"准法律",如《律师职业道德和执业纪律规范》《人民法院审判人员违法审判责任追究办法》《人民检察院"检务十公开"》《公安人员八大纪律十项注意》等。

例如,《人民法院审判人员违法审判责任追究办法》规定对审判人员的下列违法行为进行追究:"涂改、隐匿、伪造、偷换或者故意损毁证据材料,或者指使、支持、授意他人作伪证,或者以威胁、利诱方式收集证据的","向合议庭、审判委员会报告案情故意隐瞒主要证据、重要情节,或者提供虚假材料的","故意违背事实和法律,作出错误裁判的","故意违反法律规定,对不符合减刑、假释条件的罪犯裁定减刑、假释的",等等。《最高人民法院关于印发〈人民法院审判纪律处分办法(试行)〉的通知》又规定对下列行为予以纪律处分:"除法律规定的情形外,为所承办案件的当事人推荐、介绍律师、代理人,或者为律师或其他人员介绍代理案件,造成不良影响的,给予警告至记大过处分。从中谋取利益的,给予记过至开除处分","明知具有法定回避情形,故意不依法自行回避,或者对符合法定回避条件的申请,故意不作出回避决定,影响案件公正审理的,给予警告至记大过处分","接受当事人及其委托的人财物,或者要当事人及其委托的人报销应当由自己支付的费用的,给予警告至记大过处分。情节严重的,给予降级至开除处分",等等。上述规定是对违反职业道德行为的处分,从反面强化了对公正、廉洁、无私、正直、人道、诚实等道德价值的肯定与维护。

---

① 石文龙:《21世纪中国法制变革论纲》,机械工业出版社2005年版,第80页。

又如,在《人民检察院"检务十公开"》中第五项关于检察人员办案纪律方面,规定:"绝对禁止政法干警接受案件当事人请吃喝、送钱物","绝对禁止对告诉求助群众采取冷漠、生硬、蛮横、推诿等官老爷态度","绝对禁止政法干警打人、骂人、刑讯逼供等违法乱纪行为","绝对禁止政法干警参与经营娱乐场所或为非法经营活动提供保护","严禁对证人采取任何强制措施","严禁截留、挪用、私分扣押款物",等等。从另一方面看,上述规定也是对公正、廉洁、宽和、平等、人道等职业道德的维护。

《公安人员八大纪律十项注意》将"不准侵犯群众利益""不准贪污受贿""不准刑讯逼供""不准包庇坏人""不准陷害好人"等作为纪律要求,而将"多办好事服务人民""说话和气办事公平""敬老爱幼尊重妇女""注意礼貌讲究风纪""尊重群众风俗习惯"等作为公安人员应当"注意"的内容。通过这种"准法律"的形式将社会认可的一些职业道德赋予了一定的强制性,从而有助于改善公安队伍的道德风尚。

关于中国现代司法道德建设,在目前的法学界也引起了相当关注。有学者指出:"法官的职业道德,因地区间情况不同,可能会有些差异,但我认为其共通的精神有:一是法官应具备中立性、公正性和客观性。一定要避免法官有意偏袒一方当事人或者无意间站到一方当事人边,否则,即使判决公正,当事人也不会认为是公正的,也不会满意。我们的法官应追求这样一种境界,判决的一方甚至双方都不满意是客观存在的,但让双方都服气。二是法官要有强烈的社会良知和社会责任感……三是法官应具备超然性,一定要处于双方冲突利益之上,超然于双方当事人。法官也不能在公开场合随意议论案件和当事人,不能出入歌舞厅等娱乐场所。四是法官应当刚正不阿,不畏权势,具有法律至上的理念和崇高的人格魅力。五是法官应具有高度的自律性,经得住诱惑,洁身自好。法官职业道德的培养,是一项长期的、艰巨的任务,要从教育上入手,从制度上抓紧,慢慢形成风气。我建议法院要建立'法官职业道德考评委员会',一是对法官是否遵守职业道德进行考评,二是对违反职业道德的法官进行处理。"

另有学者指出:"法官职业道德,称之为'法官职业伦理'似乎更为科学。法官的职业伦理应包含以下八点:一是法官必须体现公正和正义的风范。不仅实体要公正,而且要保证程序公正。实体公正是相对的,但程序公正是绝对的。二是不允许以偏见影响司法的过程和结果。法官不能有偏见,带有偏见的审判其公正性很难保证。三是禁止单方面接触当事人。法官中立性的立场不能动摇,现在有些法官非常不注意,在公开场合谈论具体案件和当事人,与当事人在娱乐场所吃喝玩乐等,这都是违背法官职业伦理的。四是要避免司法拖延。最高人民法院前院长肖扬曾强调,公正与效率是人民法院永恒的主题,无效率乃司法公正之大敌。五是法官应维护司法的独立性。独立性是公正的前提,法官应独立于上级与同事。六是法官应不断提高自己的学理修养和人格魅力。'浩然正气'的养成就是要靠知识的培养。七是法官要与商业生活保持应有的距离。法官不能利用自己的职业、地位谋取私利,应与社会隔离,让法官成为远离尘嚣、离群索居的群体。八是法官有义务推进法律教育的发展。提高法官的职业伦理,要靠法律教育。应当在高等院校法律专业中开设职业伦理课程,从学生时期就培养其职业伦理意识,使之深入灵魂,成为'肉体的语言',增强自我约束意识。要高标准选任法官,提高法官的门槛,这样才能提高法官的待遇。另外,垫高法官门槛,能够强化法官群体中法官之间的监督,有助于形成一种共同遵循的行为准则、伦理规则。要建立合理而有效的参劾机制。现在法官的独立性没有充分的保障,行为稍有不慎就会失去法官资格,这与法官的独立性和职业安全性是相违背的。美国加州的'司法风纪委员会'由法官代表、议员代表和律师代表组成,德国法院内部设有'纪律法庭',全部由法官组成。我们也应参照国外的经验,结合我们的国情,建立法官职业伦理考评机制。"

　　也有学者说:"关于法官职业道德的培养问题,我认为这是一个系统的工程,需要教育部门、立法部门、司法部门以及全社会齐心协力的工作。教育部门应当承担起对有可能步入司法职业的学生的职业道德培养工作,在法学院开设职业道德必修课。对立法部门来说,应当进行立法调研,制定统一的法官职业道德与操守规则,建立专门的法官道德考评和惩戒组织以及可行的操作规则,使得法官自觉主动地加强自身的职业道德修养、检查个人的行为操守是否适当。对法院来讲,在立法部门尚未建立起完备科学的法官职业道德体系和考评惩戒机制的情况下,要自觉加强对法官的职业道德和行为操守的培养、教育和管理。应从三个方面对法官个人提出要求:德化于自身,保持良好的道德操守,作风廉洁;德化于本职,在司法活动中,要不畏权势,不为金钱美色之诱惑,不因各种关系之困扰,不受人情之左右,坚持法律至上;德化于社会,以法官群体良好的道德风貌,影响、净化社会风气。"①

上述言论值得我们深思。司法道德建设是摆在我们面前的一个紧迫任务,司法道德不仅是法官道德,也包括警察、检察官等。除了建构一个系统而周密的司法道德体系外,一些学者提出的要建立法官道德考评和惩戒组织或"司法风纪委员会"或"纪律法庭"等也是值得我们关注的。司法道德属于"准法律",但准法律也不是没有一定的强制力,不过这种强制力不是来源于国家,而是来源于单位或行业,这就决定了其强制力远远低于法律。另外,准法律在规则的严谨性与严肃性方面与法律不同,在结构上具有一定的弹性和松散性,而且在实际处理上具有更大的弹性,如往往根据当事人的态度作出不同的处理,从而导致此案与彼案的处理结果存在着很大的差距。有的学者对"准法律"的作用进行了精辟的分析:"没有准法律支撑,法治几乎是一句空话,所谓'道德是法治的基础',法治的运行须臾离不开具有道德内涵的人。准法律的意义与价值在于,人的道德规范与塑造不会自动完成,必须由准法律来完成对人的调整,以正确发挥人自身的主观能动性。准法律的理论价值在于让法律与道德能够产生积极的融合作用与互动效应,以提高法律的运行质量与实效。"

下面笔者就司法道德建设问题提出自己的一些看法:

(1)应当构建包括法官、检察官、警察等职业道德在内的司法道德体系,使其具有系统性、完整性、细密性及可操作性。在此基础上将其中一部分内容转化为法律,并整合现有的《法官法》《检察官法》《警察法》,形成一部完善的、综合性的"司法道德法"。(2)增强司法道德规范的强制性,发挥其约束功能,从而使其在落实上更有力度。美国的司法道德规范实际上是一种准法律,并不是一种缺乏强力约束的纯粹道德②。有学者指出:"司法人员遵守司法道德规范,要比其他各行各业遵守其职业道德规范具有更大的强制约束力。对司法人员来说,虽然有些司法道德行为不属于法律范围内的行为,但是,由于

---

① 陈卫东等:《法官应有什么样的职业道德——司法职业道德与司法公正研讨会纪要》,中国律师网,2002 年 8 月 16 日。

② *The Problems of Jurisprudence*, Harvard University Press, 1990; Posner, *The Federal Courts, Challenge and Reform*, Harvard University Press, 1996, p.16.

司法人员执掌司法权,如果司法人员违反职业道德规范,不仅要受到道德上的谴责、党纪政纪的处分,触犯法律的还要受到严厉的法律制裁。"①针对目前司法道德"偏软"的情况,应当在今后建设法律人职业道德体系的过程中增强其"刚性"内容,要加大处罚力度,甚至要上升到刑事制裁的高度。(3)建立法律人道德考评和惩戒组织,注重对法律人的考评和惩处。美国加州的司法风纪委员会由法官代表、议员代表和律师代表组成,德国法院内部也设有纪律法庭,全部由法官组成。我国可以参照国外的经验,并与我国国情相结合,建立一种新型的和完善的司法人员道德考评机制。

---

① 沈忠俊等:《司法道德新论》,法律出版社 1999 年版,第 76 页。

第二章　司法与行政

一、司法监督行政的理论考察

所谓司法权,《法学词典》将其界定为"国家行使的审判和监督法律实施的权力"。在我国,法院行使审判权,检察院行使法律监督权,两种权力都属于司法权。有学者指出:"从严格的传统意义上来讲,司法仅指与立法和行政相对应的审判活动;而在现代意义上,司法是指包括基本功能与法院相同的仲裁、调解、行政裁判、司法审查、国际审判等解纷机制在内,以法院为核心并以当事人的合意为基础和国家强制力为最后保证的、以解决纠纷为基本功能的一种法律活动。"①此说对我们更全面地理解司法权有帮助。行政权,《法学词典》解释道:"国家管理行政事务的权力。"在我国,一切权力属于人民,国家行政机关是国家权力机关的执行机关,故可说行政权也是执行权。

有学者指出:"按照宪法和法律的规定,与其他社会组织一样,行政机关也应当在法律规定的范围内进行活动,否则将要受到司法的审判和监督,这点体现在我国对行政权进行监控的行政诉讼制度上。行政诉讼的一个制度目的就是通过行政诉讼使司法机关可以监督行政机关是否在法律的范围内进行活动,是否有违法的行为以及是否有侵害公民合法权益的行为。但是实际上,我国目前的这种司法权对行政权的监督还显得有些无力,主要原因在于按照现有法律的规定,司法对行政的监督仅限于对具体行政行为合法性和合理性的

---

① 杨一平:《司法正义论》,法律出版社 1999 年版,第 26 页。

审查,几乎不涉及抽象行政行为的部分,这种行政诉讼制度本身的缺陷也成为了树立司法权威的障碍。"①

多年前,拙著《中西法律文化比较》一书曾在绪论中写下如下一段话:"西方近代的'法治'有两个要点:一是'限权',即限制行政权力;一是'保权',即保护人民的权利。当然,限制行政权力的目的也是为了保护人民的权利,故可说西方近代法治的落脚点是在保护人民的权利上。"②今日观之,此言还是符合西方近代以来的法治实际的。

正如有的学者所说"法律保障人权,人权产生法律"③,这揭示了人权与法律的密切关系,可以说现代法律的核心在于保护人权,但保护人权的前提是限制行政权。从法学原理看,限制行政权的目的在于保护公民权利,因为正是不受约束的行政权才有可能构成对公民权利的最大伤害。因此,行政法作为一种"控权法"才在法治发达国家备受重视。

学界通说对行政法作出如下定义:"行政法是关于行政权力的授予、行使,以及对行政权力进行监督和对其后果予以补救的法律规范的总称。"④此处所谓对行政权力进行监督就意味着对行政权的控制。有学者指出:"行政法的核心是对行政权力的控制。……行政权力的法律意义在于,它的运用即意味着对公民、企业的合法权益构成影响,这种影响中必然包含着某种损害。为了避免或消除这种损害,需要行政法对行政权力加以约束和控制。"⑤

另一方面,西方国家的司法审查制度,又体现了司法权对行政权的控制。在西方,司法审查也叫违宪审查,但两者并不是完全等同的。"因为司法审查可以包括违宪审查,但违宪审查并不能包括司法审查。我国的司法审查就只能以具体行政行为为对象,而不能涉及违宪领域。"⑥目前世界上存在两类违宪审查机构,一是通过普通司法机构如最高法院行使司法审查权实行违宪审查,二是专门为解决宪法纠纷设立的最高法律机构即宪法法院,负责行使司法审查权以实行宪法监督。"在实行普通审查制的国家,如美国,违宪审查的范

① 董璠:《司法权威:认同与制度建构》,厦门大学出版社 2015 年版,第 79 页。
② 崔永东:《中西法律文化比较》,北京大学出版社 2004 年版,第 2 页。
③ 徐显明主编:《人权法原理》,中国政法大学出版社 2008 年版,第 48 页。
④ 张树义主编:《行政法学》,法律出版社 2000 年版,第 3 页。
⑤ 张树义主编:《行政法学》,法律出版社 2000 年版,第 3 页。
⑥ 杨一平:《司法正义论》,法律出版社 1999 年版,第 46 页。

围比较窄,主要对议会立法和政府的授权立法以及政府的行政行为进行合宪性审查。"①在实行专门审查制的国家,除监督议会、总统选举和监督行政行为外,还"对法律、法规进行违宪审查并保护公民的基本权利"②。可见,西方国家的违宪审查制度旨在实现司法权对行政权的监督和控制,其根本目标是保护公民的基本权利。

另有学者指出:"违宪审查制度,也有人称之为司法审查制度,是指国家通过一定的程序(多为司法程序)来审查或裁决国家的立法(法律)和行政(法令)或者国家机关领导人的行为是否符合(违反)宪法的一种基本制度。"③通观世界各国的违宪审查体制,大致上分为以下三种:一是普通法院监督体制,二是特设的专门机关(宪法法院)监督体制,三是立法机关监督体制。

违宪审查制度的一个重要作用在于对行政权的运作进行监督,这种监督既包括对行政机关立法行为(抽象行政行为)的监督,也包括对行政机关执法行为(具体行政行为)的监督。这是西方违宪审查制度的一个特点。另外,还可对国家立法机关的立法活动进行监督,促使国家立法机关制定出符合宪法规范的规范性文件。在《中外司法制度》一书中,作者对西方的司法审查制度进行了价值分析:"通过违宪审查保证国家立法机关和行政机关的行政行为合宪、有效和公平,维护国家、社会和公民个人的正当权益。……通过违宪审查机关的违宪审查,特别是通过司法机关的违宪审查,违宪审查机关(法院)不仅可以宣告违宪的法律、法规和规定无效,还可以通过实质性判决,撤销或者终止违宪的具体行为。"④该学者还提出了在我国建立违宪审查制度的主张,要求设立宪法委员会或宪法法院,或授权普通法院行使违宪审查权,通过此种审查来纠正各种不符合宪法的行为,一切与宪法抵触的法律法规都是无效的。

如上所言,我国司法审查的对象仅限于具体行政行为,不包括对抽象行政行为或立法行为的审查。但是,"中国许多行政规章和规范性文件的制定缺乏科学的论证和周密的思考,内容的合法性和科学性缺乏保证,许多规范性文

---

① 杨一平:《司法正义论》,法律出版社 1999 年版,第 47 页。
② 杨一平:《司法正义论》,法律出版社 1999 年版,第 47 页。
③ 陈业宏等:《中外司法制度》,商务印书馆 2015 年版,第 632 页。
④ 陈业宏等:《中外司法制度》,商务印书馆 2015 年版,第 638 页。

件的制定都只是行政机关内部运作的产物,行政长官的意见对规范性文件的内容常常具有决定性的意义,在规范性文件的制定上缺乏必要的民主和公开程序。为了保证行政机关制定规范性文件的合法性,在法院对具体的行政行为的合法性进行审查时,一旦发现规范性文件与法律或行政法规相冲突,法院就有权排除规范性文件的适用,直接按照法律或行政法规的规定进行裁判。"①

该学者还指出:"中国法院所享有的司法审查权是有限的司法审查权。法院行使司法审查权的主要功能是它的监督功能,而不是对行政机关行政权力的制衡功能,法院在行使司法审查权时仍然要遵循由国家最高行政机关制定的行政法规,行政法规也是法院审理行政案件的依据。中国的司法审查是法院依法对行政机关行政活动的合法性和合理性进行的法律监督,而不是司法审判权和行政管理权之间的制约关系。"②这就概括了中国法院司法审查权的特点:其主要功能在于监督,而非制衡行政权。此与西方国家的司法审查权有别。

应该看到,将司法审查的范围仅限于具体行政行为,似乎并不符合司法监督行政的根本精神。因此,学界有一种观点展示了理论思考的勇气:"应从依法治国、建设社会主义法治国家的角度出发,提高司法机关的地位,扩大司法权审查的范围,强化司法权制约行政权的强度,并最终建立行政法院。这不仅有利于促进行政机关依法行政,而且有利于维护公民的正当权益。……扩大司法权制约行政权的范围,即行政诉讼的受案范围。我们认为,应当将抽象行政行为、内部行政行为纳入受案范围。这才更有利于行政权的有效行使,更好地保障行政相对人的合法权益。"③上述建议不仅具有前瞻性,也具有现实可行性。

我国也有学者将司法对行政的监督称为"行政监督",如其所言:"行政监督是有关国家机关依法定职权对各级行政机关实施法律、法规和规章的活动的合法性进行的检查、监察、督促活动,就其内容而言,既包括来自行政机关自

---

① 肖金泉等:《中国司法体制改革备要》,中国人民公安大学出版社 2009 年版,第 15 页。
② 肖金泉等:《中国司法体制改革备要》,中国人民公安大学出版社 2009 年版,第 15 页。
③ 陈光中等:《中国司法制度的基础理论问题研究》,经济科学出版社 2010 年版,第 96 页。

身的内部监督,又包括来自国家权力机关、司法机关的外部监督。"①可见,司法监督行政属于上述引文中所说的"外部监督"。该学者又说:"要自觉接受司法机关的监督,严格遵守行政诉讼法等有关法律,行政行为要经得起司法机关的审查。"②也就是说,司法机关对行政机关之活动的监督,实际上是对行政行为合法性的一种审查。

为了加强司法机关对行政权运作的监督,还有学者提出了建立行政法院的设想:"设立专门行政法院系统能够实现行政审判独立性和专业化要求。专门法院的经费保障和人事任免由最高人民法院统一进行,实行垂直管理,不受地方政府节制。同时,行政法院自成体系,人员调动、升迁都在系统内进行,长期的办案经验容易养成专业的行政审判素养。"③

行政法院的建置在西方大陆法系国家较为普遍,如法国、德国等国家,都设有行政法院。法国的最高行政法院是国家参事院,该院具有行政职能和审判职能,其职权主要是对某些行政诉讼案件行使审判权,裁决行政法院系统内部的管辖权争议,指导下级法院工作等。这与英美法系的"司法审查"有别,英国司法审查的主体是普通法院,按照"越权无效"原则来审查行政机关的行为是否合法,即如果行政行为超过了议会授权的范围则归于无效。这种越权表现主要是不合法、目的不正当、滥用权力等。另外,法院还采用"合理性"标准对行政机关的行为进行审查。我国可以借鉴上述两种模式构建行政法院体系,以加强司法权对行政权的监督。

二、通过行政诉讼达到司法监督行政的目的

所谓行政诉讼,"是法院应公民、法人或者其他组织的请求,通过审查行政行为合法性的方式,解决特定范围内行政争议的活动"④。也有学者指出:"行政诉讼是指人民法院基于公民、法人或其他组织的请求,对行政机关具体

---

① 朱力宇:《依法治国论》,中国人民大学出版社 2004 年版,第 559 页。
② 朱力宇:《依法治国论》,中国人民大学出版社 2004 年版,第 563 页。
③ 江必新:《行政法论丛》,法律出版社 2014 年版,第 255 页。
④ 马怀德主编:《行政诉讼法学》,法律出版社 2000 年版,第 1 页。

行政行为的合法性进行审查并作出裁判,解决行政争议的诉讼活动。"①另有学者认为,行政诉讼是指"由法院解决和处理行政争议的诉讼,它既包括大陆法系中所有解决行政争议的诉讼和由专门法院解决行政争议的诉讼,也包括英美法系中的司法审查"②。

根据我国《行政诉讼法》,行政诉讼的主要目的在于对具体行政行为进行合法性审查,该特点决定了行政诉讼的审理形式和裁判形式不同于一般的刑事诉讼和民事诉讼,如行政诉讼的被告对其被诉行政行为的合法性负举证责任,行政诉讼案件不适用调解,行政诉讼的裁判以撤销或维持判决为主要形式,等等。

所谓行政诉讼法,"是有关行政诉讼法律规范的总和。它是规定人民法院、诉讼当事人和其他参与人的诉讼活动程序,规范各种诉讼行为,调整行政诉讼关系的法律规范。"③另有学者指出:"行政诉讼法规定行政诉讼制度的法律规范系统,是有关行政诉讼的法律规范的总和。行政诉讼法在行政法体系中占有重要地位,是行政法的组成部分之一。行政法与行政诉讼法是一种包容关系。行政法从来是集实体法和程序法于一体的。行政法不仅包含实体规范,也包含程序规范。"④这种将行政法与行政诉讼法、实体法与程序法视为一体的说法颇有特色。

我国《行政诉讼法》立法目的有三个方面:一是保证人民法院正确审理行政案件,二是维护公民、法人和其他组织的合法权益,三是监督行政机关依法行使职权。其中第三个方面最为重要,因为只有有效地监督和约束行政行为,才能防止权力的任性而损害公民利益,此亦即上文所言"限权"的目的在于"保权"之义。

正如学者所论述的:"行政诉讼法并不是单纯的公民权利救济法,同时也是司法机关对行政机关实施监督的法。根据我国行政诉讼法的规定,法院通过审理行政案件,有权撤销违法的具体行政行为,有权维持合法的具体行政行为。……行政诉讼法在保护公民、法人或其他组织合法权益与监督和维护行

---

① 姜明安主编:《行政法学》,法律出版社 1998 年版,第 251 页。
② 刘善春:《行政审判实用理论与制度建构》,中国法制出版社 2008 年版,第 10 页。
③ 马怀德主编:《行政诉讼法学》,法律出版社 2000 年版,第 3 页。
④ 姜明安主编:《行政法学》,法律出版社 1998 年版,第 255 页。

政机关依法行使职权方面并不矛盾。维护和监督行政机关依法行使职权的最终目的是保护公民、法人或者其他组织的合法权益,同样,只有促进行政机关依法行政,公民、法人和其他组织的合法权益才能得到更广泛、更切实的维护。"①

在我国,行政诉讼法的规定强调了行政诉讼是以合法性审查为原则这一特点,而该特点是由司法权与行政权的关系所决定的。司法权与行政权各有活动的范围,司法权对行政权的监督必须由法律明确授权,并且必须在法定范围内进行,故司法权对行政权的监督只能限于行政行为的合法性。

行政诉讼的目的是什么? 不同的学者对此有不同的认识。我国行政法专家刘善春教授对此有系统探讨。他主要从保障人权、解决行政争议、维护行政秩序、监督和维护行政权等四个方面进行了论述,其中对最后一个方面的分析阐释展示了一种辩证思维,令人印象深刻。他从行政权具有善恶二重性的角度加以论证,分析了司法权对行政权既有支持、也有制衡的特点。他指出:"司法权对行政权的制衡是一种善意的制衡而不是恶意的制衡,是为了克服行政权的弱点,发扬行政权的优点的。其本意是使行政权更发展和完善,对行政权是有利的。二者是国家公权力的两种重要权力,是互相配合与制约的,可以说,司法权对行政权的制衡本质上是扬行政权之善、去行政权之恶的。行政诉讼监督行政权与维护行政权是统一的,并不是截然对立的,监督是必要的也是行政诉讼的内在要求,但是监督不是对抗或对立,法院对行政机关的行政行为进行审查,进而对行政行为进行评判,对合法的行政行为予以确认,其实质也是对行政权的支持和维护;对违法的行为予以否定、监督行政机关合法行使行政权。因此可以说,监督和维护行政权是行政诉讼的特有目的。"②上述见解确有独到之处,也不乏辩证性,但应该指出,因为人性的弱点,掌握行政权的人如果未受到有效监督和制约,会有一种天然趋恶的特性,因此强调外力监督是必须的。这几乎成了政治学的一个定理:不受约束的权力必然趋于腐败。

因此,下列说法可能更符合权力制衡的规律:"行政诉讼的根本目的是通过司法权对行政权的监督,确保行政机关依法行政,保障相对人的合法权益。

---

① 马怀德主编:《行政诉讼法学》,法律出版社 2000 年版,第 6 页。
② 刘善春:《行政审判实用理论与制度建构》,中国法制出版社 2008 年版,第 102 页。

虽然在表面上,行政诉讼的直接目的是为了解决行政争议,但更深层的意义在于建立权力制约机制,以真正实现依法行政并保护相对人的权益。"①

中共十八届四中全会以来,我党对司法监督问题高度重视。在《中共中央关于全面推进依法治国若干重大问题的决定》中提出了"强化对行政权力的制约和监督"的主张,并将司法监督作为对行政权力监督的重要一环,要求将司法监督与人大监督、民主监督、行政监督、舆论监督以及党内监督等结合起来,"努力形成科学有效的权力运行制约和监督体系"②。同时,该文件还要求:"完善行政诉讼体制机制,合理调整行政诉讼案件管辖制度,切实解决行政诉讼立案难、审理难、执行难等突出问题。"③"健全行政机关依法出庭应诉、支持法院受理行政案件、尊重并执行法院生效裁判的制度。"④显然,中央已经认识到,完善行政诉讼体制机制是实现司法权监督行政权、推进依法行政的必由之路。"有权不可任性",李克强总理在 2015 年"两会"上这句掷地有声的话语,反映了中共高层严格约束行政权力的决心。

正如学者所说:"如果说中央政府全力推动的'权力清单'还只是政府自我约束的话,那么在党的十八届四中全会所确定的依法治国蓝图中,通过强化行政诉讼作用,目的就是构建一种依托司法的来自外部的强有力的对政府的监督机制。也就是说,如果政府不作为或滥用权力,那么老百姓或者企业就可以到法院打官司,通过行政诉讼维护自身权利。"⑤

司法权监督行政权的理论根据是人民主权理论、权力制约理论以及法治政府理论。我国宪法规定:"一切权力属于人民。"人民主权理论不仅要求按照人民意志组建政府,还要求政府行为合法、公正以及有效率,同时保护人民的利益不受行政权的侵害。由于行政权的活动经常、直接、广泛地涉及公民权益,因而极易侵犯公民权益,故监督和制约行政权尤为重要。权力制约理论的

---

① 姜明安主编:《行政法学》,法律出版社 1998 年版,第 252 页。

② 《中共中央关于全面推进依法治国若干重大问题的决定》,人民出版社 2014 年版,第 18 页。

③ 《中共中央关于全面推进依法治国若干重大问题的决定》,人民出版社 2014 年版,第 22 页。

④ 《中共中央关于全面推进依法治国若干重大问题的决定》,人民出版社 2014 年版,第 21 页。

⑤ 佟丽华:《十八大以来的法治变革》,人民出版社 2013 年版,第 121 页。

基础是任何权力都存在被滥用的可能,鉴于行政权的天然扩张性,对其不加约束必然失控并损害公民权益,而行政诉讼正是通过诉讼程序来实现司法权对行政权的监督和制约。现代法治理论强调建立法治政府,重视依法行政、责任行政,其目的在于防止权力任性,把权力关进制度的笼子里,越权无效,非法行权必被追责,以保护民众利益。行政诉讼正是以监督行政机关依法行政为己任的。

三、通过公益诉讼实现检察权对行政权的监督

中共十八届四中全会通过的《中共中央关于全面推进依法治国若干重大问题的决定》提出了"探索建立检察机关提起公益诉讼制度"①的主张,习近平总书记在对该决定的说明中指出:"检察机关在履行职责中发现行政机关违法行使职权或者不行使职权的行为,应该督促其纠正。作出这项规定,目的就是要使检察机关对在执法办案中发现的行政机关及其工作人员的违法行为及时提出建议并督促其纠正。这项改革可以从建立督促起诉制度、完善检察建议工作机制等入手。在现实生活中,对一些行政机关违法行使职权或者不作为造成对国家和社会公共利益侵害或者有侵害危险的案件,如国有资产保护、国有土地使用权转让、生态环境和资源保护等,由于与公民、法人和其他社会组织没有直接利害关系,使其没有也无法提起公益诉讼,导致违法行政行为缺乏有效司法监督,不利于促进依法行政、严格执法,加强公共利益的保护。由检察机关提起公益诉讼,有利于优化司法职权配置、完善行政诉讼制度,也有利于推进法治政府建设。"②习近平总书记高屋建瓴地指明了公益诉讼制度的本质和目的在于保护公共利益,实现对行政行为的司法监督,促进依法行政,推进法治政府建设。

何谓公益诉讼?学界通说认为是指特定国家机关和相关的组织、个人,依

---

① 《中共中央关于全面推进依法治国若干重大问题的决定》,人民出版社 2014 年版,第 22 页。

② 《中共中央关于全面推进依法治国若干重大问题的决定》,人民出版社 2014 年版,第 58 页。

据法律授权,对违反法律规定,侵犯国家利益、社会利益或特定的他人利益的行为,向法院起诉,由法院依法追究法律责任的活动。一般认为,能提起公益诉讼的主体包括检察机关、社会团体和普通民众。

有的学者通过考察国外的公益诉讼制度,提出了公益诉讼既保护公共利益、又促进依法行政的观点:"为了保障社会公共利益,支持无力主张权利的弱者提起诉讼,很多国家都规定了公益诉讼类型。由此可以看出公益诉讼的目的并非在于公民个人的权利救济,而是为了确保行政行为的合法性和公共利益的维护。"①"确保行政行为的合法性"是对公益诉讼制度的"点睛之笔"。

在我国,2012 年修订通过的《民事诉讼法》第五十五条规定:"对污染环境、侵害众多消费者合法权益等损害社会公共利益的行为,法律规定的机关和有关组织可以向人民法院提起诉讼。"这是我国法律首次规定公益诉讼。中共十八届四中全会通过的《决定》将公益诉讼制度再向前推进一步,要求由检察机关提起公益诉讼,标志着在司法监督行政方面迈出了重要一步,这无疑在推进依法行政、建设法治政府方面具有里程碑意义。

吉林省人民检察院在公益诉讼方面进行了有益的探索。吉林省人民检察院检察长杨克勤就检察机关提起公益诉讼制度的重大意义进行了阐释:"探索建立检察机关提起公益诉讼制度,是党中央站在'四个全面'战略布局的高度,作出的重大战略决策和重大改革部署。从政治建设层面看,对促进依法行政和法治政府建设,推进国家治理体系和治理能力现代化,意义重大;从法治建设层面看,对完善中国特色社会主义司法制度,尤其是完善中国特色法律监督体系,意义重大;从社会建设层面看,对维护社会公平正义,维护国家利益和社会公共利益,意义重大;从生态文明建设层面看,对贯彻节约资源和保护环境的基本国策,推动绿色发展和永续发展,意义重大,影响深远。"②

由检察机关提起公益诉讼,符合检察机关在我国的宪法定位,检察机关是我国宪法规定的法律监督机关,有权对法律的实施情况进行监督。违反法律的行为必然危害公共利益,纠正违法行为就是维护公共利益。检察机关提起公益诉讼,既是对宪法定位的落实,也是维护公共利益的需要。行政机关虽然

---

①　刘善春:《行政审判实用理论与制度建构》,中国法制出版社 2008 年版,第 92 页。

②　吉林省人民检察院:《守望公益——公益诉讼的吉林检察实践》(内刊本),2017 年刊印,见"序言"。

也是为公共利益而行使权力,但也往往因为部门利益而任性扩张,因滥用职权而损害公共利益。因此,加强司法权对行政权的监督制约就成为一个必然的选择,检察机关的行政诉讼监督与刑事检察职能,也为检察机关监督行政行为打下了扎实基础。另外,检察机关在人财物方面的优势,也是社会组织和个人难以望其项背的,它可以凭借专业化的、训练有素的检察队伍有效地开展监督工作,通过公益诉讼机制推进依法行政和严格执法,进而保护社会公共利益,并助推法治政府建设。这正是"法治国家"的题中应有之义。可以说,以司法监督行政,不仅有效抑制行政权的任性扩张,而且会大大助推司法文明和行政文明建设,从而提升国家治理体系和治理能力现代化的水平。

司法权对行政权的监督,在法治发达国家是一个普遍性的制度安排,行政法院的设置以及司法审查制度的建立就体现了这一制度安排。行政法院的建置在西方大陆法系国家较为普遍,如法国、德国等国家,都设有行政法院。法国的最高行政法院是国家参事院,该院具有行政职能和审判职能,其职权主要是对某些行政诉讼案件行使审判权,裁决行政法院系统内部的管辖权争议,指导下级法院工作等。这与英美法系的"司法审查"有别,英国司法审查的主体是普通法院,按照"越权无效"原则来审查行政机关的行为是否合法,即如果行政行为超过了议会授权的范围则归于无效。这种越权表现主要是不合法、目的不正当、滥用权力等。另外,法院还采用"合理性"标准对行政机关的行为进行审查。我国可以借鉴上述两种模式构建行政法院体系或司法审查制度,以加强司法权对行政权的监督。

司法权监督行政权的理论根据是人民主权理论、权力制约理论以及法治政府理论。人民主权理论不仅要求按照人民意志组建政府,还要求政府行为合法、公正以及有效率,同时保护人民的利益不受行政权的侵害。由于行政权的活动经常、直接、广泛地涉及公民权益,因而极易侵犯公民权益,故监督和制约行政权尤为重要。权力制约理论的基础是任何权力都存在被滥用的可能,鉴于行政权的天然扩张性,对其不加约束必然失控并损害公民权益,而行政诉讼正是通过诉讼程序来实现司法权对行政权的监督和制约。现代法治理论强调建立法治政府,重视依法行政、责任行政,其目的在于防止权力任性,把权力关进制度的笼子里,越权无效,非法行权必被追责,以保护民众利益。行政诉讼正是以监督行政机关依法行政为己任的。

　　检察机关是我国宪法规定的法律监督机关,检察权在我国是司法权,由检察机关提起公益诉讼,符合检察机关在我国的宪法定位。检察院有权对法律的实施情况进行监督,公益诉讼就属于司法权对行政机关的活动是否有损于公共利益而进行的监督。

第三章　司法与科技

科技与法治有着密切关系,科技的创新与进步既需要立法来维护,也需要司法来保障。研究科技与法治之关系的学科是科技法学,该学科注重将科技立法、科技司法与科技执法等作为研究对象,强调法治手段对科技进步的保驾护航作用。在目前实行创新驱动国家战略的大背景下,科技创新与法治保障更是如鸟之两翼、车之两轮一样须臾不可分离。

有学者对法律与科学的关系有如下表述:"法与科学一般都是相互规定,同步发展。一方面,法的发展要借助于科学的成就,要以科学的进化为内容,法本身的生存与发展,最终也要取决于科学的验证和判决。而另一方面,法的发展又有利于创造科学发展的良性环境。法是保障科学发展的重要社会机制。"①

一、立法对科技的保障作用

科技立法对科技的发展有着至关重要的作用,特别是在我国提出创新驱动战略后,科技立法更是成为创新驱动的"推进器"和"保障网"。例如,1993年颁行的《科学技术进步法》(2007年修订),旨在促进科学技术进步,推动科技成果转化为现实生产力,发挥科学技术服务于经济社会发展的作用。时至今日,该法对科技创新都发挥着不可估量的保障作用,如在投入保障、人才保

---

① 万斌编著:《法理学》,浙江大学出版社1988年版,第194页。

障、税收优惠等方面都为功甚巨,极大地推动了科技创新战略的实施。

1996年,我国制定了《促进科技成果转化法》。2015年又对该法进行了修订。该法强化了对科研权利的保护,提高了科技人员在成果转化中获得收益的比例,明确了国家的各类给付型职责,对促进科技成果转化和科技事业进步发挥了重要作用。

2016年,中共中央、国务院发布的《国家创新驱动发展战略纲要》对国家创新驱动战略进行了顶层设计,它使科技体制改革与经济社会领域改革同步发力,并强化原始创新,增强源头供给,在基础前沿领域助推科技进步、促进经济社会发展。正如党的十八大报告指出的:"科技创新是提高社会生产力和综合国力的战略支撑,必须摆在国家发展全局的核心位置。"《国家创新驱动发展战略纲要》的另一意义还在于:"健全保护创新的法治环境。加快创新薄弱环节和领域的立法进程,修改不符合创新导向的法规文件,废除制约创新的制度规定,构建综合配套精细化的法治保障体系。"①

总之,科技创新要与制度创新同步进行,要以体制机制改革激发创新活力,故科技法治改革在创新驱动战略中具有非凡的意义。科技法治改革要坚持科研自由原则、合理享权原则、社会进步原则及反对政府过度干预原则,只有如此才能激发科研人员的创新活力,促进科学技术的发展。关于"合理享权原则",有学者指出:"科技立法,旨在发展科技事业,繁荣经济。而为达到此目的,必须使从事科技生产的人们和参加科技活动的人们合理分享应得的各种权益,以激励他们的积极性与创造性。在科技生产和经营活动中,投资者、研究者、开发者、经营者、采用者、管理者的积极性,都与自身期望获得权利(经济权与精神权)密切相关。因此,在科技法律的规定中,必须表明贡献义务和索取权利之间的制约关系,应能确认和保障各自应得的权利,使其履行应尽的义务。"②

知识产权与科技事业关系密切,对科技的保护实际上也就是对知识产权的保护。知识产权是智力成果的创造者依法享有的权利以及生产经营中的标记所有人依法享有的各种权利的总称,包括著作权、专利权、商标权等。特别

① 周海源:《创新的法治之维》,北京大学出版社2017年版,第3页。
② 王河主编:《中国科技法学》,法律出版社1991年版,第58页。

是专利权,更是科学技术的核心要素之一,专利权是专利权人在法定期限内对其发明创造成果所享有的专有权利,法律对专利权的保护,必然保护和促进科技的发展。有鉴于此,我国近年来加快了知识产权领域的立法和修法,如对1984年的专利法先后进行了多次修改,分别在1992年、2000年、2008年进行了三次修改,对专利权的保护力度逐步加大,并逐步提高了侵权人的法定赔偿标准。尤其是第三次修改,"对保护专利权人的合法权益、鼓励发明创造、维护发明创造的应用、提高创新能力、促进科技进步和经济社会发展等专利法立法目标的实现产生了积极而深远的影响"①。

关于法律与科技的关系,学者多有探讨。"法与科技的关系有两个前提,即社会与人。因此,要在社会制度与人的主观能动性两个方面为法与科技的良性互补、良性循环的发展创造条件。"②法律对科技具有重大的保障和促进作用,它一方面通过调整科技发展中的各种权利义务关系来促进科技发展,另一方面又能为科技发展提供良好的社会环境。"强有力的法律措施,对维护社会秩序有重要的作用;切实具体的立法,可以在培养和确立尊重人才、尊重知识的社会风气方面给予促进;法对经济繁荣的作用更不待言。这些都会为科技进步创造良好的环境。正因如此,当法保护新型的生产关系、促进社会发展时,同样也促进了科学技术的同步发展。"③

二、司法对科技的保障作用

在市场经济日益发达的今天,我国科技进步日新月异,由此也催生了繁荣的科技市场,科技成果的应用和交易、科技协作的深入和推广,也滋生了各种各样的科技纠纷,因此需要用司法手段来处理纠纷、规范市场。

这里的"司法",既包括"国家司法"——国家司法机关依据国家制定法所进行的化解纠纷的活动,也包括"准司法"——社会组织、行政机构、仲裁机构或个人依据国家法律、科技政策、社会规则或行业规则所进行的化解纠纷的活

① 李顺德等:《知识产权与科技法律探索》,科学出版社2013年版,第8页。
② 倪正茂:《科技法学导论》,四川人民出版社1990年版,第64页。
③ 倪正茂:《科技法学导论》,四川人民出版社1990年版,第64页。

动,包括协商、调解、仲裁等。

关于协商,有学者指出:"协商即自行和解,是指科技纠纷的当事人在诉诸调解、仲裁和诉讼前,通过自行磋商,坦诚讨论,本着实事求是的态度,按照国家有关的法律和科技政策,各自作出一定的让步,自愿达成双方都可以接受的公平合理的一致意见,从而正确处理科技纠纷的一种方式。"①协商也可称为"私了",是当事人双方自行磋商达成合意,从而化解纠纷。通常对身处一个"圈子"的人来说,如此处理更宜见效,因为一个圈子的行业规则对深处其内的人都是有约束力的,同行的口碑和舆论也是一种约束力。

准司法还包括调解在内,此方法在化解科技纠纷方面发挥着重要作用。"所谓调解,是指当事人双方在自觉的基础上,由当事人以外的第三者出面居间调停,劝说当事人消除纠纷,促使双方达成和解,并达成一致意见写出协议。"②根据调解人身份的不同,调解可以分为普通调解、行政调解、仲裁调解与司法调解,司法调解属于诉讼内调解,其余属于非诉讼调解,或称"准司法调解"。调解是中国一大悠久的传统,数千年来,中国人秉持"和为贵"的理念,坚持用调解方式来化解纠纷,获得了良好的社会效果。中国现代的"枫桥经验"就继承了这一传统并加以发扬光大。

普通调解一般由技术市场中介机构和其他科技团体等非行政性机构主持进行的调解,行政调解是指由国家科技行政管理机关主持进行的调解,仲裁调解是指仲裁机构主持进行的调解,这些均属于"准司法调解"。司法调解是人民法院主持的调解。以上诸种调解方式,目的是在查明事实、分清是非、明确责任的基础上,公正客观地解决科技纠纷,实现科技秩序的和谐并促进科技事业的发展。

仲裁在解决科技纠纷中也发挥着重要作用。"所谓仲裁,亦称'公断',是指对科技纠纷主要是技术合同纠纷在当事人争执不下时,当事人一方或双方根据合同中的条款或事后达成的仲裁协议,向国家规定的仲裁机构提交申请,并由仲裁机构以特定的第三者身份进行审理,对当事人发生的争议在事实上予以认定,从权利义务上作出具有法律约束力的裁决。"③仲裁介于调解与判决之间,且兼顾两者之优点,既尊重双方当事人的意愿又具有较高的约束力,

---

① 王河主编:《中国科技法学》,法律出版社 1991 年版,第 406 页。
② 王河主编:《中国科技法学》,法律出版社 1991 年版,第 407 页。
③ 王河主编:《中国科技法学》,法律出版社 1991 年版,第 410 页。

并具有一定的便捷性和保密性,故对化解科技纠纷能发挥相当重要的作用。

科技纠纷解决的主要途径是诉讼,这是靠国家司法机关的力量来解决纠纷的形式。诉讼是指人民法院在受理当事人的起诉后,在双方当事人和其他诉讼参加人的参与下,依照法律规定的原则、步骤和方式进行审理和判决的活动,可称为"国家司法"活动,以其终局性和强制性奠定了其在化解科技纠纷中的"主干"地位。

科技纠纷属于民事纠纷,相关案件的处理适用《民事诉讼法》的规定。此类案件主要包括技术合同纠纷案件、涉外技术合同纠纷案件、知识产权纠纷案件、科技损害赔偿纠纷案件等。法院审理科技纠纷案件贯彻依法独立行使审判权原则、公开审判原则、两审终审原则。另外,科技纠纷案件也适用审判监督程序。该程序又称再审程序,是指人民法院对已经发生法律效力的判决、裁定,发现确有错误而进行的再次审理的诉讼程序。这是一种纠错程序,旨在保护当事人的合法权益,以"恢复正义"。

司法还要通过对侵权者的惩戒来保护被侵权者的利益。"在法律关系产生以后,当事人之间会产生一些争议,如对协议效力和协议的内容存在不同认识,以及是否要继续维持协议的效力等存在分歧。法律适用旨在确认法律关系的有效性(如确认技术转让合同有效)、保护法律关系(如裁定技术合同当事人继续履行合同)、变更法律关系(如批准高科技企业变更经营范围)、消灭法律关系(如裁定技术合同无效)。"[1]

三、作为科技核心要素之一的
著作权及其司法保护问题

著作权,也称为"版权",是指作者及其他著作权人对其创作的科学、文学和艺术作品依法享有的权利。著作权包括人身权和财产权两部分,前者是一种精神权利,包括作品发表权、署名权、修改权以及保护作品完整权等;后者是指作者及其他著作权人对其作品依法享有的使用与获得报酬的权利。著作权法是调

---

[1]　牛志忠:《科技法律秩序的保护研究》,知识产权出版社 2019 年版,第 45 页。

整著作权关系的法律规范的总称,其任务在于保护著作权人及与著作权相关联的权利,鼓励创作与传播活动;另外是促进社会的知识传播与文化事业的发展。

现代社会是信息化社会,是"知识密集"的社会,包括著作权在内的知识产权的产业化已经成为国民经济的重要组成部分,也是当前经济方式转化与科技发展的重要途径。著作权本身是技术进步的产物,它对经济、社会和文化的发展起着不可估量的作用。我国目前正在推进创新驱动发展战略,著作权是创新成果向现实生产力转化的重要纽带。著作权法对经济发展、科技进步、文化繁荣以及文化产业的发展起着保驾护航的作用。

随着信息化、互联网、大数据和人工智能的迅猛发展,现代社会已经进入了"技术革命"的新时代。特别是人工智能技术,目前在我国方兴未艾。例如,我国人工智能领域的专利申请数量就已经超过了美国,并且正朝着产业化的方向发展。人工智能在大数据、云计算、超级芯片和深度学习技术的加持下,已经表现出了类人智慧甚至超人智慧的趋势,它模拟人脑的运行机制产出了文学艺术等方面的作品,使其从辅助创作的工具变成了独立创作的"主体",从而使传统的著作权理论遭遇了重大挑战。

传统的著作权理论认为,著作权的主体亦即著作权人,是著作权利益的承担者,包括作者及其他依法享有著作权的公民、法人、非法人单位和国家等。而人工智能机器人突破了著作权由作者享有的限制,机器人虽然不是传统的"作者",但其作品却又符合最低限度的独创性要求,诸如其"创作"的诗句"一支烛光,忽变为寂寞之乡""是在阳光照射的方向,还是阳光来自的地方""西窗楼角听潮声,水上征帆一点轻"等均达到了一定的思维深度和艺术高度,带有"朦胧诗"的韵味,这从法律的角度看似乎不能否认其"可版权性"。可见,创作已经不再是人类独有的行为,人工智能创作物对人类特有的智慧和技能提出了严峻的挑战。但是,即使上述东西被认定为"作品",其著作权也不能归属于人工智能机器人本身,因为相对于人类而言,人工智能机器人也是"客体",这一定位使其与作品创作的来源之间不可避免地发生了冲突,因而导致其作品的权利归属问题限于争议之中。

根据国外著作权领域关于作品"独创性"标准的理论和实践,人工智能机器人的"作品"已符合该标准,故将其纳入著作权法的保护范围并无不可。日本的经验或许有一定的启示意义,其《知识财产推进计划2016》就给予那些具有市场价值的人工智能创作物以知识产权保护。当然应该看到,人工智能创作物虽然可以进行知识产权保护,但其不可能成为著作权的主体,因为人工智能机器人不能获得法律上的"人格",并非民事主体,而只能是一种权利客体。因此,可根据著作权法有关职务作品的规定,将人工智能机器人的所有人当作人工智能创作物的著作权人。建议我国在修改《著作权法》时对人类作品与人工智能创作物加以区别对待,设立人工智能创作物的著作权登记制度,明确人工智能所有者是人工智能创作物的权利人,可以行使完整的著作权,以保护人工智能产业投资者的利益。

著作权是一种私权(民事权利),因此著作权法的修改和实施应当强化对私权的保护,只有将创作者的私权(著作权)保护好,才能调动其奉献于社会的热情和积极性,从而实现以私促公、公私同进的格局。无论是自然人还是机器人的所有人,只要他们为社会提供了有价值的"作品",就应该从社会中得到公正的评价和利益的补偿,而著作权法通过著作权许可和转让等制度安排来让那些产出作品的"主体"——自然人和人工智能机器人的所有人——实现自身的利益诉求,并进而焕发出奉献社会的更大热情。

但是,应该看到,当前我国知识产权领域的侵权现象屡禁不绝,有时甚至相当严重。特别是在著作权领域,侵权行为给权利人带来的实际损失更是难以估量。而且因为侵权成本低而维权成本高,又面临举证难、取证难等问题,故很难让被侵权人获得满意的赔偿,让侵权人付出应有的代价。因此,有必要完善著作权侵权赔偿制度,在此方面可借鉴美国、巴西、俄罗斯等国的"额外损害赔偿制度",即侵权民事赔偿额的确定应当在正常损失之外增加额外损害赔偿。这是一种惩罚性赔偿制度,建议修改《著作权法》时参照著作权转让或许可使用费的三倍以上确定侵权赔偿数额。只有提高侵权赔偿的力度,才能有效震慑侵权者,遏制日益猖獗的侵权行为。对此,我国司法机关也应当有所作为,在惩治著作权领域的侵权行为方面应当发挥更大作用。

四、司法与科技的深度融合

目前,科技与司法正呈现出深度融合的趋势。各地司法机关注重运用大数据办案,不断在"精准又公正"的方向上用力。这种做法表现出如下三个特点:一是标准化。通过大数据来制定证据的标准指引,将其编程转化、嵌入系统。二是精细化。通过大数据使司法管理逐步精细化,把精准的法律要求转化为编程语言,且全程留痕。三是智能化。随着当代科技的进步,特别是信息技术的迅猛发展和广泛运用,司法科技除了用于认定案件事实之外,司法机关在司法办公、固定事实等方面亦开始大规模使用当代技术;同时,人工职能技术的发展亦促进了适用法律工作的技术化。固定事实、认定事实、适用法律和司法办公等工作均达到一定程度的信息化、自动化、智能化,是当代司法科技发展的主要趋势,并且将对司法工作本身产生重要而深远的影响①。

人工智能技术是计算机科学的一部分,是一种模拟人类大脑并产生与人类智慧相近的计算机系统(或谓"机器人")。人工智能与司法的融合,不仅仅是简单地进行法条搜索,而是大幅度地提高司法办案效率与司法管理质效。利用人工智能技术,全部实现案件的网上办理,全程留痕,并实现全程监督,统一证据规则和证明标准,对证据瑕疵和法律适用上的问题自动报警,实现证据审查、文书生成、量刑参考等方面的功能,从而有力推进司法改革的科学化、精细化。

《人民日报》于 2017 年 2 月 8 日刊载《科技助力司法公正》一文,指出目前全国法院系统正在积极推进司法与科技的深度融合,注重用大数据支撑审判现代化。"大数据与审判业务系统深度融合,与法官日常办案无缝对接,为法院统一裁判尺度、提升司法权威和司法公信力提供了有力的科技支撑。司法大数据不仅改变了司法,也正在改变着社会治理,助推着经济社会的发展。"

《人民日报》2017 年 7 月 28 日刊载《司法+科技,办案更给力》一文,其中写道:"案多人少怎样化解,办案质效如何提升? 司法体制改革中,除了'除旧'的勇气,更需要'迎新'的创造力。近年来的司改中,利用科技创新内部挖潜、把深化司法体制改革和现代科技应用结合起来,升级'司法生产力'已经渐成潮流。互联网、大数据、人工智能,各种新鲜的应用不断凸显实效。"并指出智能辅助让判决更准确公正,系统全自动监督办案质量,在线平台有助纠纷

---

① 参见尹锋林:《当代司法科技的基本架构和发展趋势》,载《科学学研究》2019 年第 2 期。

便捷解决。

《人民日报》2019 年 2 月 1 日刊载最高人民法院信息中心主任许建锋撰写的《为推进公正司法增添科技动能》的文章:"以网络化、阳光化、智能化为特征的智慧法院初步形成,有力促进了审判体系和审判能力现代化。目前,全国法院全业务网上办理的网络化格局基本形成,利用互联网推动全流程依法公开的阳光化目标基本实现,为人民法院智能化建设打下了扎实基础。借助新一代人工智能技术,人民法院建设和发展各类信息系统,为广大法官提供智能辅助审判,为人民群众提供智能诉讼服务,全方位智能服务展现出广阔应用前景,为人民法院公正司法增添了强劲的科技新动能。"

还有学者探讨了科学发展对司法的影响:"在司法过程中,人们大量借用录音、电视、电子计算机、测谎机、遗传学成就、基因技术和各种新的生物及医学手段观测现场,鉴别真伪,跟踪追击,从而大大提高了案件处理的速度和效率。"[1]

上海市法院系统顺应时代潮流,以司法与科技的深度融合为宗旨,以"数据法院"和"智慧法院"平台建设为载体,逐步推进审判体系与审判能力的现代化。根据《上海法院司法体制改革的探索与实践》一书的介绍,所谓数据法院是指以大数据作为人民法院发展的战略资源,通过跨系统、跨部门、跨区域、跨层级、跨网系之间的数据共享,以"人、案、物"为主线建立数据间的关联融合,通过信息到知识到智慧的自我升级完善,充分发挥大数据驱动作用和人工智能的引领作用,为审判执行提供多种功能的智能辅助服务,为人民群众提供司法公开和诉讼服务职能服务,为司法管理提供工作评估、司法研究、司法监督等职能服务,为司法决策、社会治理提供职能分析报告。数据法院建设是智慧法院建设的基础和条件,前者侧重于法院发展的基础性、全面性等要素,强调运用大数据来驱动法院各项工作,让司法大数据成为法院建设和发展的战略资源,从而推进法院审判能力的现代化[2]。

建设数据法院和智慧法院的举措,标志着司法与科技的深度融合。同时,它也是贯彻实施国家战略的重要举措,是推进司法体制改革的重要支撑,是促

---

① 万斌编著:《法理学》,浙江大学出版社 1988 年版,第 196 页。

② 参见崔亚东主编:《上海法院司法体制改革的探索与实践》,人民法院出版社 2018 年版,第 247 页。

进社会公平正义的重要保证,是提升司法效率、破解案多人少矛盾的重要途径。上海市法院系统坚持科技强院的方针,努力践行"向科技要警力、向科技要效率、向科技要质量"的理念,实施"大数据战略"和"互联网+""人工智能+"行动,坚持问题导向、目标导向和需求导向,坚持数据驱动、技术跟进,坚持以用促建,紧盯科技前沿,不断转型升级,"将新技术应用融入到审判执行、司法服务、司法公开、司法决策、司法管理等各项工作中,始终保持系统功能与科技的发展同步,不断为促进上海法院审判体系和审判能力现代化注入新动力。"①

上海法院实施大数据战略、推进司法与科技融合的成就主要表现在如下几个方面:一是打造"上海市高级人民法院大数据信息系统",该系统由门户网站、中心数据库、六大信息应用系统、133 个应用软件等组成。其中信息应用系统包括审判管理信息系统、诉讼服务信息系统、司法公开信息系统、队伍管理信息系统、信息技术管理系统等。通过该系统,实现执法办案全程留痕、全程可视、全程监督、全程公开;实现法官办案智能化、司法公开常态化、司法为民便捷化、司法决策科学化、法官管理可视化、司法监督系统化。

二是构建上海法院大数据审判辅助体系,该系统包括智能辅助办案系统、裁判文书智能辅助系统、智能终端办案 APP、智能庭审系统等 35 个子系统。其中智能辅助办案系统具有审判流程监督、类案智能推送、裁判文书辅助制作、裁判文书智能分析、知识智能搜索等功能,成为法官办案的"好助手"。裁判文书智能辅助系统具有文书制作导引、自动附录法律条文、自动分析纠错、自动排版打印、电子签章、一键上网等六个功能。

三是构建上海法院大数据司法公开体系,该体系包括审判流程公开平台、审判文书公开平台、执行信息公开平台、庭审网络直播平台、网络司法拍卖平台。

四是构建上海法院大数据职能管理系统,包括审判质效管理系统、职能执行管理系统、职能海事船舶管理系统、队伍业绩管理系统、司法监督平台。

五是打造上海法院大数据司法分析平台。司法大数据是司法决策的战略

---

① 崔亚东主编:《上海法院司法体制改革的探索与实践》,人民法院出版社 2018 年版,第257 页。

资源,大数据分析系统通过深入挖掘海量数据的潜在价值,为司法决策提供参考。"从海量的审判数据中分析发现审判规律,促进法院科学决策,提升社会治理水平,助力社会经济发展。"①

对法律与科技之间关系的探讨,是部门法学和理论法学共同关注的一个问题,或许也是一个永恒性的问题,因为科技的发展是无止境的,法律当然也要与时俱进,故立法、司法和执法会不断面临新的科技挑战,回应新的科技问题,解决新的科技障碍。对法律之于科技进步的正面功能,法理学著作已经多有揭示,如沈宗灵教授主编的《法理学》就从法律确认科技发展在国家社会生活中的地位、通过法律手段确定国家的科技发展战略、运用法律手段组织、协调和管理科技活动等方面论证法律对科技发展的重大作用②。可以说,没有法律的保障,科技创新会寸步难行;没有法律的促进,科技发展将徒有虚名。科技进步与科技创新同样需要司法的保驾护航。

---

① 崔亚东主编:《上海法院司法体制改革的探索与实践》,人民法院出版社 2018 年版,第268 页。

② 参见沈宗灵主编:《法理学》,高等教育出版社 1994 年版,第 264—265 页。

第四章　司法与政治

一、法律与政治之关系的理论考察

法律与政治有着密切关系,政治是法律的依据,法律要为政治服务。法律与政治都是一定经济基础的上层建筑,都反映统治阶级的意志与利益,两者相互作用。政治对法律具有制约作用,法律又会确认和调整政治关系,并影响政治的发展。

学者对政治与法律之间的关系进行了如下分析:"就法与政治这两者的相互作用说,政治对法的作用更明显、更直接,政治在与法发生关系的过程中经常居于主导地位。这特别表现在政治的发展变化,直接导致法、法治的发展变化。当法的状况和法的制定、修改、废止是由于政治的发展变化所引起的时候,当法反映着政治目的和要求的时候,这种法的活动,可以说是一种政治措施。但不能由此得出法仅仅是一种政治措施的结论。法的作用是多方面的。政治不等于法、法治,法、法治也不等于政治。"①

政治对法律的影响主要表现在如下几方面:政治关系的基本状况是法律状况的重要依据;政治可以为法律发展提供条件和环境;政治可以制约法治的内容;政治变化会导致法治变化。法律对政治的影响主要表现在如下几方面:法律可以确认各阶级、阶层、集团在国家生活中的地位;法律可以反映一定阶级的政治要求;法律可以为统治阶级的中心任务服务;法律还通过制裁来捍卫

---

① 沈宗灵主编:《法理学》,高等教育出版社 1994 年版,第 185 页。

统治阶级的统治。

另有专家指出:"第一,政治是法律的依据。统治阶级为实现其统治,都要制定自己的法律,法律与政治的关系,就是法律与统治阶级政治的关系。统治阶级的政治集中体现在它的政策之中,所以,法律与政治的关系又集中反映在法律与统治阶级政策的关系上。法律是统治阶级政策的具体化、条文化、定型化,就是说,统治阶级在制定法律时,总是以它的政治要求和政治意向为内容,以统治阶级的政策为依据。这就体现出政治对法的主导地位。第二,法律为政治服务,是实现统治阶级政治的重要工具。统治阶级政治所包含的各方面内容,都需要有法律为其服务。"[1]既然法律是以政治为依据的,那么法律自然应当为政治服务。这就点明了法律与政治的内在联系。

法律与国家也有密切关系,法从属于国家,与国家不可分离;国家离不开法,没有法就没有国家。国家是一个政治实体,是一种特殊的公共权力。法律的制定有赖于国家,国家也有赖于法律——法律可以确认国家政权的合法地位,法律可以组织国家机构、确立国家体制、可以实现国家职能、可以制约国家政权的活动、可以巩固和完善国家制度。法律与政策也有密切关系,"政策是一定阶级、政党、国家以及其他社会主体,为达到一定目的,依据自己的长远目标,结合当前情况或历史条件,所制定的实际行动准则。"[2]

在当代中国,共产党的政策与法律既有区别也存在着一致性。就其一致性而言,两者在经济基础、根本任务、体现的意志及思想基础方面都是一致的。但在制定的组织和程序、实施的方式、表现的形式、调整的范围及社会功能等方面是有区别的。正如学者所说:"社会主义法与党的政策关系非常密切,两者相互作用,相互制约,相辅相成。不能把两者对立起来或简单等同起来。忽视政策对法的指导作用和忽视法对政策的制约、促进和保障作用,都是有害的。"[3]

法律的基础是政治,法律是政治活动的基本准则。正如习近平总书记指出的:"任何组织或者个人都必须在宪法和法律范围内活动,任何公民、社会

---

[1] 《全国律师资格考试复习指南》,中国政法大学出版社1997年版,第11页。

[2] 沈宗灵主编:《法理学》,高等教育出版社1994年版,第190页。

[3] 沈宗灵主编:《法理学》,北京大学出版社2000年版,第195页。

组织和国家机关都要以宪法和法律为行为准则"①；"我们党是执政党，坚持依法执政，对全面推进依法治国具有重大作用。要坚持党的领导、人民当家作主、依法治国有机统一，把党的领导、人民当家作主、依法治国有机统一，把党的领导贯彻到依法治国全过程。各级党组织必须坚持在宪法和法律范围内活动。各级领导干部要带头依法办事，带头遵守法律。各级组织部门要把能不能依法办事、遵守法律作为考察识别干部的重要条件。"②

简言之，政治就是治国理政，当前我国治国理政的基本目标在于实现国家治理体系和治理能力的现代化，它也是完善中国特色社会主义制度的内在要求。有学者说："国家治理的现代化，包含了国家治理的民主化、市场化、多元化、科学化、法治化和文明化，而在这'六化'之中，法治化是国家治理现代化的主要内容，法治化是衡量国家治理现代化的主要标准，因而法治化是实现国家治理现代化的关键。"③这一见识是深刻的。

二、司法与政治之关系的理论回溯

法律与政治的关系极为密切，司法与政治的关系同样如此。在当下中国，司法更是不能自外于政治，甚至可以说司法是政治的继续。有学者指出："无论如何标榜法官裁判的非政治性和中立性，均不能否认，司法从来都不是政治中立性的，从来都具有明确的政治导向。司法的和谐必须首先是司法与政治的和谐。司法具有极强的专业性、技术性和程序性，法官具有强烈的技术官僚色彩，司法和法官于是也被强调奉行政治中立性。其实，这只不过是一种表象。司法的法律实施属性决定了其鲜明的政治性。因为，立法是一种典型的政治活动，立法的产品即法律是一种规则政治，它是统治者意志的体现，是以规则的形式对占主导地位的经济、政治和文化关系的表现……其二，除司法权是政治权力的一支、司法职责根本上属于治理国家的政治职责之外，许多国家

---

① 《习近平谈治国理政》，外文出版社 2014 年版，第 145 页。

② 《习近平谈治国理政》，外文出版社 2014 年版，第 146 页。

③ 俞可平主编：《国家底线——公平正义与依法治国》，中央编译出版社 2014 年版，第 184 页。

法官的选任、裁判的形成等往往都掺杂或者取决于政治因素,政治问题甚至可以转化为司法问题,政治斗争可以转化为司法斗争。因此,我们可以说,司法是政治的继续。"①

上述言论有几点需要注意:一是司法从来都不是政治中立性的;二是司法的和谐取决于司法与政治的和谐;三是司法的法律实施属性决定了其鲜明的政治性;四是司法权本身就是一种政治权;五是司法乃政治的继续。强调司法是政治的继续,政治问题可以被转化为司法问题,政治斗争可以被转化为司法斗争,这一见解令人深思。

司法对政治也具有反作用:"司法奉行程序性、规则性、独立性、中立性和透明性,这些精神对于整个政治都产生了积极影响,如政治运作的规则性和透明度,行政对正当程序的引进和对说明理由的采纳,多是受司法精神的影响。"②其实,即使在西方国家,司法也并非绝对"不讲政治"。在那些奉行司法独立的国家,"裁决从来都不会是纯粹的法律演绎结果,而是各种因素的杂合物。"③"当然,在西方国家,在司法中讲政治,不是指其他政治机关可以直接指挥和干涉司法机关和司法行为,作为一个组织体系,司法机关有其独立性,只是法官和司法机关裁判并不与政治因素相隔裂,政治因素通过法官裁判中的自主吸纳而进入司法裁决。"④这揭示了西方政治对司法的渗透现象,因此,西方司法的所谓"独立"可能并不那么"纯粹"。

托克维尔说:"在美国,几乎所有政治问题迟早都要变成司法问题。因此,所有的党派在它们的日常论战中,都要借用司法的概念和语言。大部分公务人员都是或曾经是法学家,所以他们把自己固有的习惯和思想方法都应用到公务活动中去。陪审制度更是把这一切推广到一切阶级。因此,司法的语言差不多成了普通语言;法学家精神本来产生于学校和法院,但已经逐渐走出学校和法院的大墙,扩展到整个社会,深入到最低阶层,使全体人民都沾上了司法官的部分习性和爱好。"⑤这是一个法治发达国家的实际情况,在这样的

---

① 孔祥俊:《司法哲学与裁判方法》,人民法院出版社 2010 年版,第 63 页。
② 孔祥俊:《司法哲学与裁判方法》,人民法院出版社 2010 年版,第 64 页。
③ 孔祥俊:《司法哲学与裁判方法》,人民法院出版社 2010 年版,第 65 页。
④ 孔祥俊:《司法哲学与裁判方法》,人民法院出版社 2010 年版,第 64—65 页。
⑤ [法]托克维尔:《论美国的民主》,董国良译,商务印书馆 1991 年版,第 310 页。

国度里,司法与政治已经"水乳交融"。

美国的霍姆斯大法官说:"法律的生命是经验而不是逻辑。被感受到的该时代的需要,流行的道德和政治理论,公认的或无意识的对公共政策的直觉知识,甚至法官与他们的同胞所持有的偏见,在确定支配人们的规则应是什么时,都比演绎推理来得更重要。法律包含了一个民族许多世纪的发展历史。它不能被当作由公理和推论组成的数学书。"①这进一步印证了托克维尔的言论。

站在当代中国司法的立场上,也要克服纯粹的业务观点:"就我国司法裁判而言,司法与政治的和谐首先体现在坚持正确的政治方向上,尤其体现在受政治原则指引、维护国家重大利益、追求良好的政治效果(包括社会效果)等方面。……法官在司法中必须讲政治。司法不仅要遵循司法规律,还必须奉行政治理想、政治信念和政治价值,具有敏锐的政治眼光和足够的政治智慧,并善于将政治理念和政治方向转化为司法政策。"②司法是政治的衍续,这是中国的国情,作为一个司法官,既要尊重司法规律和掌握司法业务,又要具备政治信念和政治智慧,否则或为"体制"所不容,至少不能成为一个"合格"的法官。

但是,履行政治职能并非不需要遵循司法规律。有学者指出:"我国曾有政治与司法不分、由政治取代司法的时期,那时'党的政策就是法,且是最好的法'……这就使政策或者政治形势成为裁判的直接依据。但是,司法毕竟具有自身的特点和规律性,这些特点和规律使司法权在政治权力构架中成为独树一帜的权力,不遵循司法的规定性(如职业性、规则性、中立性、独立性、判断性等),就不能构建现代法治和实现良好的国家治理。"③政治可以指导司法,但须尊重司法规律:"政治对司法的渗透或者指导必须以尊重司法规律为前提,而成熟的司法和成熟的政治均容忍司法对政治的必要的抗干扰能力,追随或屈从政治中一度流行或者情绪化的时尚,玩弄司法规律,只能说明是司法的不成熟或不负责任。"④在服从政治与尊重司法规律之间,需要一种平衡的

---

① [法]托克维尔:《论美国的民主》,董国良译,商务印书馆 1991 年版,第 310 页。
② 孔祥俊:《司法哲学与裁判方法》,人民法院出版社 2010 年版,第 65 页。
③ 孔祥俊:《司法哲学与裁判方法》,人民法院出版社 2010 年版,第 67 页。
④ 孔祥俊:《司法哲学与裁判方法》,人民法院出版社 2010 年版,第 69 页。

艺术,这正是对中国司法人员的一种普遍要求,无论是否愿意承认此点。

如下话语值得读者进一步思考:"司法中的政治是一种不同于政治原型(赤裸裸的政治关系或党派纷争)的规则政治,参与者必须按照既定的明文规则办事,法官必须按既定的规则裁决。政治原则、政治理念和政治方法必须以规则化和程序化的方式进入司法,按照司法的规律、方式和要求运作、体现和实现。按照司法规律进入司法的政治,既能使司法行之有效地贯彻政治意图和实现政治目的,又能使司法公正不阿地形成独特的意志和具有抵御赤裸裸的政治干预的能力,使司法成其为名副其实的司法。无视司法的稳定性而强加政治意志,必然使司法不能恰如其分地履行政治职能,对政治也是一种破坏。"①

司法要讲政治,但要防止讲政治的庸俗化:"司法对政治的响应和服从必须以符合司法规律为前提,讲政治和服从大局,必须立足于国家长远的、根本的或者重大的利益,立足于基本的法治原则。在司法中必须时刻注意防止将讲政治和服从大局'庸俗化'或者口号化,不能使其成为不当干预司法的口实,不能成为地方保护等的遮盖布,不能成为司法媚俗或者见风使舵的凭据。否则,就会丧失司法的根基,失去司法的功能,损害司法的效果。"②

这就需要司法克服以下两种倾向:"在司法中我们必须克服两种倾向,或者避免以一种倾向掩盖另一种倾向:一种是不讲政治,缺乏政治头脑和政治智慧,只讲法律技巧而不讲政治效果,陷入纯粹的司法业务观点;另一种是忽视司法规律,将讲政治当作破坏司法的挡箭牌,丧失司法的自主性和应有品格。"③上述两种极端性的观点,一是纯粹的司法业务观念,另一种是企图以政治取代司法业务的观点,都背离了当下中国的现实。

政策是政治的基本要素,也是司法的基本要素,同时也是政治的具体化。有学者说道:"政策是司法中的重要元素。无论裁量权的行使还是司法造法,都不能离开政策。对此,各国司法均概莫能外。"④剑桥大学教授托马斯说:"在某种程度上,法官总是要制定政策。例如,当关注其判决的社会效果时,

---

① 孔祥俊:《司法哲学与裁判方法》,人民法院出版社 2010 年版,第 68 页。
② 孔祥俊:《司法哲学与裁判方法》,人民法院出版社 2010 年版,第 69 页。
③ 孔祥俊:《司法哲学与裁判方法》,人民法院出版社 2010 年版,第 69 页。
④ 孔祥俊:《司法哲学与裁判方法》,人民法院出版社 2010 年版,第 69 页。

他们就制定政策。……诉诸政策的考量常常都是潜伏的。"①

　　政策是政治与法律之间的桥梁:"政策往往是法律与政治之间的中间环节。它贯彻政治意图和追求政治目标,是政治的具体化,但它又不能漠视法律。它能够在政治与法律之间架设桥梁,引导法律适用的方向。政策在司法中的直接体现就是司法政策。一般地说,我国的司法政策是特定时期国家宏观政策、内政外交形势和社会经济文化发展需求在司法中的凝聚和体现,是政治和法律交互作用的产物。"②这里有几点需要关注:一为政策是联通政治与法律的桥梁;二为司法政策是政策在司法领域中的直接体现;三为司法政策可以引导法律适用的方向。

　　司法政策是司法的航标,它源于法律标准又高于司法标准:"司法政策是司法的重要航标、灵魂和指引。司法政策的重要性特别体现在它与法律标准(规则)的有机联系上。司法政策源于法律标准,依托法律标准,通过法律标准而获得具体化和有效的实施,脱离法律标准的司法政策只能是无本之木和无源之水。司法政策又高于法律标准,是法律标准的提升和升华,指导法律标准的实施,确保法律适用的正确方向。法律标准具有具体性、微观性、技巧性和孤立性,而司法政策具有抽象性、概括性、宏观性和联系性,只有在正确的司法政策的指引下,才能确保法律规则得到融会贯通和左右逢源的适用,取得良好的具体应用效果。"③上述言论中对司法政策高于法律标准并且指导法律标准这一现象的揭示,符合中国的司法实际。

　　关于司法裁判中的法律、政策与政治之间的关系,有学者论述道:"裁判中的法律适用同样有'入乎其内'与'出乎其外'的类似境界。裁判必须以法律为依托,而需要入乎法律之内。但是,裁判又不是唯法律适用的问题,而还必须出乎法律之外,主要是受政策和政治的引导,反映和内化政治与政策的需求。'入乎其内'使裁判具有了根基,而'出乎其外'使裁判具有了'高致'(高度)。法律与政策、政治在裁判中相辅相成和相互交融,构成了一幅裁判的全景图。"④实际上,裁判受到多元因素的制约:"就现实而言,裁判的因素是多元

---

①　孔祥俊:《司法哲学与裁判方法》,人民法院出版社 2010 年版,第 69 页。
②　孔祥俊:《司法哲学与裁判方法》,人民法院出版社 2010 年版,第 70 页。
③　孔祥俊:《司法哲学与裁判方法》,人民法院出版社 2010 年版,第 70 页。
④　孔祥俊:《司法哲学与裁判方法》,人民法院出版社 2010 年版,第 56 页。

的。法律、政策和政治通常是塑造裁判的微观、中观和宏观的三要素。法律体现的是法律适用的技术性操作,政治体现的是国内外发展的大势和宏观需求,政策是政治作用于裁判的具体导向。"①而法院的层级影响法官对三要素的选择:"一般地说,法院的层级越高,裁判中的政治和政策考量就越重要,裁判中的法律适用越具有灵活性和创造性。反之,法院的层级越低,固守法律规则的色彩越浓厚,法律适用的灵活性越小。"②

法官的层级也会影响其对三要素的选择:"即便在同一个法院内部,不同层级的法官也有不同的关注点和审判素质要求。一般的法官更多的是考虑法律规范的具体适用和法律的逻辑演绎,考虑法律的技术层面的操作;审判庭庭长在把握法律规则的基础上,可以更多地考量司法政策的体现、引导和运用,注重裁判的政策导向性;法院院长在把握法律规则和司法政策的基础上,更多的是作政治考量,善于把握政治形势、政治目标、政治需求和政治价值。根据职责特色和侧重点的不同,或许可以说,一般法官更多的是讲法律,审判庭庭长更多的是讲政策,法院院长更多的是讲政治。"③最后一句提出了一个见解,即在一个法院里,普通法官讲法律,中层干部讲政策,院领导讲政治。随着层级的不同,法官对法律、政策和政治的态度也有所不同。

根据西方的标准,司法权应当是独立的:"司法权独立,从最根本意义上说,就是司法权从整个国家权力中分离出来,由专门机关、专门人员独立行使。这是人类社会反对和防止专制独裁,约束国家权力的伟大发明。"④司法权的独立包括三方面:司法职能独立、司法机关独立、法官独立。"司法机关应当独立于其他机构,成为国家权力体系中独立的一支,不受其他权力的控制和非法干预。为了有效地行使司法权,抗衡非法的权力干预,在国家体制的设计中,应当赋予法院和法官较高的地位和权威,以保障其真正有效地发挥其功能作用。"⑤在中国语境里,司法权的独立主要是指依法独立行使审判权和检察权。

---

① 孔祥俊:《司法哲学与裁判方法》,人民法院出版社 2010 年版,第 57 页。
② 孔祥俊:《司法哲学与裁判方法》,人民法院出版社 2010 年版,第 57 页。
③ 孔祥俊:《司法哲学与裁判方法》,人民法院出版社 2010 年版,第 58 页。
④ 周玉华主编:《中国司法学》,法律出版社 2015 年版,第 44 页。
⑤ 周玉华主编:《中国司法学》,法律出版社 2015 年版,第 47 页。

西方还有违宪审查制度。有学者说:"在司法审查程序中,法院基于宪法的司法独立原则能够在个案审理中发现和解决法律中的民意缺失问题,实现对政治资源的优化配置和对少数群体的平等关照。司法审查与民主具有内在的一致性,司法审查和民主之间的冲突是表面的,二者在本质上是共同的;司法审查是以实质民主为价值基础的,法官实施司法审查时深深扎根于客观化民意之中。"①

三、在司法与政治之间究竟应当构建何种关系

基于上述,司法与政治之间存在着难以割舍的联系,司法以政治为基础,必须履行某种政治职能。但司法有其自身的逻辑,不能完全遵从政治逻辑。司法的逻辑就是司法规律,背离司法规律的司法并非良性司法。正如学者所谓"不遵循司法的规定性(如职业性、规则性、中立性、独立性、判断性等),就不能构建现代法治和实现良好的国家治理"②。不仅如此,良性司法还必然具备一定的抗衡政治干扰的能力。

政治对司法的渗透应当以规则化和程序化的方式进入,按照司法规律的要求加以运作。盲目地将司法政治化,并不是正确履行政治职能的体现,而无异于对政治的破坏。以政治规律代替司法规律,反映了政治的庸俗化与非法化,对司法的根基和功能也是一大损害,并进而导致整个法治大厦的倾颓。

司法与政治的关联还表现在司法的政治功能上:"如果没有立法,国家还可以按照传统和习惯法活动,而没有司法,则政治体系便不能维持——没有司法权的参与,国家就不能生存。"③这就是说,司法的政治功能之一是维护政治体系。司法的另一政治功能在于伸张民意:"在这样一个全新的、乾坤颠倒的世界,正是民选的代表在阻碍民意,反倒是非民选的法官成为表达民意的渠道。"④司法的第三项政治功能在于保护公民权利:"由于政府总是倾向于运用

---

① 季金华:《依宪治国下民主政治渠道的司法疏通理路》,载《法学论坛》2018 年第 3 期。
② 孔祥俊:《司法哲学与裁判方法》,人民法院出版社 2010 年版,第 67 页。
③ 胡伟:《司法政治》,香港三联书店有限公司 1994 年版,第 34 页。
④ [美]杰佛理·罗森:《最民主的部门:美国最高法院的贡献》,胡晓进译,中国政法大学出版社 2013 年版,第 2 页。

权力去压制或恐吓批评意见,因而需要通过给予平等的自由的特别保障来对抗政府的压制行为,而能够达到这种目的的手段就是基本权利的司法保护。宪法历史表明,没有宪法裁决支持的基本权利条款,基本权利就会成为一种没有实际法律效力的宪法组成部分。"①司法的第四项政治功能是代为表达公民异议:"法官是公民异议最好的代理人,法院成为公民表达异议、政府自我反思的交锋碰撞的场所,这种异议与反思的良性互动为其法律帝国的存在源源不断地提供一种合法性基础。"②

总之,司法以政治为基础,优良的司法必须以民主政治为基础。无论在何种政体下,司法都要履行一定的政治职能,实现一定的政治使命。但司法有其自身的逻辑,司法活动必须遵循司法规律,就如同政治活动也有自身规律一样,不能以政治规律取代司法规律。政治对司法的渗透应当是通过立法或"准立法"(如制定司法政策)的途径将政治意志转化为规范化和程序化的制度安排,在此前提下,法官服从法律并依照法律独立裁判,实际上也就是履行了相应的政治职能,不能让法官背离司法规律而服从某种政治信念和领导意志,否则将会导致司法的败坏和政治的堕落。遵循司法规律,严格依法办案,这是法治思维而非政治思维在司法领域的体现。

---

① 季金华:《依宪治国下民主政治渠道的司法疏通理路》,载《法学论坛》2018 年第 3 期。
② 季金华:《依宪治国下民主政治渠道的司法疏通理路》,载《法学论坛》2018 年第 3 期。

第五章　司法与经济

一、法律与经济之关系的理论考察

法律与经济之间存在着密切关系,法律虽然受经济基础所决定,但又对经济基础发挥着重要的能动作用。有学者指出:"法律对经济的作用,是指法律对社会经济关系和经济活动直接发生影响的能力,其目的在于建立和维护一定的社会经济关系和经济秩序,促进社会发展和生产力进步。"①实际上,法律对经济的作用主要表现在如下几个方面:一是法律确认经济关系;二是法律维护经济秩序;三是规范经济行为。

还有学者就经济对法的决定作用加以探讨:(1)法作为一种上层建筑,它的内容、性质、历史类型的确定,均是由经济决定的。(2)法作为一种意志性力量,是特定社会经济条件的观念化表现。(3)法的变化是经济运动的法律表现。另一方面,法律又可反作用于经济:"法对经济的反作用,在本质上表现为它是巩固现实经济状况的形式。"②

另有学者指出:"法与经济基础的关系,不仅反映在它决定于经济基础,也反映在它对经济基础有积极的反作用或服务作用。……第一,法有指引和预测作用,它可以通过提供行为规范,以法的形式总结和反映成功的经验,来促进经济关系和经济活动向健全、完善的方向发展。……第二,法有特殊的权

---

① 赵震江、付子堂:《现代法理学》,北京大学出版社 1999 年版,第 211 页。
② 万斌:《法理学》,浙江大学出版社 1988 年版,第 150 页。

威性和稳定性,用法来确认一定的经济基础,可以使经济基础具有不可侵犯的性质,可以帮助掌握政权的阶级惩治对自己的经济基础进行破坏的行为,维护有利于自己的经济关系和经济秩序。……第三,法有特殊的强制性,它可以帮助掌握政权的阶级改造或摧毁旧的、不适合自己需要的经济基础。"①

该学者还论证了法律对经济的服务作用:"社会主义法对经济具有服务作用:第一,法积极体现社会主义经济建设战略部署的精神并保障其顺利实现,维护社会主义基本经济制度和促进经济体制改革。而发挥这些作用的目的,都在于促进生产力的发展。第二,法还直接促进生产力的发展。社会主义法确认社会主义市场经济体制模式,确认国民经济持续、快捷、健康发展的方针,促进产品、产业、投资、消费等结构趋于合理化,促进经济效益的提高和科学技术的发展,保护自然资源和环境,完善劳动保护制度等。所有这些,对生产力的发展都有重大的直接促进作用。"②

以上有几点需要注意:一是法律通过提供行为规范来引领经济向健康方向发展;二是法律通过其权威性和稳定性来确认一定的经济基础;三是法律可以摧毁旧的经济基础;四是法律可以促进经济体制改革;五是以良法促进社会生产力的发展。以上反映了法律促进与保障经济社会发展的作用。

法在宏观调控中的作用是引导、促进、保障、制约。保障作用有利益保障、秩序保障、平等保障、环境保障。"利益保障。市场经济关系的各种行为,大都为了一定的物质利益并体现为一种权利。因此,从一定意义上说,市场经济就是权利经济。只有当各种主体的权益受到侵犯时,能及时得到法律的保障,才能维护市场经济的正常运行。就是说,法律通过及时制止、制裁那些侵犯他人、集体和国家利益的违法、犯罪行为,来保障市场经济的建立与完善。"③

所谓平等保障,"市场经济从主体到行为,从协商到诉讼,都是以维护当事人的平等地位与权利为基础的。……严格地说,没有平等这个原则,市场经济就建立不了。这种平等既要求权利主体平等享有法律规定的权利和平等履行法律规定的义务(即主体法律地位平等);还要求法律平等地保护不同主体的合法权益(即诉讼平等)。就是说,谁的利益合法就保护谁的利益,主体之

---

① 沈宗灵主编:《法理学》,北京大学出版社 2000 年版,第 158—160 页。
② 沈宗灵主编:《法理学》,北京大学出版社 2000 年版,第 162 页。
③ 沈宗灵主编:《法理学》,高等教育出版社 1994 年版,第 148 页。

间没有身份的差距,也要求法律平等地对待和处理各类经济活动,平等地依法解决与处理各类纠纷。"①法在规范微观经济行为方面发挥着如下作用:一是确认经济活动主体的法律地位;二是调整经济活动中的各种关系;三是解决经济活动中的各种纠纷;四是维护正常的经济秩序。

至于法与社会主义市场经济之间的关系,有学者认为,法对市场经济的运行起引导、促进、保障、制约作用。"法在市场经济微观搞活方面的作用主要表现在:第一,确认经济活动主体的法律地位。市场经济是主体多元化的、多种经济成分同时存在的经济,是各种不同经济主体在经济活动中地位平等、有权决策的经济。要使市场经济搞活,就要用法的形式确认和保障多种经济主体、经济成分的合法地位、平等地位和有权决策的地位,确认和保障各种经济主体参与民事活动的权利能力和行为能力,建立和完善法人制度。第二,调整经济活动中的各种关系。……第三,解决经济活动中的各种纠纷和维护正常的经济秩序。市场经济运行的过程,也是有关经济主体的利益往往发生冲突的过程,是遵循必要的秩序,与秩序发生矛盾又维护秩序、使秩序复归正常的过程。要搞好市场经济,需要有法作为解决纠纷的根据,需要有法和法治的运行作为正常秩序的体现,使经济活动中出现的纠纷,有的通过协商解决,有的诉诸仲裁机关或司法机关解决;使破坏市场经济秩序的违法行为,受到应有的制裁或其他追究。"②

市场经济是法治经济,是由法律加以规范的经济。法治是市场经济的内在要求和必然趋势,没有法治,就不可能有健康有序的经济秩序。中国社会主义市场经济体系的完善,也是一个法治完善化的过程。从我国法律与市场经济的"互动"关系来看,法律对市场经济的发展具有如下作用:一是确立市场经济的基本原则和基本走向;二是以法律手段维护市场秩序,培育市场体系;三是确认及维护市场主体的法律地位,规范市场主体的经济行为;四是以法律手段对市场经济加以宏观调控。

正如专家所论:"建设法治的市场经济是全面推进依法治国的重要内容。一定意义上说,法治是成熟的市场经济的本质特征,是市场经济健康运行的必

---

① 沈宗灵主编:《法理学》,高等教育出版社1994年版,第149页。
② 沈宗灵主编:《法理学》,北京大学出版社2000年版,第181页。

然要求。市场只有和法治结合,才能为市场经济机制的有效运行创造条件。没有法治,就不可能有竞争有序的市场主体,就不可能有行之有效的市场规则,市场配置资源的决定性作用也难以发挥。对于正在改革完善中的我国社会主义市场经济来说,法治还是推进改革的有力手段,是凝聚社会共识、引领改革发展的有效方式,是化解利益纠葛、疏浚改革洪流的必然选择。"①

陈光中教授发表的《法治经济与司法公正》一文指出:"市场经济本质上是法治经济。……要求公权力不得任意干涉,公权力同私权利的关系必须在法律规范之内来进行,公权力机构在法律框架内对经济主体加以管理。所以说经济主体的合法权利应该得到充分的保障。在这种情况下我们可以看到,法治是促进经济社会发展,是 GDP 持续、稳定增长的重要保障,并且是非常重要的保障。"②

自 1992 年党的十四大宣布建立社会主义市场经济体系开始,市场经济在我国已经经历了 20 余年的发展,相关法律体系也不断完善,一批基础性、综合性法律被制定出来。在规范市场主体方面,有《公司法》《合伙企业法》《个人独资企业法》等;在维护市场秩序方面,有《产品质量法》《反不正当竞争法》《消费者权益保护法》《广告法》《合同法》等;在加强宏观管理方面,有《人民银行法》《农业法》《城市房地产管理法》《保险法》《证券法》等;在社会保障方面,有《劳动法》《工会法》等;在引进和保障外资方面,有《对外贸易法》《外商投资法》等。上述法规为我国市场经济体制的运行打下了坚实的法律基础。

二、司法与经济之关系的理论回溯

司法与经济关系密切,正如专家所说:"司法伴随法的产生而产生,它既不是从来就有的,也不是天上掉下来的,更不是哪一个人随意设计出来的,而是根据一定经济基础运行规律的要求而产生的。人类社会出现了剩余的私有财产,出现了经济利益上的矛盾冲突时,才有了司法的需求,司法才能应运而

---

① 孙磊:《法治经济》,人民出版社 2014 年版,第 1 页。
② 田明海主编:《法治经济建设与法律实施》,人民法院出版社 2016 年版,第 33 页。

生。所以,司法根源于经济,经济是司法的本源。如果离开了司法这个基础,司法就失去了意义。"①又说:"市场经济又是竞争经济,经济交往中的利益冲突、纠纷争议不可避免。因此,市场经济内在地要求法律的规制和调整,要求司法充分有效地发挥作用,维护市场秩序,保护市场经济活动的正常运行。"②

那么,市场经济对司法服务有哪些具体要求呢?概而言之如下:一是维护社会主义基本经济制度;二是对社会主义市场经济进行法律规制;三是保护、促进生产力的发展。而司法为经济发展服务的途径主要是:审判处理各类诉讼案件;司法宣传;司法建议。司法为经济发展服务应当遵循的原则:一是职能原则;二是合法原则;三是平等保护原则。③

刘隆亨教授在《经济法概论》一书中指出:"在经济司法当中,也要遵循公平与效率兼顾的原则,对于因经济纠纷引起的诉讼司法机关进行裁判时,必须一视同仁,严格依据法律规定的程序办事,不能用程序来刁难当事人。不能因当事人的实际经济实力或诉讼标的大小而对裁判结果产生影响,使国家法律能够平等地施于当事人并产生公平的裁判。与此同时,经济司法也要体现效率的原则,除案件本身应及时在法定期限内审结外,司法机关还应通过对具有典型意义的经济案件的审理,对整个社会的经济活动产生一种导向作用,引导市场主体更有效地从事经济活动,避免付出不必要的诉讼和纠纷的成本,同时将司法活动的情况反馈给立法和决策部门,使其在下一轮经济活动中制定出更富有效率的规则。"④

学者认为,发展市场经济,除了有完备的经济实体法,还要有"经济方面矛盾冲突解决的经济方面的程序法,这就是矛盾冲突的法律解决机制……包括经济检察、经济审判、经济仲裁与公证、经济律师制度等。"⑤他提出了"经济司法"的概念:"经济司法是我国司法制度的组成部分,是国家机关运用国家强制力保证经济法律、法规实现的执法活动,在我国主要表现为人民检察院经济检察机构、人民法院经济审判机构和有关专门法院,对经济案件进行检察和

---

① 周玉华主编:《中国司法学》,法律出版社 2015 年版,第 501—502 页。
② 周玉华主编:《中国司法学》,法律出版社 2015 年版,第 305 页。
③ 参见周玉华主编:《中国司法学》,法律出版社 2015 年版,第 509 页。
④ 刘隆亨:《经济法概论》,北京大学出版社 2002 年版,第 39 页。
⑤ 刘隆亨:《经济法概论》,北京大学出版社 2002 年版,第 39 页。

审理的执法活动,以及同这种执法活动紧密相联的经济仲裁机构的仲裁活动和合同公证业务以及经济律师所参加的有关法律服务。"①

在我国,经济司法包括经济审判、经济检察等。经济审判是指人民法院依法行使国家审判权对国内经济纠纷案件和涉外经济纠纷案件进行审理判决的活动。经济审判工作的任务是"通过对经济案件的审判活动,调整生产和流通、分配和消费领域的一定或特定范围内的经济关系,保护国家的利益、集体利益和个人的合法权益,维护社会稳定和经济发展,提供法律秩序的保证。"②"经济审判的主要原则有:以事实为根据、以法律为准绳的原则;在适用法律上一律平等,在法律面前不允许有任何特权的原则;独立审判、只服从法律的原则等。在这些原则中,最重要的是以事实为根据、以法律为准绳的原则,这是根本原则。"③

除了经济审判外,还有经济检察。经济检察是指人民检察院按照法律规定,对经济领域的犯罪活动进行检察、开展法律监督、行使检察权的活动。"经济检察只是负责对国家机关工作人员严重违反经济法律、法规的犯罪案件以及国家机关工作人员职务上的犯罪而又和经济联系紧密的案件进行侦查和起诉。经济检察属于经济上的法律检察,是与经济方面的违法犯罪案件作斗争的。"④

除了采用经济司法的手段处理经济纠纷外,还要注意通过人民调解、行政调解以及仲裁等非诉讼纠纷解决方式来化解经济纠纷。"处理经济纠纷要注意贯彻着重调解的方针,按照这个方针,就是在查明事实、分清责任的基础上,能够进行调解的尽量调解,实在调解无效才予以判决。贯彻着重调解的方针有利于合同纠纷的解决,有利于协议的执行,有利于安定团结,有利于生产和协作单位之间的继续合作。"⑤

2016年,最高人民法院发布《关于人民法院进一步深化多元化纠纷解决机制改革的意见》,就完善诉讼与非诉讼相衔接的纠纷解决机制提出具体要

---

① 刘隆亨:《经济法概论》,北京大学出版社2002年版,第436页。
② 刘隆亨:《经济法概论》,北京大学出版社2002年版,第439页。
③ 刘隆亨:《经济法概论》,北京大学出版社2002年版,第441页。
④ 刘隆亨:《经济法概论》,北京大学出版社2002年版,第438页。
⑤ 刘隆亨:《经济法概论》,北京大学出版社2002年版,第441页。

求和操作办法,强调要通过诉调对接、业务指导、人员培训、参与立法等途径,让更多的矛盾纠纷通过非诉讼渠道解决;要通过诉前导诉、案件分流、程序衔接,把纠纷有序分流至诉讼和非诉讼解纷渠道;要通过司法确认,提高非诉讼纠纷解决方式的效力和权威性①。

2016 年,最高人民法院还发布了《关于人民法院特邀调解的规定》,要求人民法院可以吸收符合条件的人民调解、行政调解、商事调解、行业调解等调解组织或者个人成为特邀调解组织或者特邀调解员,接受人民法院立案前委派或者立案后委托依法进行调解,促使当事人在平等协商基础上达成调解协议、解决纠纷,以加强诉讼与非诉讼纠纷解决方式的有效衔接,规范人民法院特邀调解工作,维护当事人的合法权益②。

经济仲裁也是解决经济纠纷的重要途径:"仲裁,也称'公断',是指当事人双方发生经济纠纷后,由特定的第三方(仲裁机构)作出具有法律约束力的裁决,以解决纠纷的一种方式。仲裁法是调整平等主体的公民、法人和其他组织之间发生的合同纠纷和其他财产权益纠纷的重要法律规范,具有'准司法'的性质。"③"涉外仲裁是指涉外经济贸易、运输和海事中发生的纠纷的仲裁。涉外仲裁的组织机构是涉外仲裁委员会,涉外仲裁委员会可以由中国国际商会聘任。"④

另外,公证也是一种非诉讼、预防性化解纠纷的方式:"公证是国家公证机关根据当事人的申请,依法证明有法律意义的文书和事实的真实性、合法性,以保护公共财产,保护公民身份上、财产上的权利和合法利益的一种法律行为。也就是说公证是由国家设立的公证机关对机关、团体、企事业单位和公民间的各种法律行为、具有法律意义的文书和无争执的事实给予证明,以确认它的真实性和合法性,保护公共财产和公民合法权益的一种非诉讼活动。从制度上来说,公证是国家为保护法律的正确实施、稳定社会经济、民事流转秩序,预防纠纷、减少诉讼、保护公民、法人和非法人组织的合法权益而设立的一

---

① 参见卞建林主编:《中国诉讼法治发展报告(2016)》,中国政法大学出版社 2017 年版,第 83 页。

② 参见卞建林主编:《中国诉讼法治发展报告(2016)》,中国政法大学出版社 2017 年版,第 83 页。

③ 刘隆亨:《经济法概论》,北京大学出版社 2002 年版,第 443 页。

④ 刘隆亨:《经济法概论》,北京大学出版社 2002 年版,第 448 页。

种预防性的司法证明制度。"①"公证活动作为一种非诉讼活动,它的目的是:预防犯罪,减少诉讼;向社会提供公证法律服务,促进经济协议的双方当事人认真落实规定的条款,保证社会主义市场经济顺利运行;有利于生产责任制、经济责任制的贯彻落实;有利于扩大对外经济交往,保护国家涉外经济活动以及公民、归侨和港澳同胞在海外的合法权益。"②

另有学者指出:"司法是解决经济主体纠纷的最后途径。……经济主体互相之间,经济主体与我们的政府之间,以及国际经济主体与公民之间,都会产生这样那样的矛盾和纠纷。这些矛盾纠纷解决的途径,通常情况下分为三种:第一种是社会途径的解决,比如民间的调解等。第二种是政府方面的解决,也就是行政上帮助解决,包括政府的调解,以及通过政府一些其他措施加以解决。第三种是司法途径的解决。及时公正解决经济主体的矛盾纠纷,才能促进社会经济平稳的发展。司法的特点使司法成为解决纠纷的最后一道防线,或者说是最后一道程序、一个途径。也就是说社会解决不了的,行政解决不了的,最后要到法院去解决,因为法院、司法具有中立性、公正性、判断性等这样一些特点。"③

该学者还说:"公正的司法能对经济的发展发挥重大的正能量作用。相反,如果我们司法不公,就会严重影响经济的发展。……创建一个像样的企业是不容易的,但是如果动用司法权追究犯罪,如果没收他们的财产时是违法的话,那整垮一个企业易如反掌。所以企业纠纷是否能够通过司法公正解决,应该说不仅可能影响相关企业的创新活力,甚至影响到我们内资、外资的流向。我们现在内资外流情况,不能说与我们政治司法环境一点联系都没有。总而言之,候鸟是要选择良地来栖,投资也要观察气候。民主、法治的进步,司法的廉洁公正,政治生态环境的改善是防止生产组织下滑、使市场经济保持常态平稳发展的一个重要的内在环境条件。"④

从国外情况来看,许多国家也设立专门的法院负责经济案件的审理。"有些国家设有专门管辖竞争法案件的司法机关,如英国的'限制行为法院'、

---

① 刘隆亨:《经济法概论》,北京大学出版社 2002 年版,第 448 页。
② 刘隆亨:《经济法概论》,北京大学出版社 2002 年版,第 449 页。
③ 田明海主编:《法治经济建设与法律实施》,人民法院出版社 2016 年版,第 33—34 页。
④ 田明海主编:《法治经济建设与法律实施》,人民法院出版社 2016 年版,第 34 页。

德国的'竞争法院'等。除竞争法以外,许多国家还设有适用其他经济法的专门法院或法庭,如美国的关税和专利上诉法院,德国的财政法院、劳工法院、社会法院、行政法院,法国的行政法院、商事法院、劳资仲裁法庭。……各国的普通司法机关也担负大量的经济法案件的审理。"①

学界还提出了"金融司法"的概念。刘建等所撰的《2016—2017 年中国金融司法建设情况》一文指出:"金融司法是人民司法的重要组成部分,是保障金融安全、防范金融风险的重要途径和着力点。"②金融司法包括金融审判、金融检察、金融犯罪侦查方面的情况,它是经济司法的一个重要方面。金融司法的目的之一在于司法机关通过积极参与金融服务而对实体经济予以司法保障。2017 年最高人民法院出台了《进一步加强金融审判工作的若干意见》,要求将服务实体经济作为出发点和落脚点,引导和规范金融交易。

需要指出的是,我国当前经济司法的一个重要任务是平等保护各类市场主体的产权,从而为打造优良的营商环境提供保障。有学者指出:"产权制度是社会主义市场经济的基石,保护产权是坚持社会主义基本经济制度的必然要求。加强产权司法保护是社会主义司法制度的基本任务。"③2016 年,最高人民法院出台《关于充分发挥审判职能作用切实加强产权司法保护的意见》。

产权的司法保护也包括重视知识产权保护。知识产权案件成为近几年"两高报告"的重要内容,知识产权案件数量大幅增长。随着知识产权审判机制的改革,知识产权司法保护质量和力度不断提高,主要表现在如下几方面:一是提高司法救济的实效性;二是正确适用证据规则,切实减轻权利人举证负担;三是加大损害赔偿力度,充分弥补权利人损失;四是强化停止侵害措施适用力度,依法制裁严重侵权行为;五是加大刑罚力度,严惩侵犯知识产权犯罪行为④。

如何解决经济活动中的各种纠纷,有的学者提出了如下建议:"在经济活动中往往出现纠纷和争执,这固然可以通过协商解决,但协商是有限的,这就

① 漆多俊:《经济法基础理论》,武汉大学出版社 2002 年版,第 405 页。

② 朱小黄主编:《中国金融法治建设年度报告(2016—2017)》,社会科学文献出版社 2018 年版,第 90 页。

③ 参见卞建林主编:《中国诉讼法治发展报告(2016)》,中国政法大学出版社 2017 年版,第 86 页。

④ 参见江必新主编:《中国法律实施报告 2013》,法律出版社 2014 年版,第 218 页。

必然诉诸仲裁机关或司法机关。为了使仲裁和司法有所遵循,就必须完备完善这方面的法律。这里不但涉及实体法,而且首先涉及程序法。……解决经济纠纷固然不排挤行政手段,但在市场经济条件下,应以经济仲裁与经济司法为主,尤其是经济司法中,要坚持人民法院依法独立审判只服从法律,不受行政机关、社会团体和个人的干涉的原则。"[①]

三、让司法为经济发展保驾护航

(一)司法的重要功能之一在于为经济发展提供有力保障。"为经济发展服务,是司法工作必须坚持的基本原则。司法的价值和生命力,归根到底取决于在经济发展中的作用的大小。市场经济实质上是法治经济,必然地要求司法充分有效地发挥服务作用。司法机关应当顺应市场经济发展的内在要求,充分发挥审判职能,有力地保障、支持、促进经济健康有序发展。"[②]"司法"主要是指国家司法,即经济审判、经济检察,通过经济司法的手段来发挥保障、促进、支持经济发展的作用,这一手段是其他国家治理手段不能替代的。

(二)完善"经济司法",通过经济审判、经济检察这类国家司法力量的介入来处理经济纠纷。经济审判是指人民法院依法行使国家审判权对国内经济纠纷案件和涉外经济纠纷案件进行审理判决的活动。经济审判工作的任务是"通过对经济案件的审判活动,调整生产和流通、分配和消费领域的一定或特定范围内的经济关系,保护国家的利益、集体利益和个人的合法权益,维护社会稳定和经济发展,提供法律秩序的保证。"[③]经济检察是指人民检察院按照法律规定,对经济领域的犯罪活动进行检察、开展法律监督、行使检察权的活动。

(三)注意通过"社会司法"机制来化解经济领域的纠纷,以维持社会秩序的和谐,促进经济的发展和保障经济秩序的稳定。"司法"是一个广义概念,既包括"国家司法"手段如审判、检察等,又包括"社会司法"手段如调解、仲

---

① 沈宗灵主编:《法理学》,高等教育出版社 1994 年版,第 153 页。

② 周玉华主编:《中国司法学》,法律出版社 2015 年版,第 505 页。

③ 刘隆亨:《经济法概论》,北京大学出版社 2002 年版,第 439 页。

裁、公证等。在调整经济秩序方面,后者的作用是不可小觑的。西方法律社会学派的理论可以给我们提供有益的启示,根据其理论,"社会司法"的依据是"活法",活法是支配社会生活本身的法律,即社会规则。因此,在调整社会秩序方面,社会司法的作用甚至超过了国家司法。不仅如此,国家司法也应适度援用社会规则进行司法裁判。

(四)加强对产权的司法保护。我国当前经济司法的一个重要任务是平等保护各类市场主体的产权,从而为打造优良的营商环境提供保障。产权制度是社会主义市场经济的基石,保护产权是坚持社会主义基本经济制度的必然要求,加强产权司法保护是社会主义司法制度的基本任务。最高人民法院出台《关于充分发挥审判职能作用切实加强产权司法保护的意见》,将加强产权司法保护作为一项重要的司法政策,明确坚持平等保护、全面保护、依法保护的原则,在民事、行政、刑事诉讼中进行产权保护。

(五)以司法手段优化营商环境。正如笔者所说:"企业的营商环境是影响国家经济社会发展的重要因素,没有优良的营商环境,也就没有企业的未来,社会经济的发展也将举步维艰。打造优良的营商环境,不但是政府的责任,也是立法和司法机构的重要任务,后者主要为企业的经营发展提供优良的法治环境。"①又说:"通过司法手段加强对财产权的保护,特别是注重对不同市场主体合法权益的平等保护,坚决防止将经济纠纷当作刑事犯罪来处理,不断优化科技创新和科技成果转化的法治环境,促进大众创业、万众创新,为经济社会的发展提供优良的司法保障。"②以司法手段对不同市场主体进行平等保护、产权保护,防止将经济纠纷当成刑事案件来处理,是优化营商环境、促进经济发展的必由之路。

据报载,2019 年世界银行发布全球营商环境报告,中国的排名大幅度提高 15 位,在全球 190 个经济体中排名第 31 位。"这也是中国迄今为止获得的最好名次。过去两年,中国排名前进了 47 个位次,并且连续两年跻身全球十

---

① 崔永东:《法学智库与司法改革》,载《司法学研究·2017》,人民出版社 2017 年版,第 7 页。

② 崔永东:《法学智库与司法改革》,载《司法学研究·2017》,人民出版社 2017 年版,第 9 页。

大'进步最显著经济体'。"①优化营商环境,本质上就是处理好政府与市场的关系,其关键在于转变政府职能。2019 年 10 月 22 日,国务院正式签发《优化营商环境条例》,该条例将在 2020 年 1 月 1 日起施行。"针对我国营商环境的突出短板和市场主体反映强烈的痛点难点堵点问题,对标国际先进水平,从完善体制机制的层面作出相应规定。针对市场准入的问题,上述条例明确指出,国家依法保障各类市场主体公平参与市场竞争,平等对待内资企业、外商投资企业等各类市场主体,健全公开透明的监管规则和标准体系。"②通过政府立法,推进市场化、法治化和国际化的营商环境建设,为各类市场主体投资兴业提供制度保障。

有专家对此评说:"营商环境的全面改善,本身意味着对社会治理的法治化要求。以世行报告的指标体系来看,保护少数投资者、办理破产、执行合同、财产登记等指标领域非常直接地关联了司法公平和效率。而中国在四项指标领域,即办理施工许可、获得便利、保护少数投资者、纳税,位居全球年度监管最佳经济体之列。……我们必须清楚的是,要使合同执行和破产管理更能够以法律为依据高效落实,就必须进一步全面提升司法的公正性、透明性和执行力。而这恰恰可以作为国家与社会治理能力现代化的着重提升点。"③这就揭示了司法改革、司法文明进步与营商环境改善之间的密切关系,而营商环境优化的全局意义和溢出效应又在一定程度上昭示了我国国家治理能力和社会治理能力向着现代化目标大幅迈进。

法律与经济之间存在着密切关系,法律虽然受经济基础所决定,但又对经济基础发挥着重要的能动作用。市场经济是法治经济,是由法律加以规范的经济。法治是市场经济的内在要求和必然趋势,没有法治,就不可能有健康有序的经济秩序。中国社会主义市场经济体系的完善,也是一个法治完善化的过程。从我国法律与市场经济的"互动"关系来看,法律对市场经济的发展具有如下作用:一是确立市场经济的基本原则和基本走向;二是以法律手段维护

① 《中国营商环境全球排名跃居第 31 位》,载《文汇报》2019 年 10 月 25 日。

② 李博:《大幅提升 15 位,中国营商环境全球排名第 31 名》,载《21 世纪经济报道》2019 年 10 月 25 日。

③ 余南平:《我国治理能力现代化建设助推营商环境不断优化》,载《文汇报》2019 年 10 月 25 日。

市场秩序,培育市场体系;三是确认及维护市场主体的法律地位,规范市场主体的经济行为;四是以法律手段对市场经济加以宏观调控。

完善"经济司法",通过经济审判、经济检察这类国家司法力量的介入来处理经济纠纷。在调整经济秩序方面,社会司法的作用是不可小觑的。还要注意以司法手段优化营商环境,以司法手段对不同市场主体进行平等保护、产权保护,防止将经济纠纷当成刑事案件来处理,是优化营商环境、促进经济发展的必由之路。

第六章　司法与金融

金融与法治有着不可分割的联系,金融业的发展离不开法治的保驾护航,立法和司法对保护和促进金融业的发展发挥着极为重要的作用。司法力量对金融业的介入不仅密切了金融与司法之间的关系,而且促成了司法界"金融司法"的新形式、新格局。

《中国金融法治建设年度报告(2016—2017)》指出:"金融司法是人民司法的重要组成部分,是保障金融安全、防范金融风险的重要途径和着力点。"[①]金融司法主要包括金融审判、金融检察、金融犯罪侦查等几个方面。金融审判是人民法院为保障金融稳定安全、支持金融服务于实体经济、促进金融体制改革而提供的法律服务和司法支撑。"金融检察是检察机关根据经济社会发展现状、趋势以及金融犯罪的形势、特点,为了应对金融犯罪专业化给检察机关司法实践带来的挑战而做出的积极回应,是刑事检察职能改革专业化、精细化的体现。"[②]

近年来,我国法院学习贯彻习近平总书记在全国金融工作会议上的重要讲话精神,围绕服务实体经济、防范金融风险、深化金融改革三大任务开展金融审判工作。2017年,最高人民法院发布了《关于进一步加强金融审判工作的若干意见》,全国法院系统审结集资诈骗、违法发放贷款、利用未公开信息交易等刑事案件两万余起。同年,我国首家互联网法院在杭州成立,由此加大

---

①　朱小黄:《中国金融法治建设年度报告(2016—2017)》,社会科学文献出版社 2018 年版,第 90 页。

②　朱小黄:《中国金融法治建设年度报告(2016—2017)》,社会科学文献出版社 2018 年版,第 94 页。

了对互联网金融的法律保护力度。

一、法院在金融司法中的创新举措

在金融司法实践中,也屡有创新之举,其突出表现是将多元化纠纷解决机制引入司法领域,进一步提升了司法机关化解纠纷的能力,节约了国家司法的成本,促进了金融秩序的和谐。可以说,这是"枫桥经验"在金融司法领域的一种"活学活用";也可以说,这是"国家司法"与"社会司法"的一种深度融合——前者指国家司法机关适用国家制定法来化解纠纷的活动,后者指社会组织(包括司法机关之外的行政组织)利用行业规则或社会规则来化解纠纷的活动。

2016 年,最高人民法院出台了《关于建立健全诉讼和非诉讼相衔接的矛盾纠纷解决机制的若干意见》,然后,上海市高级人民法院与中国人民银行上海分行联合签署《关于建立金融消费纠纷诉调对接工作机制的会议纪要》,这标志着有关金融消费纠纷的诉调对接机制在上海市建立起来了。同年,广东省高级人民法院、省金融办和中国人民银行广州分行联合发布了《关于建立金融消费纠纷诉调衔接工作机制的意见》。随后,山东省济宁市金融消费权益保护协会与济宁市中级人民法院签署了《关于共同建立金融消费纠纷诉调衔接工作机制的合作协议》。以上表明,将多元化纠纷解决机制纳入法院的司法工作之中,实现诉调对接,不仅有助于保护金融消费者的合法权益,而且体现了将传统的社会治理经验与现代国家治理经验加以融合对接的努力。

上海市法学会诉讼法学研究会会长、上海市高级人民法院正局级审判员张海棠提出了金融审判应当坚持的六大理念:一是司法服务金融大局的理念;二是尊重惯例和交易规则的理念;三是维护和促进金融创新的理念;四是衡平保护金融机构和金融投资者权益的理念;五是保护金融交易安全、兼顾交易效率的理念;六是多元化解决金融纠纷的理念[①]。其中的尊重惯例和交易规则、

[①] 参见卓泽渊等主编:《金融法律服务于管理创新》,中国人民公安大学出版社 2012 年版,第 16 页。

多元化解决金融纠纷都属于"社会司法"的内容,体现了国家司法对社会司法的一种借鉴和吸纳。其实,国家司法与社会司法并非"井水不犯河水",而是应该互有包容,这有助于实现法律效果与社会效果的统一,也有助于更有效地化解金融纠纷。

　　湖北葛洲坝人民法院也注重运用多元化纠纷解决机制来处理金融纠纷案件,该院积极参与政府各部门牵头成立的专项领导小组和协调会,配合党政部门处置重大金融纠纷案件,对社会影响较大的信贷类、诈骗类案件,积极与保险、担保行业协会联合调解,或委托金融机构、协会进行调解,强化诉调对接,不断完善多元化解金融纠纷的机制,维持金融秩序的稳定。

　　另外,人民法院系统还尝试引入金融专家陪审制度,"以充分利用金融专家的专业视角与前瞻理念,不仅帮助法官深入理解金融政策和市场走向,为金融审判把握正确方向,还能增强当事人对司法的信任度,提高司法的权威性和公信力,维护司法审判效果和社会效果的平衡统一"①。这代表了金融司法中陪审制度运行的一个发展方向。广州市中级人民法院在金融司法过程中也采用了专家陪审制度,并建立了包括银行、保险、证券、信托等行业在内的专家数据库。上海市浦东新区人民法院还成立了金融审判庭,利用专家陪审员参与重大、疑难、复杂金融案件的审理工作。

　　2018年,上海金融法院成立。这是我国首家金融法院,标志着我国金融司法的专业化进入了体制性转型的时代。金融法院的成立,旨在推进国家金融战略实施,健全完善金融审判体系,营造良好金融法治环境,促进经济和金融健康发展,推动金融审判体制机制改革,提高金融审判专业化水平,建立公正、高效、权威的金融审判体系。上海金融法院专门管辖上海金融法院设立之前由上海市中级人民法院管辖的金融民商事案件与涉及金融业务的行政案件。

　　从金融纠纷案件的特点看,一是案件类型呈现多样化,除传统的民间借贷纠纷、金融借款合同纠纷外,新类型的金融纠纷案件大量涌现,如票据纠纷、信用卡纠纷、典当纠纷、融资租赁合同纠纷等;二是申请财产保全案件的数量以

---

① 朱小黄:《中国金融法治建设年度报告(2016—2017)》,社会科学文献出版社2018年版,第93页。

及标的额都有大量增加;三是金融纠纷案件的法律文书难以送达与审执困难,因为许多涉案企业主卷款"跑路"、下落不明,导致案件审理执行困难。要解决上述问题,必须充分发挥民商事审判的职能以保护金融安全,推动民间金融规范化发展以化解金融风险,推进银行不良资产处置以降低金融风险。

伴随着近几年互联网金融的迅猛发展,相关的金融纠纷也大量涌现,我国司法机关对此要有应对之策——杭州成立的互联网法院是其重要举措之一。何为"互联网金融"? 我国金融法专家、海南政法职业学院的朱绵茂教授在一篇题为《我国互联网金融风险法律监管体制初探》的文章中指出:"互联网金融是传统金融机构与互联网企业利用互联网技术和信息通信技术实现资金融通、支付、投资和信息中介服务的新型金融业务模式。它的主体通过依法合规设立互联网支付机构、网络借贷平台、股权众筹融资平台等方式来实现对互联网金融业务的创新。它有三个主要特征:一是以大数据、云计算、社交网络和搜索引擎为基础的客户信息挖掘和信用风险管理;二是以点对点直接交易为基础进行金融资源配置;三是第三方互联网支付在资金化转上起基础性作用。"[①]那么,如何防范金融风险呢? 一是要建立良好的市场准入制度;二是要建立我国统一的征信系统;三是要建立完善的金融监管体制机制;四是要制定互联网金融监管的统一法律;五是要建立互联网金融纠纷的多元化解机制。

朱绵茂教授提出:"由于交易简便,投资门槛低,互联网金融呈现出参与者众多的特点,如果平台出现系统性风险,使大量投资者的财产造成损害,有可能引发集团诉讼。我们必须做好相关的立法和司法准备,建议由最高人民法院通过司法解释的方法建立针对互联网金融纠纷的集团诉讼制度和借鉴美国、韩国、法国的 ADR 制度,并结合本国实际情况,探索替代性纠纷解决方式,建立针对互联网金融的多种纠纷解决机制。"[②]可见,引入多元化纠纷解决机制来处理金融纠纷,已经引起了业界的高度重视,这种整合"国家司法"与"社会司法"两种力量来化解金融纠纷的尝试和努力,代表了金融司法的未来发展方向,值得决策者和司法机构的关注。

[①]　中国行为法学会金融法律行为研究会编:《金融安全与法治建设论坛论文集》,2017 年内刊本。

[②]　中国行为法学会金融法律行为研究会编:《金融安全与法治建设论坛论文集》,2017 年内刊本。

另有专家针对解决金融纠纷问题提出了"司法审慎主义",要求国家司法权力面对金融创新引发的问题保持克制、审慎介入:"司法对金融创新应采取审慎介入的态度,充分尊重行政监管,支持和促进行业自律,将有限的司法资源作为维护社会公平正义的最后防线。法院在履行司法审查职能时要兼具法律视野和经济视野,在遵守现行法律和国家宏观金融政策的前提下,给予金融市场新生事物合理的发展空间和时间,最大限度地保持与行政监管政策的协调。"①国家司法权力的审慎介入为社会司法或"准司法"力量的介入提供了空间,后者通过行政监管、行业协会等来化解金融纠纷,其作用和效果也不逊于国家司法。

也有学者提出了在构建中国金融安全法治战略的框架中发挥司法职能作用的设想:"所谓'战略',原本是军事方面的概念,指的是发现智谋的纲领,后来指战争全局的计划和策略,比喻一定历史时期指导全局的方略。中国金融安全法治战略,是指中国经济以及金融的稳定、运行与发展,必须以法治为后盾,以法律为靠山,寻求稳健、持重、开放、全方位的长远布局。"②要求加强金融审判,维护金融安全;惩治金融犯罪,宽严相济预防;等等。这表明,金融审判和金融刑事政策是构建中国金融安全法治战略的重要支撑。

二、金融检察在维护金融秩序中的作用

国内经济法学界提出了"经济司法"的概念,认为经济司法包括经济审判、经济检察等内容。其实,金融法本身就是经济法的一个重要组成部分,故经济检察自然也包括金融检察在内。经济法学界的通说认为,"经济司法是我国司法制度的组成部分,是国家机关运用国家强制力保证经济法律、法规实现的执法活动,在我国主要表现为人民检察院经济检察机构、人民法院经济审判机构和有关专门法院,对经济案件进行检察和审理的执法活动,以及同这种

---

① 卓泽渊等主编:《金融法律服务于管理创新建设》,中国人民公安大学出版社 2012 年版,第 2 页。

② 朱小黄:《中国金融法治建设年度报告(2016—2017)》,社会科学文献出版社 2018 年版,第 126 页。

执法活动紧密相联的经济仲裁机构的仲裁活动和合同公证机关的公证业务以及经济律师所参加的有关法律服务"①。可见,这是对"经济司法"的广义界定,不仅包括经济审判、经济检察等司法活动,还包括仲裁、公证、律师服务等"准司法"活动。

关于经济检察,有学者指出:"我国的经济检察,是指人民检察院按照法律规定,对经济领域的犯罪活动进行检察、开展法律监督、行使检察权的活动。"②"经济检察的作用是通过检察活动,同破坏社会主义经济秩序及其他危害社会主义的经济行为作斗争,惩办违法犯罪分子。"③

金融检察是经济检察的一部分,其目的是同金融领域的违法犯罪行为进行斗争,以维护金融秩序的和谐稳定。研究金融检察问题的专家指出:"金融检察是检察机关根据经济社会发展现状、趋势以及金融犯罪的形势、特点,为了应对金融犯罪专业化给检察机关司法实践带来的挑战而做出的积极回应,是刑事检察职能改革专业化、精细化的体现。"④金融检察工作具有专业性、综合性和创新性强的特点,其职能主要包括金融刑事检察和金融民事行政检察两大部分。金融检察是市场经济发展到一定阶段的产物。近几年来,我国检察机关加大了金融检察工作的力度,在北京、上海、浙江、广东等经济发达地区的检察机关内部,设置了专门的金融检察机构,在维护金融安全、打击金融犯罪方面取得了卓有成效的成绩。今后,除完善金融检察立法、坚持宽严相济的金融刑事政策外,可考虑在条件成熟时设立专门的金融检察院,主要办理金融刑事案件。当然,应该在一些经济较为发达、金融案件高发的省市先行试点,积累经验后再加以推广。

所谓金融犯罪,"是指以欺诈、伪造以及其他方法,侵害银行管理、货币管理、票据管理、证券管理、信贷管理、外汇管理、保险管理以及其他金融管理,破坏金融秩序,依法应受刑罚处罚的行为"⑤。检察机关办理金融犯罪案件要贯彻宽严相济的刑事司法政策:"对金融犯罪的处理,必须全面贯彻执行党和国

---

① 刘隆亨:《经济法概论》,北京大学出版社 2002 年版,第 436 页。
② 刘隆亨:《经济法概论》,北京大学出版社 2002 年版,第 437 页。
③ 刘隆亨:《经济法概论》,北京大学出版社 2002 年版,第 438 页。
④ 朱小黄:《中国金融法治建设年度报告(2016—2017)》,社会科学文献出版社 2018 年版,第 94 页。
⑤ 赵志华等:《金融犯罪的定罪与量刑》,人民法院出版社 2008 年版,第 10 页。

家的刑事政策与刑事法律,即并不是一律判处刑罚或一律判重刑,因为追究刑事责任与判处刑罚并不相等,追究刑事责任的形式主要是判处刑罚,但还有其他形式,如有罪不诉,定罪免予刑事处分等。全面贯彻党与国家的刑事政策,就是要做到惩办与宽大相结合,该严的严,该宽的宽,宽中有严,严中有宽,宽严相济,罪刑相适应,不能一律从严或一律从宽。"①

其实,金融犯罪不但是对法律秩序的破坏,也是对道德秩序的破坏,以诚信、公平原则构筑的金融法律秩序,同时也是一种基于道德共识的道德秩序。"金融商品在市场中的交易与融通,要求各金融主体的机会均等,在公平的外部环境下,遵守共同的规则,开展公平的竞争。这就是金融交易的公平原则"②。如证券市场中的内幕交易行为就严重违反了公平原则,故必须严惩。

诚信原则或信用原则也是金融市场运行的重要原则,甚至可以说它是整个金融秩序的基础,没有诚信也就没有秩序可言。正如金融法专家所说:"信用是金融市场有效运行的支点,金融市场的活动是信用活动,因此,金融市场主体之间的资金交易往来,必须真正做到恪守信用,履行彼此间的义务。这就是金融市场运作的信赖原则。"③金融领域的欺诈、失信行为实际上是冲击了金融法律秩序的道德基础,不仅突破了法律底线,更是突破了道德底线,故金融检察需要对此加大打击的力度。

当然,我们也要注意,治理金融秩序,不能过分迷信刑罚严惩的威力,还要注意保持刑事司法的谦抑性。正如最高人民检察院刑事申诉厅副厅长罗庆东所言:"要正确处理好刑法的及时干预与刑法的谦抑的关系。……对于刑法明确规定的犯罪行为我们应当及时依法追究,不能网开一面。对于刑法没有明确规定的犯罪行为,不能因为受害人众多、涉案款物巨大,加上社会影响这些方面的考虑,因为一时一地的维稳思维的惯性,来强制定性为犯罪。"④上述意见值得金融检察工作参考。

有的学者认为,"对金融犯罪应尽量慎用、少用死刑,在使用自由刑的基础上,多采用财产刑和资格刑,不仅能降低刑罚执行的成本,还能更有效地实

---

① 赵志华等:《金融犯罪的定罪与量刑》,人民法院出版社 2008 年版,第 29 页。
② 赵志华等:《金融犯罪的定罪与量刑》,人民法院出版社 2008 年版,第 17 页。
③ 赵志华等:《金融犯罪的定罪与量刑》,人民法院出版社 2008 年版,第 18 页。
④ 朱小黄等:《互联网金融与法治建设》,中国人民公安大学出版社 2015 年版,第 333 页。

现刑罚惩罚的目的。因为不管是罚金还是没收财产,都要求犯罪分子交出若干财产,一方面是对犯罪分子的惩罚,另一方面也是补偿国家因其实施的金融犯罪行为给国家带来的经济损失。"①这也是对刑事司法谦抑性的一种表达。

司法与金融的关系是一种保障和被保障的关系,也是一种互相促进的关系。金融司法既包括金融审判,也包括金融检察;既包括国家司法,也包括社会司法;既包括"线下"司法,也包括"线上"司法(互联网司法);既追求法律效果,也追求社会效果;既维护金融秩序,也保护金融创新;既审慎介入,也精准打击;既重视惩罚,也重视预防;既重视诉调对接,也重视司法与行政监管和行业协会的协调;等等。创新是我国金融业的时代命题,司法也应当与时俱进,不断创新司法服务于金融的形式和方法,从而有效防范金融风险、保护金融创新、维护金融秩序,并为中国金融安全法治战略的构建提供有力的支撑。

---

①　卓泽渊等主编:《金融法律服务于管理创新建设》,中国人民公安大学出版社2012年版,第2页。

第七章　司法与体育

　　司法与体育有密切关系,它一方面对体育有保障和促进作用,另一方面又促成体育法学将"体育司法"作为一个研究对象。《体育法学》一书指出:"体育法是研究体育及其发展规律的法学学科。……体育法学的研究范围包括:体育法的本质、任务、制定依据、基本原则、适用范围;体育法的调整对象及体系;各种体育运动的管理及法律责任;有关体育纠纷的法律适用及仲裁问题。"[1]所谓"有关体育纠纷的法律适用及仲裁问题"就属于体育司法问题。

　　体育司法是体育法的一个重要组成部分,体育法还包括体育立法、体育执法、体育守法、体育法律监督等。"体育法是调整体育运动中发生的一定范围社会关系的法律规范的总称。体育法有广义和狭义之分。广义的体育法,包括对体育社会关系进行调整的所有法律规范,如宪法规范、民法规范、经济法规范、行政法规范、刑法规范等,甚至还包括国务院、中央各部委以及地方各级人大、各级政府所颁发的地方法规、条例、规章、规定等。"[2]

一、体育司法是解决体育纠纷的主渠道

　　体育司法是解决体育纠纷的主要途径。"体育纠纷,又称体育争议,是法律纠纷和社会纠纷的一种,是因从事体育活动的主体之间的利益分配、权利义

---

[1]　董小龙、郭春玲主编:《体育法学》,法律出版社2018年版,第3—4页。
[2]　董小龙、郭春玲主编:《体育法学》,法律出版社2018年版,第7页。

务争议而引起的一种紧张的社会关系。"①体育纠纷涉及不同的法律关系，如果以不同的法律关系作为标准，可以将体育纠纷分为宪法性质的体育纠纷（体育活动参与者在结社中因其宪法权利受侵犯而引起的纠纷）、行政性质的体育纠纷（体育行业协会依法行使体育管理权，因为相对人不服行政管理行为而引发的纠纷）、民事性质的体育纠纷和刑事性质的体育纠纷。

学界倾向于按法律性质将体育纠纷区分为两大类：一是公民、法人及其他组织之间民事性质的体育纠纷，包括体育合同纠纷、体育侵权纠纷等；二是指政府及政府所属体育行政主管部门在行使行政管理职权时与行政相对人之间发生的体育纠纷，这属于行政性质的体育纠纷②。

解决体育纠纷的主渠道是诉讼，即体育司法。正如《体育纠纷的多元化救济机制探讨》一书所指出的，体育纠纷的诉讼解决机制，是国家或国际法院司法介入体育纠纷的方式和制度，也是解决所有体育争端、实现权利保障的最后途径。体育诉讼具有国家强制性和严格的规定性，由法院凭借国家审判权确定体育纠纷主体双方之间的体育权利义务关系，并以国家强制力迫使体育纠纷主体履行生效的判决或裁定，从而使体育纠纷得到有效的解决，最终恢复曾遭受破坏的体育秩序。一般情况下，分歧较大且难以和解的民商事体育纠纷可以提交法院解决；对于性质恶劣且影响重大的体育刑事纠纷就只能通过体育刑事诉讼机制予以解决③。体育司法对司法人员的体育专业技术素养提出了较高的修养，如果一个法官对体育技术和体育业务一窍不通的话，那么他就很难对体育纠纷案件作出正确的处理。

体育领域的诉讼也被称为"体育诉讼"，它"是指人民法院和一切诉讼参与人在审判案件的过程中所进行的各种诉讼活动以及由此产生的各种诉讼关系的总和"④。诉讼的功能在于解决纠纷，与其他纠纷的解决方式相比，诉讼具有如下特点：一是诉讼的主导机关是人民法院；二是诉讼具有被动性、终极性；三是诉讼具有法定的程序性。此三点是一般诉讼的特点，而体育诉讼又具有一定的行业性、专业性的特点。在基本原则方面，体育诉讼与一般诉讼也基

---

① 董小龙、郭春玲主编：《体育法学》，法律出版社 2018 年版，第 269 页。
② 参见董小龙、郭春玲主编：《体育法学》，法律出版社 2018 年版，第 320 页。
③ 参见郭树理：《体育纠纷的多元化救济机制探讨》，法律出版社 2004 年版，第 83 页。
④ 董小龙、郭春玲主编：《体育法学》，法律出版社 2018 年版，第 319 页。

本一致,如坚持以事实为根据、以法律为准绳的原则,坚持当事人诉讼权利平等原则,坚持程序正当原则,等等。

体育民事诉讼是体育司法的一个重要方面。"体育民事诉讼是指人民法院在双方当事人及其他诉讼参与人的参加下,审理体育民事案件和解决体育民事纠纷所进行的司法活动,以及这些活动所产生的诉讼法律关系。"①应该指出,体育民事诉讼类案件在体育诉讼案件中占比较高,根据最高人民法院的相关规定,人民法院民事审判庭可以审理如下体育民事案件:一是各类体育合同纠纷案件;二是损害赔偿案件;三是涉外、涉港澳地区的体育民事纠纷案件;四是体育劳动纠纷案件。

从审判程序上看,体育民事诉讼包括第一审程序、第二审程序、审判监督程序和执行程序。其中,审判监督程序是一种救济程序,也是一种纠错程序。在行政诉讼中,"审判监督程序又称再审程序,是指人民法院依其法定职权而对业已生效的行政判决或者裁定重新进行审理的诉讼活动。再审程序不是诉讼的必经程序,也不是一个独立的审级,该程序具有以下特点:(1)没有时效的限制;(2)针对的是已生效、但确有错误的判决或裁定;(3)必须由有审判监督权的组织提起。"②这里的"确有错误"有两类:一类是认定事实方面存在严重错误,二是在适用法律、法规方面存在严重错误。

体育行政诉讼是体育司法的另外一个重要方面。关于行政诉讼,是指国家司法机关运用审判权解决行政争议的活动。有学者指出:"行政诉讼是指人民法院基于公民、法人或其他组织的请求,对行政机关具体行政行为的合法性进行审查并作出裁判,解决行政争议的诉讼活动。"③其关键点在于,行政诉讼是解决行政争议的活动;行政诉讼的原告恒定为行政相对人的公民、法人或其他社会组织,而被告恒定为行政机关与法律法规授权的组织;行政诉讼主要是针对具体行政行为的合法性进行审查。

至于体育行政诉讼,则是指"公民、法人或者其他组织认为体育行政机关和其他行政机关及法律、法规授权的组织的行政行为侵犯其合法权益,依法向人民法院提起诉讼,人民法院在当事人和其他诉讼参与人的参加下,对行政行

---

①　董小龙、郭春玲主编:《体育法学》,法律出版社 2018 年版,第 321 页。

②　马怀德主编:《行政诉讼法学》,法律出版社 2000 年版,第 92 页。

③　姜明安:《行政法学》,法律出版社 1998 年版,第 251 页。

为进行审理并作出裁判的活动"①。实际上,体育行政诉讼与一般行政诉讼一样,其本质在于实现司法权对行政权的监督和制约,因为不受制约的权力容易腐败。而限制和制约行政权的目的是为了保护行政相对人的利益。正如行政诉讼法专家所说:"行政诉讼的根本目的是通过司法权对行政权的监督,确保行政机关依法行政,保障相对人合法权益。虽然在表面上,行政诉讼的直接目的是为了解决行政争议,但更深层的意义在于建立权力制约机制,以真正实现依法行政并保护相对人的权益。"②

"体育法的适用"是对体育司法的另一表述:"法的适用有广义和狭义之分。广义是指国家机关、公职人员和国家授权的社会组织依照法定的职权和程序实施法律的专门活动。狭义是指国家司法机关根据法定职权和法定程序,具体应用法律处理案件的专门活动。由于这种活动以国家名义行使司法权,因此也称为'司法'。这里的体育法的适用是指狭义的司法,指国家的司法机关根据其法定职权和法定程序,具体适用体育规范处理案件的专门活动。"③

体育法适用是国家司法机关以国家强制力为后盾而实施法律的活动,该活动是按照法定程序进行的,活动结果是以法律文书的形式表现出来的,如判决书、裁定书及决定书等,这些文件具有法律约束力,体现了司法权威性。

体育法适用或体育司法活动的目的在于对那些违反体育法规者施加必要的惩戒,由其承担相应的法律责任。法律责任是一种不利的法律后果,体育法律责任是体育法律得以实施所导致的不利后果,"要求行为人承担法律责任,即体育法律强制性的体现,也是救济国家利益和相关当事人权益的重要方式之一"④。如果以引起责任的行为性质为标准,可以将体育法律责任划分为刑事责任、民事责任、行政责任及国家赔偿责任等。

法律责任引起的法律后果是法律制裁,是指由特定国家机关根据违法者的法律责任而施加的强制性惩罚措施,它主要分为刑事制裁——以犯罪者的刑事责任为依据、民事制裁——以民事违法行为人的民事责任为依据和行政

---

①　董小龙、郭春玲主编:《体育法学》,法律出版社 2018 年版,第 327 页。

②　姜明安:《行政法学》,法律出版社 1998 年版,第 252 页。

③　董小龙、郭春玲主编:《体育法学》,法律出版社 2018 年版,第 78 页。

④　董小龙、郭春玲主编:《体育法学》,法律出版社 2018 年版,第 79 页。

制裁——以行政违法者的行政责任为依据等。体育法上的法律制裁也是针对上述体育法律责任而施加的制裁。

体育司法还包括体育法律监督："监督作为一个词,指监察、察看并督促。"①"法律监督是法治的要求,其目的是保证法律的实现和防止权力的滥用。""狭义上的法律监督,是指由特定的国家机关依照法定权限和法定程序,对立法、司法和执法活动的合法性所进行的监督。"②在中国,国家司法机关也是监督机关："司法机关的监督是我国监督制度的重要组成部分,包括检察机关的监督和审判机关的监督。检察机关的监督主要对有关国家机关的执法、司法以及国家工作人员利用职务犯罪和其他犯罪行为进行监督。审判机关的监督主要通过依法审理与体育有关的刑事案件、行政案件、经济案件等纠纷,以判决、裁定的形式进行。"③

以上,我们对体育司法特别是国家司法机关在化解纠纷中的主渠道作用进行了分析,通过体育行政诉讼、体育民事诉讼和体育刑事诉讼等方式来处理相关的体育纠纷,维护当事人合法权益。体育法律监督也是体育司法的一个方面,通过监督来保证司法权的正常运行,并实现对体育行政权的监督。

二、体育"准司法"在解决体育纠纷方面发挥的作用正日渐凸显

通过考察各类体育纠纷,可发现其具有如下特征:一是体育纠纷的主体具有特定性——该主体是指那种在体育纠纷中享有体育权利和承担义务的当事人,包括公民、法人与国家;二是体育纠纷主体利益的真实对抗性;三是体育纠纷过程的动态性。体育纠纷的主要种类包括竞争型体育纠纷、合同型体育纠纷、管理型体育纠纷和保障型体育纠纷。另外,根据纠纷涉及的不同法律关系为分类标准,可将体育纠纷分为宪法性质的体育纠纷(指宪法性权利被侵犯的纠纷)、行政性质的体育纠纷、民事性质的体育纠纷和刑事性质的体育

---

① 董小龙、郭春玲主编:《体育法学》,法律出版社 2018 年版,第 83 页。
② 董小龙、郭春玲主编:《体育法学》,法律出版社 2018 年版,第 84 页。
③ 董小龙、郭春玲主编:《体育法学》,法律出版社 2018 年版,第 85 页。

纠纷。

体育司法是指国家司法即法院、检察院的司法活动；体育"准司法"是指在国家司法之外、由体育行业协会和体育行政主管部门等进行化解纠纷的活动。体育纠纷的解决渠道包括诉讼渠道和非诉渠道，前者是指法院介入的纠纷解决方式，后者是指体育行业协会、体育行政管理部门等介入的纠纷解决方式。"体育纠纷的诉讼解决机制，是国家或国际法院介入体育纠纷的方式和制度，也是解决所有体育争端，实现权利保障的最后途径。体育诉讼具有国家强制性和严格的规定性，由法院凭借国家审判权确定体育纠纷主体双方之间的体育权利义务关系，并以国家强制力量迫使体育纠纷主体履行生效的判决或裁定，从而使体育纠纷得到有效彻底的解决，最终使遭到破坏的体育秩序得以恢复和稳定。"[1]

作为"准司法"的非诉解纷机制有体育调解、行政裁决、行会内部处理及体育仲裁等。此类似于西方的"替代性纠纷解决机制"，与产生于 20 世纪 50 年代的浙江"枫桥经验"也有近似之处。今后，随着"枫桥经验"的推广和普及，"准司法"在化解纠纷方面会发挥越来越大的作用，自不待言。

体育法专家指出："体育调解是一种当事人双方自愿选择，由无利害关系的第三方介入，就体育争议达成妥协的纠纷解决程序。"关于行会内部处理，也是一种"准司法"程序："体育纠纷的专业性、技术性以及竞赛规则的国际统一性，决定了体育纠纷的处理必定带有较强的专业技术性和行业封闭性；再加上体育组织的行业自治性，使大多数一般性体育纠纷都能在体育组织内部予以解决。这种解决方式不仅有利于维护体育组织的行业自治，确保体育规则的全球统一，而且能够有效地维护体育行业的社会声誉和世界影响。"关于行政裁决："行政裁决是指行政主体根据法律授权，以中间人的身份，对特定的体育民事纠纷进行审理和公断的行政行为。在我国，体育的行政裁决主要包括对体育权力纠纷的裁决、体育侵权纠纷的裁决、损害赔偿纠纷的裁决。"[2]

体育行会的内部处理也是一种"准司法"活动。我国体育行会的权力具有"官民"二重性的特点，即一方面它有自治性、民间性的特点，另一方面又有

---

① 董小龙、郭春玲主编：《体育法学》，法律出版社 2018 年版，第 274 页。
② 董小龙、郭春玲主编：《体育法学》，法律出版社 2018 年版，第 275 页。

行政性特点。其权力来源一是通过法律授权而取得权力,二是因委托而取得权力,三是通过契约方式取得权力。这种权力主要是监管权与处罚权,而处罚权则是一种准司法权。

专家指出:"在我国,体育行会的处罚权有两种性质:一是行政处罚权,这是依据法律授权而产生的对国家体育事务行使的公共管理权;二是内部纪律处罚权,这是任何一个民间组织依据章程的规定所享有的权力,几乎所有的体育行会在其章程中都规定了内部纪律处罚制度。如《中国足球协会违规违纪处罚办法》规定处罚的种类有:内部警告、警告、罚款、停赛、停止比赛工作、取消主办或承办比赛资格、取消转会资格、取消注册资格、其他处罚等,并且规定各项处罚可以独立或合并适用。"①

另有专家指出:"内部体育纠纷解决机制是体育行业内部对体育纠纷的解决,包括内部的调解、仲裁、纪律处罚、裁决等,适应了专业性、技术性、时效性、竞赛规则的统一性等体育纠纷解决的要求,也能够较好地维护体育行业自治。"②该专家还提出了建立中国体育仲裁委员会的设想,并要求规定体育仲裁程序、明确受案范围等。

作为准司法的一种,体育仲裁在化解体育纠纷方面也发挥着重要作用。"体育仲裁是指在体育活动中发生争议的双方当事人,根据在争议发生前或争议发生后所达成的仲裁协议,自愿将争议交由体育仲裁机构进行裁决,各方自动履行裁决义务的体育争议解决方式。体育仲裁制度是根据国家仲裁法律和体育法律建立的一种体育争议解决法律制度。"③体育仲裁的根本性质在于其民间性,这种"私力救济"的方式是政治国家与市民社会互相妥协的结果,具有私法上的自治性。仲裁权的功能在于解决民事争议,化解民事冲突,仲裁的权威来源于当事人的信任,这种权威性和公信力并未烙上国家权力的印痕,而是体现了一种民间性和自治性。

在国际上,体育仲裁制度也大行其道。如英国,2000年成立了"体育纠纷解决委员会",旨在仲裁体育纠纷、提供咨询意见、调解体育纠纷,并且有独立的仲裁规则和调解程序。在美国,体育仲裁主要分为两大类:一是各体育行业

---

① 董小龙、郭春玲主编:《体育法学》,法律出版社2018年版,第286页。
② 田思源主编:《体育法前沿》第二卷,中国政法大学出版社2017年版,第138页。
③ 董小龙、郭春玲主编:《体育法学》,法律出版社2018年版,第276页。

协会内的仲裁制度,一是普通的仲裁制度。在日本,2003 年设立了专门的体育仲裁机构,它是一个独立的社团法人,负责处理本国体育纠纷。其规定要求提出仲裁的运动员必须事先交纳 5 万日元的受理费,并服从仲裁结果,不能上诉到法院。在韩国,2000 年成立了体育仲裁委员会,该委员会由记者、律师和体育学会成员 8 人组成,负责仲裁体育纠纷。在澳大利亚,1996 年成立了全国体育纠纷解决中心,这是该国主要的体育纠纷调解和仲裁机构。1983 年,国际奥委会成立了国际体育仲裁院,负责解决国际体育争端,这一设在瑞士洛桑的仲裁机构,是目前国际上最负盛名的体育仲裁机构。该院是一个解决体育纠纷的常设机构,并推广一套灵活、便捷、经济、高效的仲裁规则。

在体育“准司法”活动中,发挥作用最大的非体育调解莫属。调解的方式在中国有着悠久的文化传统,并且契合于中国人的文化心理结构之中,故更宜得到当事人的认同。就目前来看,“调解主要适用于体育赞助纠纷、体育合同纠纷、商业权利纠纷(如体育知识产权纠纷)、轻微伤害赔偿纠纷等。调解不适用于纪律纠纷、选拔纠纷、兴奋剂纠纷、除名纠纷等”①。有的专家认为,体育调解在化解体育纠纷方面具有独特的优势,如体育调解的合意性,契合了体育纠纷内部容忍性的特点;体育调解的高效性,契合了体育纠纷需要及时解决的时效性特点;体育调解的私密性,契合了体育纠纷中保护当事人隐私和技术秘密、商业秘密的需求;体育调解的广泛性和灵活性,契合了体育纠纷主体、纠纷性质多元化的特点;体育调解的专业性,契合了体育纠纷技术性较强的特点②。

体育调解的种类主要有民间调解、调解机构调解、仲裁机构调解、行政调解、人民调解和法院调解等。其中,法院调解“是指在人民法院审判组织的主持下,双方当事人自愿平等协商,达成协议,经人民法院认可后,终结诉讼程序。法院调解主要是针对民商事纠纷和轻微的侵权纠纷进行的调解,是诉讼内调解。对案件是否进行调解,取决于当事人的自愿,调解不是必经程序,依法院的调解达成的协议而制作的调解书具有强制执行的法律效力,相当于法

---

① 董小龙、郭春玲主编:《体育法学》,法律出版社 2018 年版,第 279 页。
② 参见田思源主编:《体育法前沿》第二卷,中国政法大学出版社 2017 年版,第 153—154 页。

院的判决或裁定书"①。关于行政调解,它是"我国体育纠纷解决的一个主要渠道。体育行政机关依照法律规定,对其职能范围内的一些体育纠纷依法进行调查。当事人是否愿意调解,取决于当事人的意愿,调解不是必经程序。调解达成协议的,具有法律约束力。调解未达成协议的或不愿履行协议的,当事人仍可以向法院提起诉讼或选择诉讼"②。至于人民调解,它是化解纠纷的第一道防线,在人民调解委员会主持下达成的调解协议具有法律约束力(实际具有民事合同性质),但欠缺司法调解所具备的强制执行力。

从理论上讲,"准司法"体现的是一种社会权力,或谓是带有"司法性"的社会权力,它与国家的司法权是相对应的。在此语境下,即使是行政机关的调解权、裁决权仍然属于社会化的司法权,不属于国家司法权。

其实,即使是国家的司法权,也带有一定的社会性。此种社会性的表现,一是司法权具有天然的维护社会利益的倾向。二是司法审判过程中的社会参与。这主要表现为诉讼当事人通过其享有的控告权、申辩权、质证权和上诉权来对国家司法权形成影响。三是社会化的准司法行为。这主要是指民间的调解和仲裁。

无论是社会化的准司法还是社会权力对国家司法权的渗透,都反映了国家权力与社会权力之关系日益密切的趋势,此亦即国家权力的逐步社会化,这一趋势在国家司法活动中正逐步加强。另外,国家司法之外的社会组织在化解纠纷方面正发挥着越来越大的作用,这种靠调解、仲裁之类的准司法活动来解决矛盾的方法正得到越来越多的认同,并逐步凸显其调整社会秩序、维持社会和谐的"正能量"。体育纠纷的准司法解决方式就是如此,虽然从整体上看,它在化解纠纷方面还未能起到"主渠道"作用,但其作用正日显重要却是不争的事实。司法与准司法的密切结合并互相支撑,且准司法作用在不断增强,可能是中国式化解纠纷特别是体育纠纷领域的一个发展方向和未来趋势。

司法与体育有密切关系,它一方面对体育有保障和促进作用,另一方面又促成体育法学将"体育司法"作为一个研究对象。本章通过对体育司法在化解纠纷中的主渠道作用进行分析,指出采用体育行政诉讼、体育民事诉讼和体

---

① 董小龙、郭春玲主编:《体育法学》,法律出版社 2018 年版,第 280 页。
② 董小龙、郭春玲主编:《体育法学》,法律出版社 2018 年版,第 281 页。

育刑事诉讼等方式来处理相关的体育纠纷,可以维护当事人合法权益,有力恢复受损的社会秩序。体育法律监督也是体育司法的一个方面,通过监督来保证司法权的正常运行,并实现对体育行政权的监督。本章还认为,来源于社会权力的"准司法权"也能在化解纠纷方面发挥重要作用。国家司法之外的社会组织在化解纠纷方面正发挥着越来越大的作用,这种靠调解、仲裁之类的准司法活动来解决矛盾的方法正得到越来越多的认同,并逐步凸显其调整社会秩序、维持社会和谐的"正能量"。体育纠纷的准司法解决方式就是如此,虽然从整体上看,它在化解纠纷方面还未能起到"主渠道"作用,但其作用正日显重要却是不争的事实。司法与准司法的密切结合并互相支撑,且准司法作用在不断增强,可能是中国式化解纠纷特别是体育纠纷领域的一个发展方向和未来趋势。

第八章　司法与军民融合发展

军民融合发展,是一种促进经济社会与国防事业双向发展、富国与强军互相促进的国家战略,具有重大现实意义和深远历史意义。"其核心思想是融合发展,战略目标是富国强军,基本方法是统筹兼顾。"①军民融合发展,表现形式是"军转民"或"民参军",实质上是互相补充、互相支撑,这可以说是新时代军民"鱼水关系"的体现。

军民融合发展是提高经济建设效益与国防建设效益的国家战略,是发挥经济社会资源与国防资源整体优势,实现军事、经济与社会整体效益最大化的必由之路。"坚持军民融合深度发展,充分发挥市场配置资源的基础性作用和政府宏观调控资源的制度优势,可以使配置于经济、科技、教育等领域的资源发挥最大效益,实现经济建设和国防建设的协调发展。"②

一、军民融合发展的法治保障

2017 年 6 月 20 日,习近平总书记在中央军民融合发展委员会第一次全体会议上讲话指出:"把军民融合发展上升为国家战略,是我们长期探索经济建设和国防建设协调发展规律的重大成果,是从国家发展和安全全局出发作

---

① 全国干部培训教材编审指导委员会组织编写:《加快推进国防和军队现代化》,人民出版社 2015 年版,第 182 页。
② 全国干部培训教材编审指导委员会组织编写:《加快推进国防和军队现代化》,人民出版社 2015 年版,第 184 页。

出的重大决策,是应对复杂安全威胁、赢得国家战略优势的重大举措。要加强集中统一领导,贯彻落实总体国家安全观和新形势下军事战略方针,突出问题导向,强化顶层设计,加强需求统合,统筹增量存量,同步推进体制和机制改革、体系和要素融合、制度和标准建设,加快形成全要素、多领域、高效益的军民融合深度发展格局,逐步构建军民一体化的国家战略体系和能力。"①

　　由此可见,军民融合发展已经成为国家战略,该战略将助推经济建设与国防建设的融合发展,实现富国与强军的深度融合。同时,该战略还与国家创新驱动战略、依法治国战略结合了起来。习近平总书记指出:"推进军民融合深度发展,根本出路在改革创新。要以扩大开放、打破封闭为突破口,不断优化体制机制和政策制度体系,推动融合体系重塑和重点领域统筹。要把军民融合发展战略和创新驱动发展战略有机结合起来,加快建立军民融合创新体系,培育先行先试的创新示范载体,拓展军民融合发展新空间,探索军民融合发展新路子。"②

　　他又指出:"推进军民融合深度发展,要善于运用法治思维和法治方法推动工作,发挥好法律法规的规范、引导、保障作用,加快推进军民融合相关法律法规立改废释工作。要优化军民融合发展的制度环境,坚决拆壁垒、破坚冰、去门槛,加快调整完善市场准入制度,从政策导向上鼓励更多符合条件的企业、人才、技术、资本、服务等在军民融合发展上有更大作为。"③这里有几点需要注意:一是要用法治思维与法治方法来推动工作;二是要发挥法律法规的规范、引导和保障作用;三是要尽快对相关法律法规进行立改废释;四是要优化军民融合发展的制度环境。上述四点的实质在于为军民融合发展事业提供坚实的法治保障、提供优良的制度环境。

　　正如习近平总书记另外所言"法治是最好的营商环境",我们也可以说法治也能为军民融合发展创造最佳环境。要为军民融合发展创造优良的法治环境,还要从依法治军、从严治军和完善军事监督体系及军事司法体制入手。2015 年 11 月,习近平在中央军委改革会议上讲话指出:"要着眼于深入推进依法治军、从严治军,抓住治权这个关键,构建严密的权力运行制约和监督体

---

①　《习近平谈治国理政》第二卷,外文出版社 2017 年版,第 412 页。

②　《习近平谈治国理政》第二卷,外文出版社 2017 年版,第 413 页。

③　《习近平谈治国理政》第二卷,外文出版社 2017 年版,第 413 页。

系。按照决策、执行、监督既相互制约又相互协调的原则区分和配置权力,重点解决军队纪检、巡视、审计、司法监督独立性和权威性不够的问题,以编密扎紧制度的笼子,努力铲除腐败现象滋生蔓延的土壤。组建新的军委纪委,向军委机关部门和战区分别派驻纪检组,推动纪委双重领导体制落到实处。调整组建军委审计署,全面实行派驻审计。组建新的军委政法委,调整军事司法体制,按区域设置军事法院、军事检察院,确保它们依法独立公正行使职权。"①这里的重点在于:一是从严治军贵在管住权力,管住权力的前提是加强监督;二是通过纪检、巡视、审计和司法监督等"组合拳"来形成监督合力,其中的司法监督更是别有深意;三是改革调整军事司法体制,按区域设置军事法院和军事检察院。如此看来,综合监督和军事司法成了军事法治实施的关键。

高洪林在《实施军民融合战略》一文中提出了"强化政策法规保障"的主张:"加强军民融合法治建设顶层设计,制定法律法规体系框架和立法计划,加快综合性法律法规立法;修订完善现有法规,重点解决相关领域政策规定不衔接、不协调、不适用问题;制定专业领域军民融合法律法规,并在相关法律法规中补充完善军民融合内容。同时,加强军民标准通用化建设,统一修订和管理国家标准、行业标准、企事业标准和军用标准;完善财政支持、税收优惠、知识产权、军品价格、军工投资、社会保障等政策制度,增强军民融合内在动力和约束力。"②这主要是从立法角度解读了军民融合发展的法治保障问题,主要涉及加强顶层设计、构建体系框架、修订现有法规、解决协调适用问题、打造军民通用标准等。

他还提出了依法治军、从严治军的主张:"贯彻党的十八届四中全会部署要求,围绕构建中国特色军事法治体系,加快建立健全军事法规制度体系、军事法治实施体系、军事法治监督体系和军事法治保障体系,以各级党委和领导干部为重点,强化法治思维和法治信仰,坚持依法治军与从严治军相统一,推动治军方式从单纯依靠行政命令的做法向依法行政的根本性转变,从单纯靠习惯和经验开展工作的方式向依靠法规制度开展工作的根本性转变,从突击式、运动式抓工作的方式向按条令条例办事的根本性转变,全面提升军队建设

---

① 《习近平谈治国理政》第二卷,外文出版社 2017 年版,第 408 页。
② 《〈中共中央关于制定国民经济和社会发展第十三个五年规划的建议〉辅导读本》,人民出版社 2015 年版,第 172 页。

法治化水平。"①表面上看,从严治军虽然与军民融合没有直接关系,但却有间接关系,即军队行为的法治化有助于推进军民融合的法治化。军事法治体系是军事治理体系的组成部分,是军事治理能力的体现。上文提到的军事法治实施体系、军事法治监督体系就包含了军事司法在内,它是实现军事法治目标的助推器。因此,军事司法体系的现代化必然有利于军事治理体系的现代化,亦即有利于军事法治体系的现代化。

2015 年,中共十八届五中全会通过了《中共中央关于制定国民经济和社会发展第十三个五年规划的建议》,提出了推动建设和国防建设融合发展的要求:"坚持发展和安全兼顾、富国和强军统一,实施军民融合发展战略,形成全要素、多领域、高效益的军民深度融合发展格局。……健全军民融合发展的组织管理体系、工作运行体系、政策制度体系。建立国家和各省(自治区、直辖市)军民融合领导机构。制定统筹经济建设和国防建设专项规划。深化国防科技工业体制改革,建立国防科技协同创新机制。推进军民融合发展立法。"这是明确将经济建设与国防建设的融合发展上升为国家战略了。

许其亮在《坚定不移推动经济建设和国防建设融合发展》一文中高度评价了《中共中央关于制定国民经济和社会发展第十三个五年规划的建议》,称其"站在时代高度对推动经济建设和国防建设融合发展作出新部署,充分体现了党中央、习主席在国家总体战略中兼顾发展和安全的深远筹谋,表明了建设巩固国防和强大军队的决心意志和使命担当"②。在如何推进经济建设与国防建设的融合发展工作方面,他提出了强化大局意识、强化战略规划、强化改革创新、强化法治保障的要求。他指出:"厉行法治是发展社会主义市场经济的内在要求,也是推动经济建设和国防建设融合发展的重要保证。要贯彻依法治国基本方略,善于运用法治思维和法治方式推动工作,提高融合发展的法治化水平。要加快立法进程,尽早出台军民融合综合性法律,填补行业领域规章空白,重点完善经济建设贯彻国防要求、军品采购供应、知识产权保护、'民参军'市场准入等法律法规,构建系统完备、适用管用的军民融合法律法

---

① 《〈中共中央关于制定国民经济和社会发展第十三个五年规划的建议〉辅导读本》,人民出版社 2015 年版,第 170 页。

② 《〈中共中央关于制定国民经济和社会发展第十三个五年规划的建议〉辅导读本》,人民出版社 2015 年版,第 47 页。

规体系。党委、机关要带头尊法学法守法用法,抓好国防教育和普法宣传,激发全民参与国防建设热情,依法尽好国防义务。要厘清各级各部门抓军民融合发展工作的权力边界和执法要求,健全执法监督机制,纠正有法不依、执法不严、违法不究等问题,在法治轨道上有力推动军民融合深度发展。"①这就是说,军事法治的重心,一是执法,二是监督,两者缺一不可。

较为完善的法律体系是实现军民融合发展的前提条件,我国出台的《国防动员法》等系列法规为保障军民融合发展打下了初步基础,但还很不完善,亟须大力补充。建立健全军民融合发展的法律法规体系。军民融合深度发展的法律法规,是依法调整各种利益关系,明确有关各方的责权利的基本依据。依据宪法和国防法,完善有利于军民融合的法律体系。尽快出台加快推进军民融合深度发展的系列法规和制度标准,规范军民融合的主要工作和程序方法。加快推进《军民融合促进法》《国民经济动员法》《国防交通法》等立法进程,使军民融合深度发展有法可依、有法必依。

另外,还需要修订制约军民融合发展的法律法规,对其加以修改和细化,使其更具操作性。如修改《合伙企业法》《私营企业暂行条例》等有关民营企业进入武器装备生产领域的条款,为民营企业进入军品生产领域提供法律保障。对缺失军民融合发展内容的法律法规要进行补充,如《合同法》尚无"军品合同"一类,应当加以补充。此外,还要从市场准入、财政税收、审批验收等方面完善相关法律法规。

二、司法协调在军民融合发展中应当有所作为

有学者指出:"军民融合式发展将在生产、流通、分配、消费等领域形成纷繁复杂的各种社会关系,军民之间从相对静止变为相互交易的流动关系。由于人们在观念和利益方面总是存在不一致,往往表现为行为的冲突,从而导致各种纠纷的产生。司法是维护社会公平正义的救济机制,也是化解这些矛盾

---

① 《〈中共中央关于制定国民经济和社会发展第十三个五年规划的建议〉辅导读本》,人民出版社 2015 年版,第 56—57 页。

和纠纷的最后一道防线。军民融合式发展需要完善的司法保障,军地司法协调机制的构建是司法保障的首要环节。"①

例如,涉军刑事犯罪就需要军地之间的司法协调。涉军刑事犯罪包括现役军人犯罪、非军人危害国防利益的犯罪、军人和非军人共同犯罪三种。其中,军人和非军人共同犯罪的,由军事法院和地方人民法院或者其他专门法院管辖;非军人危害国防利益的犯罪由地方法院管辖。这些案件的正确处理,需要军地司法协调。即使是现役军人的犯罪,虽由军事法院专门管辖,但案件的被害人、证人、代理人、辩护人可能涉及地方,在调查取证、送达诉讼文书、执行判决等方面需要地方司法机关配合,故军地司法协调是不可避免的。

在涉军民事纠纷案件的处理方面更是需要军地司法协调。2001年,最高人民法院根据《民事诉讼法》第三十七条的规定,批复全军各级法院试行办理军内民事案件,此类案件是指双方当事人都是现役军人、部队管理的离退休干部、军队在编职工或者军内法人的民事案件。至于军地民事纠纷案件仍由地方司法机关管辖。针对该批复,一些专家提出了不同意见:"军事法院属于专门人民法院,军事法院试办军内民事案件的批复涉及国家机构的职权的规定,其组织和职权只能由全国人民代表大会常务委员会规定。另外,我国《民事诉讼法》也没有规定军事法院可以审理民事案件,更没有规定最高人民法院可以指定专门人民法院(包括军事法院)审理民事案件。"②因此,该学者认为应当借鉴其他国家的做法,军内民事案件由地方法院管辖,军事法院只是审理军人刑事犯罪案件。在军民融合发展的背景下,民事关系错综复杂,军事主体之间的纠纷往往涉及地方单位和个人,军内民事案件由地方法院审理更为有利。

军地之间司法机构的合作与协调是解决军民纠纷案件的必由之路。专家指出:"军民融合式发展出现的涉军民事纠纷案件及时、公正的司法解决,离不开军地的司法协调。地方法院审理涉军民事纠纷案件,在传唤当事人、调查取证、判决执行等诉讼行为时,军地双方应该加强沟通,积极配合。如果司法不公,损害了军队利益,可以通过正常渠道向同级人民法院院长、同级人大常

① 陈斌等:《论军民融合式发展与司法协调》,载《法制与社会》2008年第35期。
② 陈斌等:《论军民融合式发展与司法协调》,载《法制与社会》2008年第35期。

委会,上级人民法院、上级人民检察院反映情况,也可以通过依法提起上诉、再审维护合法权益。当然,军民融合式发展的规范运行,预防并减少矛盾和纠纷才是治本之策,这同样需要军地司法机关的通力协作以及军地法律工作者的共同努力。"①

三、军事司法的改革和完善

所谓军事司法,"百度百科"的解释如下:"军事司法机关依照法定权限和程序处理诉讼案件和非诉讼事件的专门执法活动。根据中华人民共和国有关法律和中央军委有关规定,中国人民解放军和中国人民武装警察部队已经形成了由军事法院、军事检察院和保卫部门构成的军事司法体制。保卫部门对部队内部发生的刑事案件依法行使侦查权,军事检察院、军事法院对军内人员犯罪的案件依法分别行使检察权、审判权。"

一篇题为《军民融合促进军队司法制度建设》的文章指出:"军事司法制度建设走军民融合式发展道路,就是在保留军事司法传统优势的基础上,根据国家和军队的实际情况,充分利用和调动民间司法的积极因素,为军事司法制度建设服务。"又称"军事司法制度的顶层设计重点解决的问题,是处理好军事司法体制与国家司法体制的关系。"②根据我国宪法等法律规定,军事法院、军事检察院是国家统一的司法体制的组成部分,其与地方各级法院、检察院作为统一的整体,一起受最高人民法院、最高人民检察院的监督或领导。可见,该体制的特点是"寓军于民"。

1956年,最高人民法院设立军事审判庭,最高人民检察院设立军事检察院,意味着人民军队在国家最高司法机关有了自己最高级别的审判、检察机关,这是我军司法制度史上走军民融合发展道路的最初实践。但1965年,这一体制发生了变化,原设于最高人民法院、最高人民检察院的军事审判庭和军事检察院改名为"中国人民解放军军事法院""中国人民解放军军事检察院"。

---

① 陈斌等:《论军民融合式发展与司法协调》,载《法制与社会》2008年第35期。
② 田友方:《军民融合促进军队司法制度建设》,载《法制日报》2013年4月11日。

对此,有学者主张:"有必要从宝贵的历史经验中汲取营养,继续推进军民融合式发展,恢复新中国成立初期最高人民法院军事审判庭和最高人民检察院军事检察院的设置。"①

该学者还说:"军事司法干部队伍建设走军民融合式发展道路,就是要从民间引入优秀的法律专业人才充实到军事司法干部队伍中来,让他们以平民法官、检察官的身份发挥职业专长,为军事司法工作服务。这是由于他们有着军事法官、检察官所不具备的诸多优势:其一,他们无须参加军事操练等军事活动,有充足的时间和精力潜心钻研法律问题;其二,他们不受军事层级制的影响,可以独立处理案件;其三,他们不受军人职业生涯任职年限的限制,稳定性强,有利于保留业务骨干;其四,他们不占用军官编制员额。"②在编制比例上,各军事法院、军事检察院的文职法官、检察官的员额控制在全院总编制员额的 20% 左右。

在军事司法程序方面,如果走军民融合式发展道路,那就是军事司法取消一些不符合法治精神的程序设计,并适用与普通刑事司法相同的程序。不过,"坚持人权目的和军事目的的协调发展,是我国军事司法制度建设走军民融合式发展道路所必须坚持的一项原则"③。其实,在和平时期,无论是军事司法还是普通司法,均应当将保障人权放在突出位置。

在为军民融合提供法律服务方面,专家指出:"制定政策、创造条件允许律师事务所受理军民融合领域的法律业务,强化社会律师准入、退出管理,积极发挥律师专业优势。以提高律师服务能力为重点,专项培训社会服务机构军民融合法律人员,加大教育培训力度,加强军民融合领域诉讼和非诉讼专项法律服务业务技能、军民融合政策知识培训。"④

上文提到的"非诉讼"法律服务,理应包括调解、仲裁等在内。如何发挥非诉讼机制或社会司法机制在解决军民融合纠纷案件领域中的作用,是一个值得学界和军界共同关注的重大课题。

法律监督特别是司法监督也是促进军民融合健康发展的必要手段。有学

---

① 田友方:《军民融合促进军队司法制度建设》,载《法制日报》2013 年 4 月 11 日。
② 田友方:《军民融合促进军队司法制度建设》,载《法制日报》2013 年 4 月 11 日。
③ 田友方:《军民融合促进军队司法制度建设》,载《法制日报》2013 年 4 月 11 日。
④ 童蕴河等:《以法治保障推进军民融合深度发展》,载《学习时报》2018 年 10 月 25 日。

者主张要"建立严密的军民融合发展法治监督体系。严密的法治监督是维系法律生命力和维护法律权威的根本保证。……强化对军民融合深度发展进程中的行政权力的制约和监督,完善纠错问责机制,确保军民融合发展相关法律法规的执行真正落到实处,有关权力机构既要在推动军民融合深度发展中确保国家安全得到有效保障,又不得滥用权力,侵害或损害军民融合深度发展中各相关利益主体中的合法权益"①。军事检察院、人民检察院均可发挥司法监督的作用,保障军民融合领域各利益主体的利益,特别是通过行使这种权力来实现司法权对行政权的监督,有助于促进军民融合领域的依法行政。

军民融合发展,是一种促进经济社会与国防事业双向发展、富国与强军互相促进的国家战略,具有重大现实意义和深远历史意义。一是要用法治思维与法治方法来推动工作;二是要发挥法律法规的规范、引导和保障作用;三是要尽快对相关法律法规进行立改废释;四是要优化军民融合发展的制度环境。上述四点的实质在于为军民融合发展事业提供坚实的法治保障、提供优良的制度环境。

司法是维护社会公平正义的救济机制,也是化解这些矛盾和纠纷的最后一道防线。军民融合式发展需要完善的司法保障,军地司法协调机制的构建是司法保障的首要环节。

---

① 杜人淮:《加强军民融合深度发展法治保障》,载《国防科技工业》2015 年第 2 期。

第九章　司法与涉侨纠纷多元化解

一、从理论到实践:纠纷的多元化解问题

关于社会纠纷多元化解机制问题,实际上是古今中外政治家、思想家、法学家和普通群众共同关注的问题。该机制的核心在于一种非诉的纠纷处理方式,如调解等。在中国古代,调解制度的理论渊源是儒家的"仁学"体系和道家的"无为"学说,又与汉代以后"德主刑辅"的封建正统法律思想一脉相承。可以说,该制度是中国传统社会治理理论的结晶与固化,在中国文化的传承与创新中具有非凡的意义。学界的相关研究成果指出:"调解的内在精神和原则其实主要是如下四点:一是讲折中,倡调和,尚中庸;二是重道德轻法律,重人心人情轻制度;三是重义轻利;四是求'不争'、'无争'之人生哲学。倘若以此为基点再进行考察,我们就会发现,从理论层面来看,中国古代的调解传统以孔子'仁学'体系为坚实基础,董仲舒以后的'德主刑辅'正统政治法律理论更为之提供了强有力的支撑点,而主张'无为而治'的道家理论也同样为之提供了支持;从观念层面来看,调解乃是中国古代以'和'为美的古典审美意识与'和为贵'的传统社会观念在法律(诉讼)领域的折射。"①应该说,上述看法是比较到位的。

尽管过分强调调解的作用不利于树立法律的权威,但调解作为一种社会

---

① 胡旭晟主编:《狱与讼:中国传统诉讼文化研究》,中国人民大学出版社 2012 年版,第891 页。

治理的方式毕竟深深契合于我们民族的文化心理结构之中,其人道价值得到了民众的广泛认同。特别是当民众面对刚性的"法治"时,"调解所蕴含的原始人道、民主精神与亲情风味就更显出可贵的价值","当西方社会沉浸在对'法'的崇拜之中,将一切诉之于一种硬性的、冷冰冰的外在行为规范时,中华民族则更多地关注于一种柔性的、富于温情的规范(法)外途径,并谋求人际关系的和谐。……当代中国的法治建设必须高度重视调解机制所蕴藏的丰富的社会价值,亦须给予调解以应有的一席之地! 同时,可以预言,在人类未来的历史发展中,调解必将更加得到高扬"①。

在当代中国,因领袖批示而成为基层社会治理模板的"枫桥经验",其自治性、非诉性契合了中国的法律传统和文化传统,而调解是其解决纠纷的主要方式。"枫桥经验"的原初精神是"矛盾不上交,就地解决",是"依靠群众,说理斗争",其解决矛盾的主要方式是调解。这一方式在今日所谓"新枫桥经验"中仍被强调:"以预防和调解解决社会矛盾纠纷为切入点、以社会治安综合治理为主要治理技术、以平安创建打造稳定的社会环境为目标……加强村级组织和制度建设,以规范的基层社会治理、村民自治为基础,为村镇经济发展提供稳定良好的平台与环境保障。"②可见,调解是新旧"枫桥经验"共同坚持的基本原则和解纷方式,它凝聚着中国传统社会治理的经验,并被赋予了新的时代内涵。

如果说"枫桥经验"属于民间调解的话,那么司法调解则类似于中国古代的"官府调解"了(当时行政与司法合体)。今天的司法调解就是法院调解,是法院管理和监督下的非诉讼解决程序,具有"准司法"的性质。在这种程序中,法律、审判仅仅具有"背景"意义,而社会规则、习惯惯例往往成为调解的依据。正如专家所说:"法律虽然是最具正当性的标准,但是在调解过程中,道德、常识、社会普遍的规范意识以及习惯和惯例也可能成为解决纠纷的标准,从而得到符合实际情况的解决。这种符合实际情况的解决符合实质正义的要求。这些规范的运用显然是……在审判信息充分化的前提下,应该具有

---

① 胡旭晟主编:《狱与讼:中国传统诉讼文化研究》,中国人民大学出版社 2012 年版,第898 页。

② 汪世荣主编:《枫桥经验:基层社会治理的实践》,法律出版社 2018 年版,第 8 页。

正当性。"①

在社会主义法治进入新时代的今天,中国的司法机关也在与时俱进,将司法调解的触角伸向了海外,延伸到华侨纠纷的解决领域,并产生了非同凡响的积极效果。浙江省文成县人民法院的探索就是例证。早在 2011 年,文成县人民法院专门就涉侨纠纷案件的审理工作出台了《关于加强涉侨民事案件审理工作的若干意见》,其中第四条规定:"建立与完善特邀海外调解员制度,聘请海外特邀调解员在海外协助法院送达文书、确认当事人身份及其签名的真实性、调解和协助督促执行等。"第五条规定:"建立与完善涉侨案件诉调对接机制,委托海外爱国侨团成立的民间调解组织调解涉侨纠纷,依法审查确认当事人申请的调解协议效力。"同年,该院还出台了《涉侨民事纠纷诉调衔接工作实施办法》,其中第十条规定:"经开庭审理或组织调解,认为调解协议内容清楚、合法且系当事人自愿达成的,可征求双方当事人同意,双方在调解协议笔录签字或捺印后即发生法律效力,并应及时制作发送民事调解书。"以上规定说明,特邀海外调解员将国内的司法调解及民间调解机制延伸到海外涉侨领域,对促进华侨之间的和谐关系发挥了积极的作用。同时,完善诉调对接机制又促进了民间调解与司法调解的深度融合。

二、从实践到制度:以多元手段化解涉侨纠纷

文成县隶属于温州市,是浙江省著名的侨乡,有近 20 万华侨定居在欧美各国。他们漂泊海外、心系故乡,长期以来为家乡建设默默付出,做出了巨大贡献。当然,在社会生活中,也难免遇到各种各样的利益纠葛,导致各种类型的纠纷出现。为了化解这些纠纷,文成县人民法院多年来开展了卓有成效的工作,取得了许多成功的经验。更加难能可贵的是,该院还将这些成功的经验转化成了制度安排,为涉侨纠纷的解决提供了可复制、可推广的制度经验。

笔者见闻有限,但目力所及也能大致寻觅出该县法院在涉侨纠纷化解领域进行制度创新的足迹。如 2011 年,该院先后发布了《关于加强涉侨民事案

---

① 　尚洪立主编:《司法改革前沿问题研究》,人民法院出版社 2011 年版,第 114 页。

件审理工作的若干意见》《关于建立特邀海外调解员、协助执行员制度的若干规定》《关于审理涉侨民事案件若干问题的决定》《涉侨民事纠纷诉调衔接工作实施办法》等。上述制度为涉侨纠纷的解决提供了规范化路径，具有引领作用和示范意义。

2016 年，温州市中级人民法院与温州市归国华侨联合会在总结文成等县法院制度创新的基础上，联合发布了《关于建立健全特邀海外调解员制度的暂行规定》。其中第一条规定："为维护海外侨民合法权益，公开公正审理涉侨民商事案件，有效化解涉侨矛盾纠纷，节约司法资源，提升审判质效，在总结涉侨审判经验的基础上，制订本规定。"这就是说，该规定的出台旨在通过加强海外调解工作来有效化解涉侨矛盾纠纷，从而大大节约司法资源，实现华侨之间、华侨与国内公民之间关系的和谐。

关于特邀海外调解员的任职条件，该规定第二条的表述是：(1)居住在境外，拥护中华人民共和国宪法，且年满 23 周岁的中华人民共和国公民；(2)品行良好、公道正派、热心该项工作；(3)具有一定的法律专业知识或人民调解工作经历，并在华侨中享有一定声望。

海外调解员的主要职责是：协助法院送达法律文书；协助法院查找诉讼当事人的住所；为海外华侨提供法律咨询；接受法院委托调解民商事纠纷；协助法院开展网上立案、网上调解、网上庭审；见证当事人、证人签名的真实性，并传递相关诉讼材料；协助督促当事人履行生效裁判。另外，该规定还要求法院设立海外联络点，并建立两级法院特邀海外调解员共享机制，统筹海外调解员资源。

2018 年，文成县人民法院又向上级人民法院提出了《关于请求指定文成县人民法院开展涉侨纠纷多元化解试点工作的请示》，该文件对开展试点工作的可行性进行了分析，强调文成县法院首先早已率先在海外建立了司法网格化服务体系，初步形成了以海外调解员为核心、以民商事调解委员会为支撑、以海外联络员为补充的网格化司法服务体系。其次，已经形成了比较完善的海外调解员工作机制。最后，已就涉侨纠纷多元化解作了积极有益的探索并取得实效。

上述文件还就试点工作方案的具体内容进行了介绍：1. 协助侨联组织广泛吸纳归侨、侨眷和各类专业人员成立人民调解委员会或者专业调解组织，与海外特邀调解组织建立交流对接制度。2.与各级侨联组织、仲裁机构、公证机构、商事调解组织、行业调解组织等调解组织加强合作,建立和完善对接机制与诉调衔接机制。3.积极探索人民法院与各级侨联组织诉调对接平台的有效衔接机制,积极开发和应用信息化系统,鼓励和引导当事人、侨联调解员在线解决纠纷。4.积极选任符合条件的归侨、侨眷担任人民陪审员,参与涉侨案件的审理。5.完善涉侨案件诉调对接机制,积极吸纳侨联调解组织和调解员加入人民法院特邀调解组织和特邀调解员名册,支持侨联组织参与诉讼前和诉讼中的纠纷解决工作,引导当事人理性表达诉求、依法维护正当权益。6.与文成县法学会、侨联、司法局、公安局、公证处等部门联合打造海外司法服务的"文成样本",设置专门的华侨事务大厅,为全县归侨、侨眷和海外侨胞提供多样化、全方位的法律服务。7.完善海外司法服务体系,在一些国家设立调解联络点,形成网格化工作格局。8.委托海外调解员送达法律文书。9.网上立案及办理授权委托手续。10.远程网络视频开庭审理。11.委托海外调解员进行调解。12.督促当事人自动履行义务。

上述工作方案不仅是对解决涉侨纠纷实践的总结,而且还可以转化为切实可行的制度,带有"制度创新"的意味,经过试点工作的检验,大多数内容均具有推广的价值。因此,从实践探索跃进到制度创新,是构建涉侨纠纷多元化解机制的必由之路。从此意义上说,文成的实践探索和制度创新是很有意义的,值得专家进一步研究。

三、构建涉侨纠纷多元化解机制的意义

(一)发扬光大了解纷领域中的"国粹"。如前所述,多元化纠纷解决机制继承了中国注重调解的传统,体现了儒家"和为贵"的价值理念,堪称我国解纷领域中的"国粹",不仅具有文化传承的意义,而且具有重大的现实意义。历史不是包袱,现代人只要充分发挥主观能动性,善于推陈出新,对历史传统加以创造性转化,就能让历史经验在新的时代里展现出新的活力。

(二)在海外"再版"化解纠纷的中国经验。无论是人民调解、行政调解,还是司法调解,都体现了化解纠纷的"中国经验"。这种经验影响到全球,也

被称为"东方经验",一些国家通过吸收这种东方经验而创造的"替代性纠纷解决机制"(也称"多元化纠纷解决机制"),令人感慨东方经验的生命力之强。"在调解过程中不必严格拘泥于法律的限制,可以充分考虑道德、习俗、情理的因素,通过耐心的沟通和平等的协商,拉近当事人双方的要求,在不伤感情的条件下化解当事人之间的纠纷,是一种成本低、效率高、方便快捷的纠纷处理方式,有利于维持和发展和谐的人际关系和社会关系。"①《中共中央关于全面深化改革若干重大问题的决定》也指出:"完善人民调解、行政调解、司法调解联动工作体系,建立调处化解矛盾纠纷综合机制。"②从文成等地法院的实践探索来看,一种深度融合司法调解与人民调解的调解模式正在涉侨纠纷领域大显身手,其触角已经伸向了海外,并收到了显著的成效。从此意义上说,解决纠纷的中国经验已经"再版"于海外,其国际影响力正与日俱增。

(三)推进制度创新,展现"中国智慧",提升中国软实力。涉侨纠纷多元化解机制是制度创新的产物,它向国际上展现了社会治理中的"中国智慧",提升了中国在纠纷处理领域里的话语权和软实力。《中共中央关于全面深化改革若干重大问题的决定》指出:"创新社会治理,必须着眼于维护最广大人民根本利益,最大限度增加和谐因素,增强社会发展活力,提高社会治理水平"③。并要求改进社会治理方式,"实现政府治理和社会自我调节、居民自治良性互动","坚持综合治理,强化道德约束,规范社会行为,调节利益关系,协调社会关系,解决社会问题"④。上述主张为完善涉侨纠纷多元化解机制指明了方向,也为相关领域的制度创新铺平了道路,相信伴随着中国经济向海外的不断拓展,涉侨纠纷多元化解机制也将会在海外发挥越来越大的作用,其自治性、人道性和法治性必将会得到越来越多的华侨的认同,也会得到越来越多的外国人的肯定,从而将有助于改变中国的法治形象,提升中国的软实力。

---

① 肖金泉等:《中国司法体制改革备要》,中国人民公安大学出版社 2009 年版,第 122 页。
② 《中共中央关于全面深化改革若干重大问题的决定》,人民出版社 2013 年版,第 51 页。
③ 《中共中央关于全面深化改革若干重大问题的决定》,人民出版社 2013 年版,第 49 页。
④ 《中共中央关于全面深化改革若干重大问题的决定》,人民出版社 2013 年版,第 49—50 页。

四、关于推广"文成经验"、完善涉侨纠纷多元化解机制的建议

涉侨多元化纠纷解决机制是在继承中华文化传统基础上的一种制度创新,是"枫桥经验"的现代版和海外版。在涉侨纠纷的处理方面,浙江省文成县人民法院在当地党政部门领导的支持下,开展了卓有成效的工作,取得了成功的经验,创造出了一种很有特色的涉侨纠纷解决模式,也被称为"文成经验"。该经验具有六大特点:(1)自治性、人道性、法治性三结合;(2)司法调解、人民调解、行政调解三结合;(3)自治、德治、法治三结合;(4)社会治理、国家治理、全球治理三结合;(5)活法、国法、国际规则三结合;(6)共建、共治、共享三结合。

文成经验具有重要的意义:1. 理论意义:是研究文化的传承与创新的模本,是研究社会治理理论的范本。2. 实践意义:有助于推进社会治理实践;有助于社会的和谐稳定;有助于引领多元化纠纷解决机制的完善;有助于全球治理和人类命运共同体的构建。3. 制度意义:有助于涉侨争端处理的规范化;有助于涉侨争端处理机制的推广和复制;有助于相关制度经验的国家化乃至于国际化。4. 国际意义:提升软实力、提高话语权、讲好"中国故事"、展示"中国智慧"、打造"中国经验"。此经验彰显了一种制度设计的"温情"、社会治理的"柔性",体现了对当事人自治、自主、自由权利的尊重,反映了人道主义的价值取向。

如何完善涉侨多元化纠纷解决机制并加以推广? 我们提出如下建议供决策部门参考:

1. 在总结相关试点经验的基础上尽快通过立法机构的立法把相关经验固化,并在全国范围内推广。

2. 探索并完善关于司法调解、人民调解、行政调解三结合,活法、国法、国际规则三结合,社会治理、国家治理、全球治理三结合的机制。

3. 提高地方党委、政府对涉侨纠纷多元化解问题的重视程度,强化法院、侨联与政府部门的合作与联动,形成合力助推涉侨纠纷多元化解机制的完善。

4.要求地方政府在处理涉侨纠纷方面解决保障不足的问题,着力解决经费支持和科技支撑等方面的问题。

5.加强宣传引导,扩大涉侨纠纷多元化解机制的影响力和认可度。

6.打造一支专业化的海外调解员队伍,不断提高其专业能力。

7.深化法学界与实务界之间的联系与合作,建立长效合作机制,让理论引领实践,让实践支撑理论。

第十章　司法与少数民族习惯法

少数民族习惯法是一种约定俗成的"活法",它是一种具有自发性、"原生态"的地方知识系统,是支配少数民族地区社会生活的习惯性规则,在调整少数民族地区社会秩序方面发挥着至关重要的作用。它是一种"民间法",而非"官方法",后者即国家制定法。相较于后者,前者更易产生一种社会认同力。中国自唐宋以来,历代统治者都重视"因俗而治",即强调根据少数民族习惯法治理当地事务,国家体制性力量的介入较为谨慎。在少数民族地区的纠纷处理方面,除非重大刑事案件,国家司法的力量一般不加干涉,而是由地方势力通过"准司法"途径加以解决。新中国成立以后,在涉及少数民族事务方面,我们仍然坚持传统的"因俗而治"原则,在处理纠纷过程中注重"准司法"手段的运用,同时,国家司法机关也适当借用了诸如调解之类的准司法手段来处理民事案件。鉴于上述,本章所谓"司法",既包括国家司法,也包括"准司法",后者也被称为"社会司法"。

一、少数民族地区的"准司法"传统

少数民族准司法的依据是习惯法,习惯法是一种长久传承并且被广泛认同的社会规则。那么,如何理解习惯法呢? 学界传统说法是将习惯法看成是由国家强制力保证实施的习惯,但也有学者对这一说法提出了质疑,认为习惯法并不仅仅是指那些被国家认可或被国家赋予强制力的习惯。他指出:"人类社会最早的法便为习惯法,随着社会的不断发展,习惯法也日益发展并在社会生活的各个领域发挥作用,规范特定社会成员的行为。习惯法的某些内容可能被国家认可而具有国家法的强制性、约束力,但大部分习惯法则是依靠某种社会组织、社会权威而保证实施。因此,习惯法是独立于国家制定法之外,依据某种社会权威和社会组织,具有一定的强制性的行为规范的总和。"①实际上,习惯法除了部分内容是被国家认可并赋予强制力的习惯外,更多的内容是靠社会组织、社会权威来保障实施的,因此从本质上看,它是"活法"而非"国法"。

少数民族的准司法传统强调运用调解之类的方式来化解纠纷。有学者指出:"少数民族的纠纷解决方式在处理纠纷时比较灵活、方便,有较高的效率,且成本较低。少数民族的纠纷解决方式注重运用调解手段来解决纠纷不仅可以迅速化解社会矛盾,而且也节约了纠纷解决费用,有助于少数民族习惯法的实现。"②根据法律社会学派的理论,调解之类非诉讼手段属于"社会司法"的范畴,它依据社会规则、凭借社会权威来成功地化解纠纷,这种带有类"司法"属性的解纷方式也被称为"准司法"。

以藏族地区为例,藏族习惯法在藏区对整合社会秩序一直发挥着重要作用。那么,什么是藏族习惯法?有学者指出:"藏族部落的习惯法是藏区各部落加以确认或制定,并通过部落组织所赋予的强制力,保证在本部落实施并靠盟誓约定方式调节内外关系的具有法律效力的社会规范。"③其实,藏族习惯法是藏区民众在生产生活过程中逐渐形成的并被持续适用来化解纠纷的行为规范,这种行为规范是用来调整藏民权利义务关系的,并至今在社会生活中发挥作用的,因此,可借用西方法律社会学派的"活法"概念加以指称。"活法"即活生生的"法律",也就是社会规则,它与国家制定法即"国法"是相对的概念。根据法律社会学派的理论,在调整社会秩序方面,活法的作用甚至超过了国法,即使是国家司法机关也应当适当援用活法进行裁判,从而更易得到社会认同。

法律社会学派认为,习惯法是一种社会规则,即"活法",它是"支配社会

---

① 高其才:《中国习惯法论》,湖南出版社 1995 年版,第 3—4 页。
② 高其才:《多元司法》,法律出版社 2009 年版,第 161 页。
③ 转引自后宏伟:《藏族习惯法回潮及其原因探析》,载《甘肃政法学院学报》2017 年第 4 期。

生活本身的法律"。它与国家制定法相对,并非靠国家强制力来发挥作用,而是靠社会组织或社会舆论的力量来发挥作用。藏族习惯法也是一种"活法"。有学者指出:近年来对藏族习惯法的研究主要着眼点在于藏族习惯法"对藏区经济社会发展所产生的实际影响;从化解社会纠纷角度考虑,分析国家制定法的不足,挖潜其合理成分,强调法律多元化,进而指出在社会转型时期如何通过地方立法吸收其合理部分等方面"①。该学者进一步指出:"在改革开放之后由于各种原因主要在甘青川藏区得以复苏或者复兴,而成为现实调整藏区社会纠纷的重要行为规范,影响国家制定法进一步深入实施,对藏区经济社会发展产生重要影响"②。

从历史上看,中国历代统治者均重视"因俗而治",即重视少数民族习惯法在整合少数民族区域社会秩序中的作用,如法史专家所言,"清朝在民族立法上所采取的因地制宜、因俗制宜,就是历代统治经验的成功总结"③,因此也很重视"准司法"的作用,所谓"以罚代刑"等即其证明。有学者指出:"在蒙古地区还通行'以罚代刑'的惯例,'凡蒙古犯罪皆论罚'即按罪行的轻重罚以不等数量的牲畜,这反映了游牧地区生活方式的特点。如无力缴纳或案情有疑,可以'设誓'完结,从而表现了神明裁判的痕迹。"④"准司法"也被称为"社会司法",即根据社会规则来处理纠纷。少数民族地区的社会规则就是习惯法,蒙藏地区的民族风俗根深蒂固,习惯法源远流长,统治者"因俗而治"显然力少而功多,大大降低了社会成本,而且也更易得到少数民族的认同和接受。

有的学者对藏区的"准司法"传统加以研究,认为此种准司法形式包括和解、调解、赔偿道歉等类型,并强调其在今日仍发挥着重要作用。他指出:"今天藏区通过权威高僧、德高望重的老人会以及主持公道的部落后裔用和解、调判、赔偿道歉或者用刑事纠纷领域的赔命价与赔血价的藏族本土民间调解机制来实现以无讼为价值追求的和解。这种本土化的纠纷解决机制既能快速平息矛盾,又可以维持当地稳定的社会秩序,对和谐藏区社会关系,维护藏区社会稳定与发展,解决各种复杂疑难案件,节约地方司法机关的司法成本发挥着

---

① 后宏伟:《藏族习惯法回潮及其原因探析》,载《甘肃政法学院学报》2017 年第 4 期。
② 后宏伟:《藏族习惯法回潮及其原因探析》,载《甘肃政法学院学报》2017 年第 4 期。
③ 张晋藩:《中国古代法律制度》,中国广播电视大学出版社 1992 年版,第 877 页。
④ 张晋藩:《中国古代法律制度》,中国广播电视大学出版社 1992 年版,第 890 页。

积极作用。"①上述见解是有启发意义的。

还有学者对中国古代国家司法中"因俗而治"的特点加以探讨,在立法和司法实践中,根据民族的风俗习惯及民族地区的特点,采取各种变通形式,较好地解决了多民族国家内部因民族法律文化冲突而引起的各种矛盾。魏晋南北朝时,许多政权采取了双重法律管辖体制,对汉人适用中原的传统法律,而对少数民族则以其原来的法律习俗治之。唐朝时,更是以"各有风俗,制法不同",在国家法典上首次明确规定各少数民族相犯时,依其"本俗法"审断。②实际上,这是国家司法机关将传统"准司法"的一些做法纳入其体系之中,反映了国家司法权对社会自治权的一种干预。

二、少数民族地区国家司法对习惯法的适用

在古代中国,"因俗而治"的政策导致当时的国家司法大量适用少数民族习惯法来解决少数民族地区的纠纷,反映了国家司法与"准司法"(或谓"社会司法")的融合趋势。换言之,国家司法是将准司法的依据(少数民族习惯法)和手段(调解等)纳入其系统之中,进一步增强了"准司法"的权威性和强制性。

有学者考察了清代"因俗而治"的治藏政策在刑事司法中的应用,指出:"因俗而治原则在处理涉藏刑事案件过程中的运用,降低了清王朝控制藏区的难度,节约了平息事乱的成本,也大大提高了行政效率。案件处理因地、因时制宜,实际上是为地方官员审断涉藏刑事案件确定了总原则,即以道德教化为主,务求平息事态,且无须尽用内地律法处之,这就使审判结果更能为藏区地方民众接受,提高刑法的预防作用。善后处理的从俗从宜体现了对地方习惯法的尊重,增强了判决的可执行性,对保持藏区的稳定起到了突出的作用。"③

---

① 汪世荣等主编:《中国边疆法律治理的历史经验(上)》,法律出版社 2014 年版,第 14 页。
② 参见苏钦:《中国民族法制研究》,中国文史出版社 2004 年版,第 269 页。
③ 汪世荣等主编:《中国边疆法律治理的历史经验(上)》,法律出版社 2014 年版,第 222 页。

民俗习惯在我国法院系统的适用是一个不争的事实，而且如今日益受到人们的关注和重视。一些地方法院还专门出台了相关的文件，对法院适用民俗习惯进行裁判加以引导和规范。如2007年出台了《江苏省姜堰市人民法院关于在审判工作中运用善良风俗习惯有效化解社会矛盾纠纷的指导意见》，其中第一条就规定："本意见中所指善良风俗，是指在一定地区内得到人们的普遍公认，且不违反法律和国家政策，在生活实践中反复适用的一些习惯、惯例和通行的做法。"此处虽然没有使用"习惯法"这一概念，但是在一个地区被广泛认同且有约束力，并行之有效的社会规范，理应被纳入广义的"法"之中，或直接称其为"习惯法"——"活法"。

关于藏族习惯法在藏区法院的适用情况，有的学者对此进行了调查，如通过对甘孜州两级法院的调查，发现在民事、刑事司法过程中，适用习惯法的概率较大，这主要体现在庭前调解机制中。根据相关问卷调查，藏民更易接受非诉讼纠纷解决机制。当地人民法院还注意吸收部落中有分量的人为调解员，就相关案件进行调解，调解的依据是乡规民约，乡规民约是当地官方承认的有效规则。另外，法院还注重加强司法活动与人民调解工作的有机衔接，追求法律效果与社会效果的统一。法院对于"赔命价"案件中习惯法问题采取的态度是不主张也不反对，即在国家法不反对的前提下默许习惯法的价值。法院在处理故意杀人、故意伤人等引起的"赔命价"案件时，通常是参考双方达成的赔偿协议，对被告人酌情从轻处罚。一般而言，习惯法在诉讼程序中的适用主要有四种类型：作为司法裁判的依据、事实、参考和方法。据调查，藏民对于法院适用习惯法裁判的案件表示满意的占比近半数，仅仅有5.6%的人表示不满意①。

三、少数民族习惯法在当今司法建设中的意义

少数民族习惯法作为中华民族习惯法的一部分，对当今中国的法治社会建设和司法制度建设均有重要意义。正如有学者所说："习惯法对于建设法

---

①　参见周世中等：《藏族习惯法司法适用的方式和程序研究》，载法宝网。

制社会具有重要意义。第一,中国复杂国情需要习惯法。中国是一个大国,幅员辽阔、民族众多,各地均具有适用于本地的习惯法;中国是一个古国,历史悠久、文化灿烂,现代化进程中交织各种思潮。第二,中国的深厚民意需要习惯法。以法律社会学角度审视习惯法,本质是某地人们长期生产、生活实践中形成定分止争的行为规范。中华文明连续传承使得中国习惯法民意基础深厚。第三,中国法律渊源需要习惯法。基于复杂国情、深厚民意,我们都应当重视习惯法。但是中国的法律渊源应当是以成文法为主体,以扬善弃恶后的习惯法为补充的有机统一整体。综上,习惯法伴随着国情、民意与时俱进不断扬弃,绝非法治领域的复古主义;同时习惯法作为成文法的有益补充,绝非否定现有的法律渊源体系。"①习惯法基于民族"共识"而生成,体现了深厚的民意基础,属于民族法律文化的"深层结构",故能发挥持续性影响。

有学者还指出:"习惯法对于深化司法改革具有重要意义。第一,有利于促进社会治理。转型时期中国应当注重自上而下管理、自下而上回应的良性互动。调动民间各种正能量的过程中难免产生一些矛盾,习惯法是有效化解矛盾的重要工具之一。第二,有利于实现定分止争。当下中国法治理想与现实国情之间有冲突,机械判决产生一纸空文不如对个案积极适用习惯法。不仅可以实现案结事了,而且可以树立法律权威。第三,有利于约束自由裁量。成文法的缺陷必然要求法官坚持司法能动主义,但是必须防控自由裁量滥用的风险。习惯法作为行为规范之一,既为自由裁量提供空间也对其进行约束。综上,习惯法作为社会主义法律渊源的有机组成部分,通过为个案解决提供更为广阔空间,有利于恢复社会秩序,成为司法改革的有益路径之一。"②

除了上述有利于促进社会治理、有利于实现定分止争、有利于约束自由裁量三者外,还有几点需要补充,即重视习惯法还有利于顺应民意、尊重共识、发扬优秀传统法律文化,从而使当前的司法改革更易得到民众认同、更能深耕于民意沃土之中,从而获得一种文化上的优势,这有助于凝心聚力,共促改革,大大减少各种人为的阻力,达到预期的目的。

少数民族习惯法至今仍有强大的生命力,而依据习惯法进行的"准司法"

---

① 汪世荣等主编:《中国边疆法律治理的历史经验》(上),法律出版社 2014 年版,第 85 页。
② 汪世荣等主编:《中国边疆法律治理的历史经验》(上),法律出版社 2014 年版,第 85 页。

同样也有生命力。正如专家所谓"它不可能轻易地退出历史舞台。正因为如此,习惯法在当代中国的少数民族地区仍然具有深厚的影响,各少数民族在观念、行为、制度各个方面都可发现古老习惯法的痕迹"①,此言不虚。习惯法凝聚着民族的历史智慧,契合民族的文化心理结构,潜移默化地影响着一个民族的价值观念、思维方式和行为模式,它也成为少数民族首领赖以解决纠纷的依据。我们将这种有别于国家司法活动的纠纷解决形式称为"准司法"。

下列话语同样值得思考:"各少数民族习惯法由于其是民族文化的主要载体,是民族精神的主要体现,它的不少内容如生产上互相帮助,生活上互相照顾,尊老爱幼、扶贫济困、禁偷戒盗、保护生产是积极的,有利于社会主义物质文明和精神文明建设,因而就受到各族群众的拥护和认同,愿意用习惯法来规范自己的行为,源远流长的习惯法在今天仍有一定的活力。"②

习惯法基于民族共识而形成,自然会有现实生命力,在维护社会秩序方面发挥着强大的功能。"少数民族习惯法作为一种社会规范,在各民族的社会生活中发挥着重要的作用,具有维持社会秩序、满足个人需要、培养社会角色、传承民族文化等社会功能,并有指引、评价、教育、强制、预测等规范功能。"③可以说,少数民族习惯法不仅成为"准司法"的依据,也深刻影响着国家司法权行使的方式和趋向。

美国著名法学家昂格尔在其著《现代社会中的法律》一书中曾指出:"礼并不是人们制定的,它是社会活生生的、自发形成的秩序,是一种虽有能力破坏却无力创造的秩序。"④又说:"礼是一个社会中存在的关于价值和观念的牢固的共识。"⑤这是对以儒家思想为主流的中国传统法律文化基本精神的揭示。"礼"是中国传统法律文化的核心符号,是一种"自发形成的秩序",类似于西方法律社会学所谓"活法",也就是中原汉族的习惯法。根据《唐律》的表述,亦即"本俗法"。昂格尔的理论同样适用于少数民族习惯法,少数民族的

---

①　高其才:《多元司法》,法律出版社 2009 年版,第 430 页。
②　高其才:《多元司法》,法律出版社 2009 年版,第 456 页。
③　高其才:《多元司法》,法律出版社 2009 年版,第 412 页。
④　[美]昂格尔:《现代社会中的法律》,吴玉章译,中国政法大学出版社 1994 年版,第 85 页。
⑤　[美]昂格尔:《现代社会中的法律》,吴玉章译,中国政法大学出版社 1994 年版,第 85 页。

"本俗法"即习惯法,是该民族千百年来积淀形成的"共识"的产物,也是一种自发形成的秩序,在调整少数民族地区社会秩序方面发挥着独特的作用,少数民族首领依据此种习惯法进行的化解纠纷的活动,属于"准司法"或"社会司法"的范畴,而国家司法在案件审断中对习惯法的适度援用以及对调解之类社会司法手段的采用,也反映了少数民族地区国家司法与社会司法(准司法)逐步融合的趋势,当然这种融合以不违反国家法律的根本原则为前提。

国家司法代表的是国家权力,社会司法(准司法)代表的是社会权力;前者具有强制性特点,后者具有劝诫性特点。有学者对汉族地区的乡规民约进行了研究,认为这种汉族的习惯法实际上代表了社会权力,并从历史上考察,指出社会权力实际上也是国家权力的早期母体,后者是对前者的有效补充。此观点有助于我们对少数民族习惯法及其与国家权力、社会权力之关系的认识。其论如下:"乡规民约的权力基础包括社会权力和国家权力两个重要方面。在对乡规民约的分析研究中,区分社会权力和国家权力基础的意义不仅在于从根本上发现乡规民约的运作机制和方法,而且可以认识乡规民约的本质属性,从而为中国的法治秩序的形成寻求更为合理的理想图景。从权力的历史渊源看,社会权力是一种遭遇国家权力而产生的权力形态,应该说,在没有国家之前,社会权力已经产生并发挥着组织人类生活的中流砥柱的作用。国家权力其实是社会权力的一种让渡或者说授权,也就是说,国家权力的本质是一种社会权力。我们也可以说,社会权力是一种母权力,国家权力是一种子权力。从这个意义上说,国家权力并不是对社会权力的取代,而是对社会权力的一种重要补充。我们明确这两种权力的主从关系,对于社会自治的重要规则的乡规民约而言具有重要意义。"①

以上话语留给我们的启示是:其一,国家权力的终极根源是社会权力;其二,乡规民约的终极权力基础是社会权力;其三,国家权力是对社会权力的必要补充;其四,乡规民约是一种社会规则,依据社会规则而有社会自治。同样的道理,依赖少数民族习惯法而有少数民族地区的社会自治,而社会司法("准司法")是社会自治的重要内容之一。

社会自治、社会司法与国家治理、国家司法相比,强制性较弱,带有"柔性

---

① 吕廷君:《论乡规民约的效力基础》,载《民间法》第七卷,山东人民出版社 2008 年版。

为治"的特点。有学者对此分析道："与国家权力相比,社会权力的暴力性特征比较弱。在一般意义上,我们可以说,国家权力产生之后,社会权力就把自己的暴力性传承给它,留给自己的主要是规劝、引导和教化。权力的暴力性特征的转移恰恰与国家制定法同乡规民约等民间法的规则相分离的过程是一致的。我们认为,与国家权力暴力性特征相比,社会权力的主要特征是其同意性。……社会权力是经过一定人群同意和认可的权力,未经同意和认可的社会权力就没有实际约束力。"①

这里有两点需要注意,一是社会权力与国家权力的分离导致社会权力之暴力特性的转移,社会权力的"柔性"特质逐步凸显;二是柔性社会权力的行使乃基于人们的"同意",这里的同意类似于昂格尔的"共识",不经同意的社会权力是没有约束力的。推而广之,少数民族习惯法是本民族地区行使社会权力的依据,乃基于其传承不辍的基本共识,没有共识则权力失效。社会司法权(准司法权)作为社会权力的一种,其行使的依据是社会规则,以及本民族的"共识",它是该民族共同的价值观念和思维方式,根植于其深层心理结构之中。

重视习惯法对现代司法文明建设也有积极意义,它不仅有利于促进社会治理、有利于实现定分止争、有利于约束自由裁量,还有利于顺应民意、尊重共识、发扬优秀传统法律文化,从而使当前的司法改革更易得到民众认同、更能深耕于民意沃土之中,从而获得一种文化上的优势,这有助于凝心聚力,共促改革,大大减少各种人为的阻力,达到预期的改革目的。

---

① 吕廷君:《论乡规民约的效力基础》,载《民间法》第七卷,山东人民出版社 2008 年版。

第十一章　司法与司法传统

　　司法传统是法律传统的一个重要组成部分,是一个民族主流"共识"的产物,是时时影响该民族司法意识的"潜流"和"活法",是一个民族代代相传的司法经验和司法智慧的积累和沉淀。

　　中国作为一个有着悠久传统的国家,在步入现代社会的同时不可能不回望历史,在构建现代法治文明的同时也不可能不关注法律传统,在进行司法改革时也不可能不借鉴司法传统。传统是文化的积淀,法律传统是法律文化的结晶,它不仅代代相传,而且会与时俱进地洋溢着生命力。

　　习近平总书记说:"抛弃传统、丢掉根本,就等于割断了自己的精神命脉。博大精深的中华优秀传统文化是我们在世界文化激荡中站稳脚跟的根基。中华文化源远流长,积淀着中华民族最深层的精神追求,代表着中华民族独特的精神标识,为中华民族生生不息、发展壮大提供了丰厚滋养。"[1]又说:"中华优秀传统文化已经成为中华民族的基因,植根在中国人内心,潜移默化影响着中国人的思想方式和行为方式。今天,我们提倡和弘扬社会主义核心价值观,必须从中汲取丰富营养,否则就不会有生命力和影响力。"[2]

　　对"传统"的重视,促使学界认真研究"传统"这一概念的定义、内涵及其传承流变等。根据学者的相关成果,"传统是流动于过去、现在、未来这整个时间性中的一种过程,而不是在过去就已经凝结成型的一种'客体'。……传

---

　　① 教育部课题组:《深入学习习近平关于教育的重要论述》,人民出版社 2019 年版,第233 页。

　　② 习近平:《青年要自觉践行社会主义核心价值观——在北京大学师生座谈会上的讲话》,载《人民日报》2014 年 5 月 5 日。

统既是主客体的关系,因此,传统是无法摆脱的,而只有创新。传统的确是不管我们愿不愿意,就先在于我们,而且是我们不得不接受的东西。但是主体在此过程中并非消极被动的,主体在与传统之间的理解、分析和互补关系中,体现着主动性。……传统是人类在改造自然的同时(包括改造自身)的实践活动进程中的产品。"①这可以说是学界对"传统"的一种权威解读,其中有几点需要注意:(1)传统是一个连接过去、现在和未来的动态的过程;(2)传统是主体与客体之间的一种关系;(3)传统是一种传承和创新的双重变奏;(4)传统是人类在改造社会、改造自然和改造自身过程中形成的经验积淀。

除了对传统的学理探讨外,学界还提出了构建"传统学"学科的设想。"所谓传统学,是关于研究传统发生、成长、发展的规则、原理与其各要素之间相互关系的学问,是传统的变异性与稳定性、内在性与外在性、特殊性与共相性的融突和合的学说。"②如果传统学学科能够建立起来,必将极大地促进学界对包括法律传统、司法传统在内的中国传统进行深入挖掘和系统清理,对中国传统的现代转化无疑也会发挥重要的作用。

中国的司法传统包括理念传统和制度传统,我国现代著名诉讼法学家陈光中先生出版的《中国古代司法制度》一书,对制度意义上的司法传统进行了深入探讨,提出了一些很有价值的见解。他指出:"关注和研究中国司法制度史,意义十分重大。首先,任何事物都不是凭空产生的,当今社会与历史之间有不能切断的连续性。……其次,人类社会的发展,无论表象多么绚丽万千、悲壮激烈,其实是有规律可循的。在不同的发展阶段所面临的基本问题也是有相通之处的,历史是过去的现实,可以为我们认识现实提供参照……对历史的了解越深透,对现实的认识就越清醒,对未来的预见也会更准确。再次,历史中蕴含了前人留下来的诸多经验和智慧,可供今人效法和借鉴;同时,历史中也包含前人所走的错路、弯路和诸多惨痛教训,值得今人认真总结、注意避免,以其激浊扬清,明辨是非。"③

他又指出:"中国古代司法制度根植于古代社会的经济基础,服务于君主专制的政治统治,并以儒家思想为主调的中华传统法律文化为底蕴。古代司

---

① 张立文:《传统学七讲》,长春出版社 2008 年版,第 5—6 页。
② 张立文:《传统学七讲》,长春出版社 2008 年版,第 10 页。
③ 陈光中:《中国古代司法制度》,北京大学出版社 2017 年版,第 2 页。

法制度史是一部司法文明史,崇尚明德慎罚、公正断狱、严核死刑,强调治吏监察,重视教化调解,凝聚着古代统治者运用司法手段治国理政的智慧和经验;同时它又是一部体现君主专制主义的历史,司法从属于行政、纠问式诉讼、刑讯逼供、供重于证、罪从供定等特征,反映了传统司法的野蛮和残酷。古代优秀的司法传统值得今人珍惜和传承,而那些落后的司法体制和具体制度则需要加以批判和摒弃。"①对中国司法传统加以辩证分析的态度是可取的,它提示我们,厘清司法传统中的精华和糟粕是对其进行创造性转化的必要前提。

拙著《中国传统司法文化研究》一书曾指出,中国传统司法制度"经过了数千年的发展,无论制度建设、活动原则、理论指导、法律规定,都基于中国国情形成了独有的特点,积累了丰富的经验,产生了深广影响。它是中华法制文明的重要组成部分,更是传统中国人理性与智慧的结晶。其中许多制度以及制度背后所体现的理念、技术乃至具体实践,都已经成为当今社会主义现代法治建设的不可多得的宝贵财富"②。

笔者在为该书撰写的序言中指出:"在中国传统司法思想中,儒家司法思想是其主流。儒家司法思想的基本特点是'仁道''中道''和谐',而'仁道'代表了儒家司法思想的基本价值取向。'仁道'是一种爱人之道,提倡对人的关爱、尊重,尤其强调尊重人的生命价值,这与今日的'人道主义'有相通之处。应该指出,封建时代的司法制度尽管并未全面贯彻儒家的'仁道'精神,但其中某些具体的司法制度还是体现了对'仁道'价值的追求。例如,封建时代的'直诉'制度是一种当事人可直接上访、上诉或起诉于中央司法机构的司法制度,对蒙受冤屈者能起救济的作用。再如,古代的赦宥制度是一种对重刑犯赦免宽宥的制度,客观上起到了减少死刑适用、减轻刑罚的作用。另外如'存留养亲'制度是一种对家无成丁奉养父母的罪犯进行宽宥的制度,该制度体现了某种人道关怀。还有如死刑奏报制度(唐代有'三覆奏''五覆奏'之说)、死刑监候制度(清代有'斩监候''绞监候'),体现了一种对死刑的慎重态度。如此等等。以上各种具体制度,在当时均有一定的合理性,都在一定程度上体现了'仁道'精神。"③

---

① 陈光中:《中国古代司法制度》,北京大学出版社 2017 年版,第 2 页。
② 崔永东:《中国传统司法文化研究》,人民出版社 2017 年版,第 53 页。
③ 崔永东:《中国传统司法文化研究》,人民出版社 2017 年版,第 1 页。

又指出:"民族文化的发展繁荣需要我们做到'返本开新',即继承民族传统文化中的优秀内容,又要有所创新(当然其中也需吸收其他民族文化中的优秀内容)。因此,我们理应对中华优秀传统文化给予必要的尊重,这种态度会衍生一种民族自信力。应当认识到,民族文化的创新是以民族文化的自信、自觉为前提的。对中国传统司法文化,我们在分清其精华糟粕的前提下,要着眼于发掘其中的优秀内容,让那些具有永恒价值的元素在今天的司法实践中仍发挥其生命力,使其成为今日新型司法文化构建的源头活水。我们认为,今日构建的新型司法文化,应该是既有民族特点、又能符合世界潮流的司法文化,是一种体现人道精神、展现人的尊严的司法文化。"[1]以上所说,是笔者长期以来从事司法传统研究的出发点和落脚点。

中国传统司法智慧是中国传统法律文化孕育的产物,对中国传统司法文明的演进起了不可忽视的促进作用,其人道性、正义性更是具有历久弥新的价值。在中国传统法律文化中,儒家、法家是两个影响深远的学派,其司法智慧也对司法实践影响颇巨,而且在今日仍有重要的借鉴价值,例如儒家的"德主司法""社会司法",法家的"信用司法""责任司法"等,至今仍有现实意义,可为现代司法改革提供有价值的精神资源和制度资源。

一、德主司法

"德主司法"是指以道德精神主导司法,它体现了儒家学派的司法智慧。儒家道德有着丰富的内容,但大略言之,以"仁道"为核心和主流。"仁道"即仁爱之道,强调尊重人、关心人、爱护人,特别是重视人的生命价值,这与现代的人道主义理念也有相通之处。应该指出,儒家的仁道思想在中国历史上产生了积极影响,此种影响亦及于传统司法制度,如录囚(由皇帝或高官平反冤假错案)、直诉(遇到冤案可直接申诉于中央)、赦宥(对死刑犯的赦免宽宥)、存留养亲(独子犯死罪可不执行,以便其奉养尊亲)、死刑覆奏(死刑执行前须向皇帝三次或五次奏报)、死刑监候(死刑缓期执行)等,无不体现了一定的仁

---

[1]　崔永东:《中国传统司法文化研究》,人民出版社 2017 年版,第 2 页。

道精神。虽然封建司法制度在整体上仍然偏于严酷,但上述制度的创设却在一定程度上稀释了其严酷性,而显示了某种人道温情。

德主司法既然是让道德主宰司法,当然要求司法人员必须具备高尚的道德,或者说必须具备人道情怀,例如儒家经典提倡的"好生之德"就是例证,它要求司法人员必须尊重人的生命价值,绝对不可嗜血成性,无视人的生命尊严,靠"刑杀"树威。在儒家看来,一切反仁道的司法活动都应受到道义的谴责。另外,司法人员还应当具备敬(严肃认真)、慎(小心谨慎)之类的道德素质,严肃认真、小心谨慎地对待司法活动,让每一个案件都经得起法律和历史的检验。

二、社会司法

"社会司法"是与国家司法相对应的概念,如果说国家司法是国家司法机关适用法律解决纠纷的活动,"社会司法"则是社会组织根据社会规则来化解纠纷的活动。社会司法这一概念来源于西方的法律社会学派,该派提出了著名的"活法"理论,认为活法即支配社会生活本身的法律,实际上就是社会规则,活法在调整社会秩序方面的作用甚至超过了国家制定法。该派主张,社会组织不仅可以依据社会规则来化解纠纷,甚至国家司法机关也可以依据社会规则进行裁判。

回首中国法律传统,儒家的"礼治"也包含了社会司法的内容。礼作为一种"活法",在民间社会发挥着强大的整合社会秩序的功能,礼治包含了宗族司法、村落司法、行会司法等内容,这种可统称为社会司法的民间司法制度,对民间社会的和谐稳定起着举足轻重的作用。过去有所谓"皇权不下县"的说法,即体制性力量不介入县级政权以下的基层社会,基层社会的治理模式是自治,自治的主体是宗族组织、村落组织、行会组织等,通过社会规则来化解纠纷。如此一来,除非重大刑案,国家司法权一般不会介入基层社会的自治,通过自治同样达到了基层社会的和谐稳定,甚至当上层社会因政权更迭而动荡时,基层社会仍然秩序井然。这种化解纠纷的自治实际上类似于法律社会学派所谓"社会司法"的内容。在目前中国注重提升社会治理能力的背景下,适当借鉴传统的社会自治模式很有必要。

三、信用司法

史载商鞅"徙木立信"的故事就反映了法家注重政治信用和法律信用的立场。政治家要讲政治信用，司法人员要讲司法信用，这是法家学派一再强调的。儒家的诚信观只是一种道德主张，是法家在中国历史上最早将信用作为一种法律主张明确提了出来，并作为对各级官员的一种法律要求。没有法律信用，就没有法律权威；没有司法信用，也就没有司法权威。法家所讲的"信赏必罚"就是司法信用问题，该罚的一定要罚，司法人员应当秉公执法，不能徇私枉法，否则司法不公将极大损害司法威信，导致整个法治大厦的崩塌。

这对我们来说是有启发意义的。我们的各级干部不仅要讲政治信用，还要讲法律信用，不能以骗治国，更不能以骗执法和司法。大到一个国家，小到一个单位，管理人员都要讲信用，哪怕是最基层的管理人员如果经常谎话连篇，都会严重影响基层单位的管理公信力，给单位的秩序带来严重伤害。司法不公本质上是一个司法信用缺失的问题，而司法信用的缺失必然导致司法公信力的下降、司法权威性的消解。因此，法家的法律信用、司法信用理论才对我们有着特别的借鉴意义。

四、责任司法

责任司法意味着司法人员必须对自己的行为负责，出了错案必须承担责任。在法家思想中，责任司法的理论源于责任行政的理论，因为当时的司法权与行政权不分家。责任行政的理论要求行政执法主体必须为自己的行为承担责任，为此，秦朝制定了完善的监察制度，对行政执法进行严密的监察，对执法主体的违法行为进行追究。根据当时的体制，司法权只是行政权的一部分，因此，对行政权的监察也包括了对司法权的监察，监察主体如果发现司法人员存在徇私枉法、司法不公问题，自然会对其加以惩戒。可以说，监察制度是当时司法责任制得以确立的前提。秦朝的司法责任制具有开创性,其法典《秦律》中规定的"不直""纵囚""失刑"等罪名就是例证。这对我们今天司法责任制的构建具有启迪意义。司法责任制是目前我国司法改革的核心,实现权责利的统一是司法改革追求的基本目标之一。

责任司法也是一种"治吏"司法,法家提倡"明主治吏不治民"(意思是治吏重于治民),要求将整治官员作风纳入法治化轨道。值得注意的是,这里的"吏"是当时的底层官员(高层官员称"官"),数量庞大,又与民众有着广泛的接触,其作风如何直接影响到官府在民众中的形象,也直接关系到民众的利益诉求与社会的和谐稳定。因此,法家才将治国的重点和政治的起点放在"治吏"上。这对我们是有启发意义的,中国当今的基层官员多如牛毛,他们代表政府直面群众,其一言一行都关乎政府形象与群众利益,即使基层的管理人员如果欺上瞒下、谎话连篇,毫无诚信可言,大搞权力寻租、中饱私囊,都会给单位、国家和群众的利益带来重大损害,甚至会影响到社会的和谐稳定。因此,治官应当从基层开始,它是政治的根基和法治的起点。应该指出,"吏"也包括基层司法官吏,对基层司法官吏也要从严治理,对其违法行为必须从严惩处,这样才能提高司法公信力。

责任司法也是严格司法,司法人员必须严格依法办事,慎重适用法律来化解纠纷,使有罪的人受到正义的审判,使无罪的人不被法律追究,从而使法律的公正性得以体现。严格司法使司法的严肃性得以彰显,司法不是儿戏,需要严肃认真、小心谨慎地对待,如此才能保证司法的权威性,而司法权威是法律权威得以彰显的前提,如果司法活动不严格依法进行,那法律还有什么价值可言?因此,严格司法作为责任司法的题中应有之义,理应受到高度重视。

第十二章　司法与司法公信力

一、司法公信力的概念和内涵

司法公信力是指司法赢得社会认同、公众信任的能力,这种能力取决于司法强制力、司法判断力、司法自控力和司法拒斥力方面是否能够得到社会公众的认同和信赖。司法公信力是司法权威的根基,一个缺乏社会认同和公众信任的司法体系,是没有任何权威性可言的。

司法公信力的确立与司法人员的自身素质和司法制度的设计安排有密切关系,但后者更为关键。司法权威是由司法强制力、司法判断力、司法自控力和司法拒斥力所构成的一种化解纠纷并引起社会认同的公共力量。

古希腊哲人亚里士多德说:"法治应当包含两重意义,已成立的法律获得普遍的服从,而大家服从的法律又应该本身是制定得良好的法律。"法律获得普遍的服从,意味着法律具有极大的权威,这既是一种立法权威,也是一种司法权威。换言之,能够获得普遍服从的立法与司法,必然是被公众信任和社会认同的。

司法强制力与司法判断力是司法公信的基础。司法公信力是司法活动和司法裁决所具有的不以当事人和相关人的意志为转移的国家强制力,司法权是一种作出终局裁决的国家权力,司法的功能在于公平而有效地解决纠纷。司法判断力是在案件的事实认定和法律适用问题上作出权威性判断的权力。

司法自控力和司法拒斥力是司法公信的保障。司法自控力就是司法自律的能力,即司法人员在外部的各种利益诱惑面前,能否控制私情私欲并保持对法律忠诚的能力。司法拒斥力是指司法排除一切外部力量对司法活动施加非法干预的能力。

司法公信力是由司法强制力、司法判断力、司法自控力和司法拒斥力"整合"形成的一种国家公权力量,是上述四种力量的"合力",并靠这种合力输出正义的产品,公平而有效地解决纠纷并得到社会的认同和大众的信赖。

2016年,上海市高级人民法院出台了《司法公信力指数》,指出:"司法公信力作为司法权内在品质和权威的表达,表明了司法权力机关所具有的能够被信赖、被认同的力量和效力,它的构建关联了司法制度、司法人员素质及社会的法律信仰等。因此,司法公信力指数的构建将从司法公信力的基本价值因素——公正高效的裁判结果、司法改革——从根本上破除影响司法公正制约司法能力的体制性机制性障碍、司法公信力的主体因素——司法人员能力和素质、司法公信力的心理因素——司法公开和公众的法律信仰等方面,确定对象和指标,坚持指标依据的具体化、数量化,通过提取审判管理信息系统自动生成的相关数据并进行指标设置、权数配置和运算,在对司法过程系统化检视的基础上,得出有数据支撑的公信力指数结果。"

应该指出,从公正高效的裁判结果、符合司法规律的司法改革、司法人员能力和素质、司法公开和公众的法律信仰四个方面进行的指数设计及其内涵阐释,对我们理解司法公信力的内涵有较高的参考价值。

二、司法公信力下降的原因

近年来,"案结事不了""暴力抗法"事件层出不穷,"缠诉缠访""信访不信法"现象也日趋严重,这反映了中国现代司法的信任危机。提升司法公信力,成了摆在当前决策部门和司法部门面前的严峻课题与重大任务,解决好该问题具有重要意义,因为提升司法公信力,是维护司法权威和法律尊严的前提条件之一;提升司法公信力,有助于依法治国方略的实施,有助于提高党和政府的权威;提升司法公信力,有助于减少上访、申诉和缠诉现象,从而节约司法资源,降低诉讼成本,并助推社会的和谐稳定。

目前,我国司法公信力的降低有着复杂的原因,既有司法体制方面的原因,也有法官素质、社会风气以及当事人心理等方面的原因。同时,司法公信力的下降与政府公信力的下降也是相伴而生的,政府公信力下降的原因也极为复杂,除了人治思维、官员腐败外,还有政治体制改革滞后等方面的原因。

现行司法体制确实对司法公信力的提升构成了一定的障碍,例如,司法权力的地方化使社会公众对司法的公正性产生严重的疑虑。设在地方的国家司法机关,在行使国家权力的过程中易受地方党政权力机关的不当影响、干预乃至控制,不能独立、公正地行使其司法权,以致司法公正难以实现,国家的法制统一不能得到保证。在一些情况严重的地方,设在地方的人民法院在某些方面、某些时候成为代表地方特殊利益的地方法院,有悖于司法权是中央事权的性质。这些地方,以权压法、以言代法和地方保护主义盛行都不同程度的存在。

审判独立作为一项人权和法治原则,早已被国际社会广泛接受,并且已经成为一项国际准则。我国宪法和法律中,也对依法独立公正地行使审判权作出了原则性的规定。但司法权力的地方化,不仅破坏了法制的统一和审判独立原则的实施,而且大大降低了社会公众对司法公正的信任程度,导致司法机关面临一定的信任危机。

同时,"司法行政化"(司法机关面临来自内外两个方面行政权力的制约和干预,实际上司法地方化也是司法行政化的另外一种表现形式)也有悖于司法规律,妨碍了司法的公正和效率,影响了司法的权威性和公信力。

有学者指出:"司法体制改革必须置于政治体制改革的大背景下进行考量才具有现实意义。在中国当下司法改革的进路中,首要任务即是让法院职能回到审判权本身,通过司法裁判解决社会争端,司法权依法独立行使就意义非凡。如果党委政法委或者人大常委会可以监督司法个案,依循这个逻辑,其他社会权力就也可以通过社会监督司法个案,司法权威就无从说起,司法正当性就是空中楼阁。……党的领导是思想领导、政治领导、组织领导,不是领导一切,也不是直接过问个案。对于司法权,执政党可以通过全国人大修改法律,废除法律,或者创制新法,借此来影响司法权的行使。"①司法体制改革需要解决党的领导与司法权之间的关系,应该指出,党对司法的领导是必要的,

① 王立峰:《法治中国》,人民出版社2014年版,第201页。

但党领导司法的方式需要改变。党的领导不是干预个案,而是对司法活动、司法政策进行宏观指导。司法体制改革本身就是政治体制改革的一部分,优良的司法体制是以符合司法规律为前提的,它也是司法公信力赖以提升的根本保障。

另外,一些法官的政治素质、道德素质与业务素质低劣,甚至徇私枉法、黑心裁判,也是导致司法公信力下降的重要原因。有学者将司法职业道德素质与"司法审慎"结合起来,指出后者是指一种高度谨慎认真、严格依法办案的专业化素养:"实现司法审慎,应着眼职业伦理建设,提高法官素养。司法审慎要求防止司法腐败,杜绝冤假错案。如果错案频出,裁判文书粗糙,就谈不到司法审慎。因此,司法人员的专业化是建立现代司法文明的关键的第一步。……积极采取有力措施,经常性开展职业道德教育,不断强化对法律的忠诚和对公平正义的信仰与追求,培养法官良好的职业道德品质。法官要忠诚于法律,法官要审慎。"[①]在"司法审慎"方面未能做到位,是司法职业道德素质和专业化素养欠缺的表现,也是导致司法公信力不彰的重要因素。

还应指出,当事人的心理障碍也是导致司法公信力下降的一个原因,一些当事人往往先入为主地认为法官都是"吃了原告吃被告"的人物,只要败诉就联想到法官的腐败和枉法裁判,而不去考虑自己的证据是否有问题,自己的行为是否符合法律规定。

三、破解"执行难",治理虚假诉讼, 是提高司法公信力的重要途径

法律的生命力在于执行,但因"执行难"导致的层出不穷的"法律白条"现象已经重创了司法公信力。对于如何破解执行难问题,专家学者纷纷建言献策。如有的学者指出:"由于缺乏全国统一的执行机构和执行网络,分散在各级法院的执行部门无法形成强大的执行合力,导致'执行难'现象层出不穷;执行过程中执行权和裁判权的集中,导致执行中违法行为和司法腐败现象的

---

① 王立峰:《法治中国》,人民出版社 2014 年版,第 198 页。

蔓延。只有进行执行体制改革,将执行职能从法院中分离出来,建立全国统一的执行机构,从保护债权人权益以及维护社会主义市场经济基本交易秩序的实际需要出发,建立起适合中国国情的执行体制,才可以改变中国目前的'执行难'和'执行乱'的现象,使执行中的司法腐败现象失去赖以生存的温床。"①应该说,上述主张如果能够实行,将有效缓解执行难问题,进而提高司法的权威性和公信力。

另外应当强调的一点是,如果能将破解执行难与社会诚信制度建设结合起来,也会有效缓解执行难。国务院《关于建立完善守信联合激励和失信联合惩戒制度,加快推进社会诚信建设的指导意见》,旨在建立对失信行为的联合惩戒机制,让那些失信的"老赖"们进入"黑名单",使其一处失信,处处受限,寸步难行。这对抑制执行难、培育诚实守信的社会风气无疑会发挥重要作用。

所谓虚假诉讼,是指恶意串通、虚构法律关系、捏造事实、伪造证据,通过诉讼、仲裁、调解等方式侵害国家、社会和他人利益或逃避法律文书确定的义务的行为。虚假诉讼也是司法失信的重灾区,故必须予以严惩。最高人民法院副院长江必新对虚假民事诉讼进行了界定:"当事人为获取非法利益或规避法定义务,与他人相互串通,采取伪造证据、捏造案件事实、虚构民事法律关系等方式提起民事诉讼,或利用恶意仲裁裁决、虚假调解文书、虚假公证文书申请执行,误导人民法院作出错误裁判或执行。"②

长沙市中级人民法院《关于防范和治理虚假民事诉讼行为的若干意见》(以下简称《意见》)第二条即对虚假民事诉讼的类型进行了概括:1. 民间借贷案件;2. 以设立建筑施工项目部的建筑施工企业为被告的借贷、买卖、租赁等财产纠纷案件;3. 涉及认定、处理夫妻共同债务的离婚、财产纠纷案件;4. 存在法律或政策限制的房地产权属纠纷案件;5. 以资不抵债的企业或其他组织为被告的劳务、财产纠纷案件;6. 以改制中的国有企业、集体企业为被告的财产纠纷案件;7. 以涉及拆迁安置补偿的自然人作为诉讼主体的分家析产、继承、房屋买卖合同纠纷案件;8. 涉及驰名商标司法认定的案件;9. 保险合同纠纷案

---

①　肖金泉等:《中国司法体制改革备要》,中国人民公安大学出版社 2009 年版,第 86—87 页。

②　马贤兴主编:《虚假诉讼防治的理论与实践》,人民法院出版社 2015 年版,"序"。

件；10.存在执行异议的执行案件；11.其他存在异常现象的案件。

该《意见》第三条又规定："具有下列情形之一的，可能属于虚假民事诉讼：（一）原告起诉所依据的事实与理由不合常理，证据的真实性难以确认；（二）当事人之间为亲属、朋友、关联单位或上下级关系，在诉讼中不存在实质性的对立；（三）原被告配合默契，一方对另一方诉请的事实与理由不合常理的自认，双方之间不存在实质性的诉辩对抗；（四）据以进行诉讼的民事法律关系不完全真实，存在虚构部分事实；（五）当事人从不到庭参加诉讼，委托代理人的委托代理手续存在伪造可能；（六）当事人无正当理由拒不到庭参加诉讼，委托代理人对案件事实陈述不清；（七）调解协议的达成、案件的执行异常容易；（八）人民法院不确认双方达成的和解协议原告即表示撤诉；（九）诉讼中有其他异常现象。"

应该说，上述《意见》是国内司法机关专门针对治理虚假诉讼问题而出台的最早的规范性文件，对打击虚假诉讼、树立司法诚信具有重要意义，值得在全国推广。国家立法机关亦可适时出台相关法律，对虚假诉讼问题进行全局性、根本性治理，从而推动司法公信力的提升。

在治理虚假诉讼方面颇有建树的长沙市天心区人民法院院长马贤兴在书中分析了虚假诉讼的危害："1.严重损害了他人合法权益。虚假诉讼当事人通过虚假诉讼转移、稀释自有或共有财产，或者侵夺他人财产时，严重损害了他人合法权益。2.严重损害司法权威和司法公信。虚假诉讼挑衅司法权威，裁判结果得不到普遍尊重，严重损害司法公信力。3.助推社会失信和道德滑坡。不诚信者获益，守法者受损的虚假诉讼无法彰显社会公平正义，严重损害社会诚信与道德根基，酿成无序、失范的社会生态。"[1]

诚如其言，虚假诉讼不仅严重损害他人合法权益，而且严重损害司法权威和司法公信力，更是助推社会失信和道德失范，故当严加惩治。马贤兴指出："法治体系、法治化的核心需要良善之法，需以诚实信用原则为指引，要能够弘扬社会诚信。虚假诉讼作为这些原则要求的反例，对其进行治理显得尤为重要。"[2]对虚假诉讼的治理就是对社会诚信的弘扬，也是对司法诚信的维护。

---

① 马贤兴主编：《虚假诉讼防治的理论与实践》，人民法院出版社 2015 年版，第 4 页。

② 马贤兴主编：《虚假诉讼防治的理论与实践》，人民法院出版社 2015 年版，第 13 页。

四、推进去行政化是提高司法公信力的根本途径

当前司法改革的焦点是去行政化,但去行政化在法院和检察院是有所不同的,具体地说,法院去行政化的力度要重于检察院,以保证法官独立行使审判权,检察权则兼有司法属性和行政属性,故去行政化的力度逊于法院,它需要在检察一体与检察独立之间寻求一种平衡。

对法院来说,审判权应当居于核心地位,审判管理权居于辅助地位。但实际情况却刚好相反:行政化的审判管理权居于核心地位,它干预、影响甚至是主宰了审判权,审判权失去了独立性和自主性。因此,法院系统的司法改革重在审判管理体制和机制的改革,舍此,则难以实现一种健康的审判权运行机制。

党的十八届四中全会决定提出"必须完善司法管理体制和司法权力运行机制",笔者认为改革并完善司法管理体制是完善司法权力运行机制的前提。最高人民法院的"四五改革纲要"也指出:"建立中国特色社会主义审判权力运行体系,必须严格遵循司法规律,完善以审判权为核心、以审判监督权和审判管理权为保障的审判权力运行机制。"可见,健康的审判权力运行机制应当以审判权为核心、以审判监督权和审判管理权为保障。

长期以来,法院的行政化审判管理权一头独大,不断通过各种明规则、潜规则来干预甚至是代行审判权,这是导致司法不公的主要根源之一,因而一直备受诟病。如所谓的院、庭长审批案件制度,导致办案法官只有审理权没有判决权;再如所谓"请示汇报"是指下级法院就案件的处理向上级法院请示报告,根据上级法院的明示或暗示来判决案件,这种潜规则几乎变成了明规则,使法定的审级制度形同虚设;还有,审判委员会制度的存在导致审、判分离,即审案者不判案、判案者不审案,违反了司法的亲历性原则。上述种种弊端,均源于审判管理的过度行政化,故对此行政化管理权的去除尤为必要。不过,也应具体问题具体分析,在目前的过渡阶段,某些体现行政化审判管理权的制度也不宜立即废除,如审委会制度虽有弊端,但在对其进行必要改革后,如逐步淡化其决定具体案件的功能,而强化其总结审判经验、实行类案指导的功能,

则该制度仍有一定的合理性。

更何况,审判管理权中一些行政化权力也不可能完全清除,如对人财物的管理必然是一种行政化的管理,而且,还存在着一种业务化的审判管理权,不但不能废除还应当适度加强,此类权力涉及流程监控、业绩考评、质量评查等,对保障审判权的正常运行起着不可或缺的辅助作用。因此,对审判管理权持辩证分析而不是全盘否定的态度是可取的。

法院的去行政化需要化解审判权与审判管理权之间的紧张。所谓"审判管理",有广、狭二义。广义的审判管理,指一切与审判工作相关的管理,甚至可扩张为整个法院的管理;狭义的审判管理,则主要指审判业务中的流程监控、质量评查、业绩考评及审委会服务等。审判管理是一种权力,即审判管理权。从狭义上看,它是指对审判人员与审判组织的办案质量及行为正当性的监控权和对审判活动的整体协调权,其构成要素是:审判环节协调权、审判质量控制权及审判行为监督权。

从广义上看,审判管理权又大致上可分为以下三种权力:行政化的审判管理权、业务化的审判管理权、监督性的审判管理权。行政化的审判管理权主要是指法院对人财物的管理权,案件审批制度赋予的院庭长对案件的把关审批权,请示汇报制度赋予的上级法院对下级法院请示案件的批准权,等等。业务化的审判管理权主要指审判管理部门所行使的权力,包括流程监控权、质量评查权、业绩考评权等。监督性的审判管理权主要指院庭长、审委会、专业法官委员会以及纪检部门对审判权的监督制约权力。

最高人民法院出台的"四五改革纲要"对审判管理改革提出了如下要求:"健全审判管理制度。发挥审判管理在提升审判质效、规范司法行为、严格诉讼程序、统一裁判尺度等方面的保障、促进和服务作用,强化审判流程节点管控,进一步改善案件质量评估工作。""完善法官业绩评价体系。建立科学合理、客观公正、符合规律的法官业绩评价机制,完善评价标准,将评价结果作为法官等级晋升、择优遴选的重要依据。建立不适任法官的退出机制,完善相关配套措施。"可见,"纲要"对审判管理的理解也是狭义的,主要包括审判流程节点管控、案件质量评估、法官业绩评价等。

审判管理这一现象并非只有中国才存在,国外同样有审判管理。例如,美国州法院"全国中心"就是一个独立的进行法院管理的组织,除了对案件进行审限管理外,还对美国州法院运行情况进行测评,类似于我国法院的质效评估。测评数据供有关法院参考。测评的指标共有 10 项:1. 便利性与公平性;2. 收结案比例——看是否有案件积压;3. 结案率;4. 案件审理天数;5. 庭审日期的确定性;6. 案件卷宗的可靠性和完整性;7. 罚款决定的执行;8. 陪审员的有效利用;9. 法院雇员工作热情;10. 案件成本。

审判管理改革的关键在于去行政化("地方化"只是行政化的另外一种表现形式),但去行政化只是去除过度的行政化,并非去除所有的行政化因素。有人群的地方就会有管理,有管理的地方就会有行政化因素。今后,业务化的审判管理会逐步加强,监督性的审判管理也会有所增强,而行政化的审判管理会逐步式微但不会归零。这就是审判管理改革的一种趋势。

审判管理改革还需回应目前司法体制改革的一些焦点、难点问题,如以审判为中心的诉讼制度改革的问题,庭审实质化与认罪认罚从宽的关系问题等,要通过审判管理对庭审实质化与认罪认罚从宽进行合理化的程序安排。以审判为中心的诉讼制度改革的核心在于庭审实质化,庭审实质化意味着"法官说了算",它表现为如下两点:一是庭审不能走过场,不能搞先定后审,不能进行庭前预断,要确保事实查明在法庭,证据认定在法庭,裁判形成在法庭,诸如举证、质证、认证等都要严格按照法定程序进行;二是要求充分发挥审判权对侦查权、审查起诉权的引导制约作用,使公检法三种权力之间不但要相互配合,更要相互制约,如此才能防止冤假错案。

庭审实质化凸显了法官在整个诉讼程序中的主导地位和主宰作用,它有助于法官独立审判,有助于法院"去行政化",有助于实现"权责统一"这一司法改革的基本目标。其意义已经远远突破了程序法的范围,而影响到整个司法体制改革的推进,并且成为司法改革的"点睛之笔"。显然,去行政化(包括去地方化)将对提升司法公信力发挥着至关重要的作用。

五、以司法公开助推司法公信

来自西方的法谚云:"正义不仅要实现,而且要以人们看得见的方式实现。"以"看得见的方式"实现正义,就需要司法公开。其中蕴含的意思是:司法公开是实现司法公正的前提之一。西方国家的司法公开是指审判公开,因其司法机关即法院,检察机关一般属于行政机关。审判公开在西方有着悠久的传统,当今西方各国均将审判公开作为一个重要的司法原则①。

司法公开的落实有助于推进司法公信,但提高司法公信力光靠司法公开是远远不够的。正如学者所说:"司法公开是司法公信力的基础,但司法公开并不自动实现公众对司法活动过程和结果的信任与认同。司法公信力还与司法独立、司法工作作风、司法过程、司法结果等方面密切关联。"②

从中国目前有关司法公开的种种举措看,主要是审判流程公开、庭审活动公开、裁判文书公开、执行信息公开。并倡导"公开为原则,不公开为例外"的原则。有学者指出:"审判公开原则,就是法院开庭审判时允许诉讼参与人以外的人在场旁听。这一原则是对秘密审判的改革,是司法民主的体现。审判公开,使在场观众亲自了解审判过程,便于发现明显的执法不公,甚至违法现象。这是公众对审判的一种监督形式。现代东西各国均以审判公开作为一条重要的诉讼原则。除对青少年犯罪、涉及隐私的案件秘密审理外,审判都是公开的。"③这段话揭示审判公开是公众监督审判的一种形式,其目的在于监督司法不公、促成司法公正。

另有学者指出:"理想的公开审判应该是指案件的审理过程、庭审中的法官心证和最终裁判理由与裁判结果的公开。其中裁判理由的公开是公开审判中最具实质意义的公开。它要求法官在依据证据规则判断事实的基础上,依据法律、正义、理性,对欲适用的法律进行解释说明,以达到说理清楚、裁判服人的目的。"④

还有学者指出:"没有公开就没有正义,公开是正义的灵魂。司法公开作为解决我国当前司法难题的重要手段,事关民众知情权、表达权、监督权之实现,亦关涉司法公正、司法效率、司法公信等价值目标之达成。"⑤这段话言简意赅地说明了司法公开与司法正义(公正)之间的关系,并且将其与司法公

---

① 参见崔永东:《司法改革与司法公正》,上海人民出版社 2016 年版,第 77 页。
② 郑飞:《论提升司法公信力的路径》,载《证据科学》2015 年第 1 期。
③ 王以真主编:《外国刑事诉讼法学》,北京大学出版社 1994 年版,第 29 页。
④ 尚洪立主编:《司法改革前沿问题研究》,人民法院出版社 2011 年版,第 11 页。
⑤ 梁平:《司法公开问题重拾》,载《"依法治国与司法公开"研讨会论文集》,打印本,2014 年。

信、司法效率等联系了起来,颇有见地。该学者还指出:"阳光是最好的防腐剂,公开是最佳的消毒液。通过司法公开,可以让当事人和社会公众看到、听到、感受到司法的过程和结果,使公正得到公众认可;可以倒逼法官提升司法能力、规范司法行为、优化司法作风。"①

上海市高级人民法院在 2015 年制定的《关于推进阳光司法、透明法院建设的意见》指出:"推进阳光司法、透明法院建设是实现司法公正、促进司法民主、提升司法公信力的重要保障。"在推进司法改革试点工作中,上海市高院着力打造司法公开平台,在审判流程公开、庭审和听证公开、裁判文书公开、执行公开等方面采取了多项举措,受到了公众的好评。

笔者认为,司法公开确有抑制司法腐败的作用,因为阳光是最好的防腐剂,那些私下的勾当、那些背后的利益输送等,都属于"见光死"。司法公开使司法权的运行透明化了,因而更易被监督制约,权力寻租的腐败行为自然会受到抑制。另外,司法公开有利于提升办案质量和效率,办案质量不高、效率低下的办案人员暴露在众目睽睽之下,无地自容,自然会"倒逼"其提高能力和素质,力争把案子办好。再者,司法公开也有助于提高法官、检察官的责任感,有助于提高其权责统一的意识,法官、检察官要为自己行权负责,权大责任也大,违法行权必会被追责。此即"倒逼"其依法行权。总之,通过实行司法公开,产生一种"倒逼机制",即倒逼司法公正、倒逼办案质量和效率、倒逼权责统一、倒逼改进司法作风和提升司法公信——这些正是司法改革所追求的基本目标。

六、加强监督以促进司法公信

有权力必有制约,不受制约的权力必然腐败。这是权力运行的规律,审判权也不例外。去行政化改革并非意味着让审判权完全不受制约,而是在尊重审判权独立运行的前提下将其纳入有效的监督制约之中,以防止权力的滥用

---

① 梁平:《司法公开问题重拾》,载《"依法治国与司法公开"研讨会论文集》,打印本,2014 年。

和腐败。正如有学者所说:"在司法独立行使职权的背后,必然有防止权力腐化的考虑,因此必须在道德要求之外,设计有效的监督机制,来平衡其独立性。"①"司法越独立,就越需要对司法进行有效的监督,以防止权力滥用。监督实际上就是对权力的一种制约和规范,它是确保权力正常运行的有效手段,是防止权力滥用的利器。"②

"四五改革纲要"将审判监督权与审判管理权都视为审判权的保障性权力,其实可以将审判监督权当作广义的审判管理权的一部分,尤其是审判机关的内部监督更与审判管理密不可分(但审判机关的外部监督不属于审判管理),这种监督主要是一种业务性监督,如上级法院的审级监督,院庭长、审委会、审管部门及专业法官会议的业务监督等,基本上类同于业务性的审判管理。

"四五改革纲要"一方面提出健全内部监督制约机制的观点,主张"建立主审法官、合议庭行使审判权与院、庭长行使监督权的全程留痕、相互监督、相互制约机制,确保监督不缺位、监督不越位、监督必留痕、失职必担责";另一方面又提出健全审判管理制度,主张"发挥审判管理在提升审判质效、规范司法行为、严格诉讼程序、统一裁判尺度等方面的保障、促进和服务作用,强化审判流程节点管控,进一步改善案件质量评估工作"。由此可见,法院内部的监督与管理实际上是一体两面。

党的十八届四中全会决定指出:"明确司法机关内部各层级权限,健全内部监督制约机制。司法机关内部人员不得违反规定干预其他人员正在办理的案件,建立司法机关内部人员过问案件的记录制度和责任追究制度。完善主审法官、合议庭、主任检察官、主办侦查员办案责任制,落实谁办案谁负责。"另外,该决定还提到了审级监督问题:"完善审级制度,一审重在解决事实认定和法律适用,二审重在解决事实法律争议、实现二审终审,再审重在解决依法纠错、维护裁判权威。"③

应当指出,我国宪法和法律均有法院内部监督工作的规定。如《宪法》第

———
① 王立峰:《法治中国》,人民出版社2014年版,第203页。
② 缪蒂生:《当代中国司法文明与司法改革》,中央编译出版社2007年版,第204页。
③ 《中共中央关于全面推进依法治国若干重大问题的决定》,人民出版社2014年版,第22—23页。

一百三十二条第二款规定："最高人民法院监督地方各级人民法院和专门人民法院的审判工作，上级人民法院监督下级人民法院的审判工作。"最高人民法院发布的《关于规范上下级人民法院审判业务关系的若干意见》第一条规定："最高人民法院监督指导地方各级人民法院和专门人民法院的审判业务工作。上级人民法院监督指导下级人民法院的审判业务工作。监督指导的范围、方式和程序应当符合法律规定。"

最高人民法院公布的《人民法院第四个五年改革纲要（2014—2018）》（简称"四五改革纲要"或"四五纲要"）积极贯彻中共十八届四中全会精神，将四中全会决定中有关加强司法机关内部监督的要求具体化了。如提出"完善主审法官、合议庭办案责任制"，要求"按照权责利相统一的原则，明确主审法官、合议庭及其成员的办案责任与免责条件，实现评价机制、问责机制、惩戒机制、退出机制与保障机制的有效衔接。主审法官作为审判长参与合议时，与其他合议庭成员权力平等，但负有主持庭审活动、控制审判流程、组织案件合议、避免程序瑕疵等岗位责任。科学界定合议庭成员的责任，既要确保其独立发表意见，也要明确其个人意见、履职行为在案件处理结果中的责任。"

"四五改革纲要"又提出"健全院、庭长审判监督机制"，要求"明确院、庭长与其职务相适应的审判监督职责，健全内部制约监督机制。完善主审法官会议、专业法官会议机制。规范院、庭长对重大、疑难、复杂案件的监督机制，建立院、庭长在监督活动中形成的全部文书入卷存档制度。依托现代信息化手段，建立主审法官、合议庭行使审判权与院、庭长行使监督权的全程留痕、相互监督、相互制约机制，确保监督不缺位、监督不越位、监督必留痕、失职必担责。"

"四五改革纲要"还提出了"完善司法廉政监督机制"的要求，指出："改进和加强司法巡查、审务督察和廉政监察员工作。建立上级纪委和上级法院为主、下级法院协同配合的违纪案件查处机制，实现纪检监察程序与法官惩戒程序的有序衔接。建立法院内部人员过问案件的记录制度和责任追究制度。依法规范法院人员与当事人、律师、特殊关系人、中介组织的接触、交往行为。"

上述规范性文件表明中央决策部门和最高国家司法机关都非常关注司法机关的内部监督问题，因为内部监督的好坏直接关系到司法权运行机制改革的成败，并影响到司法公正能否实现及司法公信力能否提升这样的大问题。

按照最高人民法院"四五改革纲要"的表述:"建立中国特色社会主义审判权力运行体系,必须严格遵循司法规律,完善以审判权为核心、以审判监督权和审判管理权为保障的审判权力运行机制,落实审判责任制,做到让审理者裁判,由裁判者负责。到 2015 年底,健全完善权责明晰、权责统一、监督有序、配套齐全的审判权力运行机制。"

这就是说,审判监督权与审判权、审判管理权等权力一样,都是社会主义审判权力运行体系里边的重要内容,三权之间的合理配置有助于司法责任制的落实,有助于"权责统一"目标的实现,当然也有利于司法公正的实现。只有在达成权责统一的基本目标后,才最有可能实现司法公正这一终极的司法价值①。而司法公正也正是司法公信力赖以产生的根基。

监督,就是监视、督查的意思。监督不能仅靠法院内部监督,还应当强化外部监督。在我国,此种外部监督包括权力机关监督、政党团体监督、人民群众监督、新闻舆论监督和检察机关监督等,特别是检察机关的监督,在理论上更为有效。人民检察院是我国宪法规定的法律监督机关,但实践中其法律监督功能并未发挥到位,存在"软"(监督乏力)、"盲"(监督存在盲区)等问题,因此,"应加大法律监督的力度,发挥检察机关法律监督职能作用,有针对性地确定监督重点,规范权力运作,确保监督实效"②。应该说,检察机关实行有效的法律监督,是推进法院司法公信力建设的必要途径。

上海司法改革的试点经验表明,"放权"与监督、管理是法院司法改革的三个重要方面。放权意味着通过去行政化将办案决定权"放还"于办案法官,而监督和管理是不可或缺的:"在司法体制改革中,既要研究如何给法官充分'放权'。确保法官独立行使审判权;又要研究如何防止法官自由裁量权的滥用,加强对审判权的管理和监督,建立符合司法规律的对司法权的法律监督、社会监督、舆论监督、内部监督机制,处理好审判、管理、监督'三权'之间的关系,确保审判权依法公正独立行使。"③处理好审判、管理、监督三种权力之间的关系,是目前我国法院独立公正行使审判权的前提,也是司法公信力赖以提

---

① 参见崔永东:《司法改革与司法公正》,上海人民出版社 2016 年版,第 47—48 页。

② 缪蒂生:《当代中国司法文明与司法改革》,中央编译出版社 2007 年版,第 208 页。

③ 崔亚东主编:《上海法院司法体制改革的探索与实践》,人民法院出版社 2018 年版,第 325—326 页。

升的前提之一。

七、实行司法责任制助推司法公信

最高人民法院"四五改革纲要"提出要"健全完善权责明晰、权责统一、监督有序、配套齐全的审判权力运行机制",其中"权责统一"是本轮司法改革亟须落实的基本目标之一。司法改革正从"还权"(放权)与"归责"两大方向上发力,前者指将办案决定权归还于一线办案人员(主审法官或独任法官),后者指拥有办案决定权的法官必须承担相应的责任,从而实现"权责统一"。这就涉及司法责任制的落实问题,司法责任制是司法改革的关键或谓"牛鼻子",而落实司法责任制需要"还权",即改变过去那种审者不判、判者不审和集体负责、集体免责的权力与责任相分离的审判模式,让权力与责任融为一体,以确保司法公正。

《上海法院司法体制改革的探索与实践》一书认为司法责任主要包括以下四个方面的内容:(1)司法责任制以严格的审判责任制为核心;(2)司法责任制以科学的审判权力运行机制为前提;(3)司法责任制以明确的审判组织权限和审判人员职责为基础;(4)司法责任制以有效的审判管理和监督制度为保障。该书还指出:"司法责任制改革是促进严格公正司法、提升司法公信力的迫切需要。……直接关系到法官能否独立行使审判权;审判管理权、监督权行使是否合理规范;差错案件责任追究能否到位等,对实现公正司法,提升审判质量、审判效率、司法公信力,让人民群众在每一个司法案件中感受到公平正义,具有重要保障作用。"[1]这里指明了落实司法责任制对司法公信力建设的助推作用。

上海市高级人民法院出台的《关于完善司法责任制的实施意见》,其中第一条指出:"全面落实司法责任制,要以科学的审判权力运行机制为前提,规范独任法官、合议庭、审判委员会等裁判组织的运行机制,体现审判权的独立

---

[1]　崔亚东主编:《上海法院司法体制改革的探索与实践》,人民法院出版社 2018 年版,第103 页。

性、中立性、亲历性、程序性、终局性特征,落实'让审理者裁判';要以明晰的审判组织权限和审判人员职责为基础,理顺各审判组织之间权责关系,健全完善审判人员权力清单制度,切实做到法定职责必须为,法无授权不可为;要以严格的审判责任制为核心,坚持主观过错与客观行为相结合原则,完善违法审判责任追究制度,健全完善符合司法规律的案件质量评价机制,落实'由裁判者负责';要以有效的审判管理和监督制度为保障,按照监督有序、制约有效、失职有责的原则,完善审判权监督制约机制,确保司法公正高效权威。"

司法责任制号称是司法改革的"牛鼻子",它与法官身份保障制度实际上是一体两面。目前的司法体制改革强调"去行政化"和"去地方化",主要解决"还权"(放权)的问题;司法队伍建设通过"员额制"改革实现精英化、职业化,主要解决"归责"的问题。应该说,司法改革的价值取向是司法公正与司法效率,而司法改革的基本目标则是"权责利统一"。目标应该是具体的、制度性的;价值取向是抽象的、精神性的;具体目标的达成有助于价值取向的实现。所谓"权责利统一",不但意味着权力与责任的统一,还意味着权力与利益的统一,这里的利益就是法官身份保障制度。法官身份保障制度除了指法官的物质待遇外,还包括如下一些权利:司法豁免权、延迟退休权、自由心证权、不可任意撤换权等。其核心在于,法官非因法定事由、非经法定程序,不得被追责。此亦即中共十八届四中全会提出的"建立健全司法人员履行法定职责保护机制"之含义。

因此可以说,司法责任制度的配套制度是法官身份保障制度。所谓身份保障制度,是指法官非因法定事由、非经法定程序,不得将其调离、辞退、免职、降级。从国外法治发达国家的相关经验看,法官身份保障制度赋予了法官较多的权利,如司法豁免权、延迟退休权、自由心证权和不可任意撤换权等。其中的司法豁免权是指在法官履职过程中所实施的行为和发表的言论不受追究,除非因故意或重大过失而导致裁判错误。我国亦可适当借鉴上述经验,构建中国的法官身份保障制度。中共十八届四中全会已经提出"建立健全司法人员履行法定职责保护机制","四五改革纲要"则对此进一步细化:"合理确定法官、审判辅助人员的工作职责、工作流程和工作标准。明确不同主体、不同类型过错的甄别标准和免责事由,确保法官依法履职行为不受追究。非因法定事由,未经法定程序,不得将法官调离、辞退或者作出免职、降级等处分。

完善法官申诉控告制度,建立法官合法权益因依法履职受到侵害的救济机制,健全不实举报澄清机制。"今后,各级法院应当依据上述精神制定实施细则,使司法责任制度与法官身份保障制度能够相向而行,从而助推司法责任制改革的成功。

上海市高级人民法院出台的《关于完善司法责任制的实施意见》也对法官依法履职保障问题进行了规定,第七十二条:"建立健全保障法官依法履行职责的保护机构和工作机制,进一步完善保障法官职务身份、履职履责、人身安全的各项制度安排。依法保护法官及其近亲属的人身和财产安全,对恐吓、威胁、侮辱、跟踪、骚扰、伤害法官及其近亲属等违法犯罪行为,以及侵犯法官人格尊严,或者泄露依法不能公开的法官及其亲属隐私,干扰法官依法履职的,职能部门应当依法及时处置。对超出职能部门职权范围的,应当及时报请上级机关和相关部门依法查处。"

完善并落实错案责任追究制度也有助于提升司法公信力。由于错误裁判效应远大于正确裁判效应,其负面影响直接导致法院乃至整个司法机关公信力的下降。因而目前司法管理改革的一个重要方向,就是着力建立如何减少错误裁判即错案发生的制度与机制。通过对这种司法终端错案的有效控制,促进法院乃至整个司法机关工作作风、工作方式的转变,以审判公正主导和保证司法公正。建立减少错案发生的制度和机制,应当用权力制约权力,用外部力量监督权力,一方面保证权力拥有者正当行使权力,另一方面当权力发生变异时能及时得到有效控制,并使错误用权者得到恰如其分的处理。

八、司法公信力的提升之路

司法公信力是指司法赢得社会认同、公众信任的能力,这种能力取决于司法强制力、司法判断力、司法自控力和司法拒斥力方面是否能够经得起社会公众的认同和信赖。司法公信力是司法权威的根基。司法公信力是由司法强制力、司法判断力、司法自控力和司法拒斥力"整合"形成的一种国家公权力量,是上述四种力量的"合力"。

著名法学家陈光中先生认为,司法公信力植根于司法公正,司法公信力既取决于实体公正,即要有公正的处理结果,保证无罪的人不受刑事追究;还取决于程序公正,如审判不独立、刑讯逼供①。此种判断与笔者不谋而合。正如上文所言,司法公信力是四种力量的合力,其目标是司法公正,并输出正义的产品,受到公众的认可和信任。

要化解中国司法的信任危机,首先要通过去行政化等改革举措构建一种符合司法规律的体制机制;其次要着力破解执行难和惩治虚假诉讼,以推进司法诚信;最后,通过推进司法公开、强化监督、健全司法责任制等手段来助推司法公信。相信通过此类"组合拳"会逐步缓解中国司法的信任危机,并进而提升司法公信力,同时还会助推中国社会诚信体系的建设,因为司法公信是社会诚信的基础,司法公信力建设是社会诚信体系建设的"底层建筑",打好基础就能筑牢社会诚信体系的大厦。因此,全面提高司法公信力,不仅是当前我国司法改革的基本目标,同时也有助于中国道德文明的建设,并极大地推动中国司法文明乃至整个社会法治文明的进步。

---

① 参见陈光中:《略论司法公信力问题》,载《法制与社会发展》2015 年第 5 期。

第十三章　司法与准司法

一、什么是"准司法"

有一种观点认为,"准司法"就是社会司法。社会司法强调根据社会规则或民间规则进行"司法活动",这种司法活动是指以社会制裁力为后盾的调解、仲裁之类的行为。应该说,国家司法体现了国家权力和国家意志,而社会司法则体现了社会权力与社会意志。另外还应看到,即使在国家司法层面上,法官也并不完全依照国法(国家制定法)进行裁判,而是在某些情况下依照"活法"即社会规则进行裁判,此类司法活动并非纯粹意义上的国家司法——要求严格依照国法裁判,故称其为"半国家司法"或"弹性司法"较为恰当。本章正是从以上两个层面上来理解"准司法"的。

我国学界对"司法"一般作狭义理解,如称司法即"国家司法机关根据法定职权和法定程序,具体应用法律处理案件的专门活动"①。或称"司法是国家的一种职能活动,是国家行使司法权的活动。国家通过司法机关及相关机关处理案件,解决争讼,惩治犯罪,实施法律"②。

应该说,上述对"司法"的理解过于强调了国家对司法或司法权的垄断性,突出了司法的国家强制性与司法权行使中的程序性及国家意志的主宰性,在内涵上略显单一和闭塞,因而展示了一种相当的局限性,它并未穷尽"司

---

① 沈宗灵主编:《法学基础理论》,北京大学出版社 1988 年版,第 373 页。
② 陈光中:《中国司法制度的基础理论问题研究》,经济科学出版社 2010 年版,第 5 页。

法"的全部应有之义。因此,全面理解和把握司法概念的含义很有必要,这需要拥有一种宏观和开放的视野,即超越国家意志、国家权力之外,具备一种社会视野,领会司法的社会属性。

有学者指出:"司法权是一种特殊的权力,它是介于国家权力和社会权力之间的权力。"①其实,司法权既是一种国家权力,也是一种社会权力,后者是一种更为根本性的权力。"从权力的历史渊源看,社会权力是一种早于国家权力而产生的权力形态,应该说,在没有国家之前,社会权力已经产生并发挥着组织人类生活的中流砥柱的作用。国家权力其实是社会权力的一种让渡或者授权,也就是说,国家权力的本质是一种社会权力。我们也可以说,社会权力是一种母权力,国家权力是一种子权力。从这个意义上说,国家权力并不是对社会权力的取代,而是对社会权力的一种重要补充。"②

另有学者说:"司法是法治社会中一个极富实践性的基本环节,是连接国家与社会之间的主要桥梁,是法律制度是否完备的检测站,是实现公平正义的殿堂。它既是一个以审判为核心的、结构明晰、内容确定、层次分明的开放性体系,又是一个处于不断发展中的概念。……司法的核心部分是比较确定的,它是指以法院、法官为主体的对各种案件的审判活动。司法的外围则不那么确定,甚至是不确定的。这部分内容可以划分为两个基本类型:其一是基本功能、运行机制和构成要素与法院相类似的'准司法'活动,主要包括行政裁判、仲裁和调解;其二是围绕审判和准司法而开展的或者以此为最终目的而出现的参与、执行、管理、服务、教育和宣传等'涉讼'性活动。此外,国际司法和国内违宪审查在司法的概念体系中占有重要地位。所有这些综合起来就构成了以法院审判为核心向外呈放射状的具有复合性、开放性的'多元一体化'司法概念体系。"③

该学者又说:"……在现代意义上,司法是指包括基本功能与法院相同的仲裁、调解、行政裁判、司法审查、国际审判等解纷机制在内,以法院为核心并以当事人的合意为基础和国家强制力为最后保证的、以解决纠纷为基本功能

① 黄竹生:《司法权新探》,广西师范大学出版社 2003 年版,第 4 页。
② 吕廷君:《论乡规民约的效力基础》,载《民间法》第 7 卷,山东人民出版社 2008 年版,第25 页。
③ 杨一平:《司法正义论》,法律出版社 1999 年版,第 25—26 页。

的一种法律活动;在不太严格、比较宽泛和更普通的意义上,司法还包括与上述法律性活动具有密切联系的其他各种活动。"①这一对"司法"的广义理解使"司法"变成了一个富有弹性和张力的概念,应该说它更符合当代世界的司法潮流与中国当前的司法实践。

"社会司法"依据的是民族习惯或当地惯例,这些习惯或惯例有着久远的历史传承,与一个民族或一地群众的文化心理结构有着深深的契合。这就决定了中国的法治建设不能将其作为自己的对立物或排斥物,而是应当有一种宽容或吸纳。"除了立法或移植的法律能与传统习惯惯例之间有某种兼容,否则这些法律就无法在功能上逐步替代传统的习惯和惯例。无论立法者或法学家如何精心设计,无论理论上一个移植的法律是如何之好,都可能因为其是外生生物而不能被接受。""在中国的法治追求中,也许最重要的并不是复制西方法律制度,而是重视中国社会中的那些起作用的,也许并不起眼的习惯、惯例,注重经过人们反复博弈而证明有效有用的法律制度。否则的话,正式的法律就会被规避、无效,而且可能会给社会秩序和文化带来灾难性的破坏。"②

应该指出,我国学界对"社会司法"的理解受到了西方法律社会学理论的影响。法律社会学在西方是一门"显学",影响很大,其代表人物即奥地利著名法学家尤根·埃利希。他提出了著名的"活法"论,"活法"即社会规则。其所著《法律社会学基本原理》一书指出:"法律发展的重心不在立法、不在法学、也不在司法判决,而在社会本身。"③这是将社会当成法律发展的原动力。

埃利希说:"社会——如果那个时代人们会使用这个术语——不是凭借法律规则来维持它的平衡,而是依靠其联合体的内部秩序来维持它的平衡。"④这里所谓"联合体的内部秩序",实际上就是靠"活法"及依其进行的"社会司法"活动所形成的秩序,埃利希认为这种内部秩序适应了社会的内在需求,因而有一种长期稳定的平衡。

埃利希通过研究法律史,得出了如下结论:"最初立法和司法都超出了国

---

① 杨一平:《司法正义论》,法律出版社 1999 年版,第 26 页。

② 朱苏力:《法治及其本土资源》,中国政法大学出版社 1996 年版,第 37 页。

③ Eugen Ehrlich, *Fundamentles of the Sociology of Law*, select from *The Great Legal Philosophers*, University of Pennsylvania Press 1958, p.437.

④ [奥]尤根·埃利希:《法律社会学基本原理》,叶名怡等译,中国社会科学出版社 2011 年版,第 6 页。

家的范围和领域。司法并不起源于国家,它在国家存在之前就已产生。"他区分了"国家司法"与"社会司法",并认为诸如荣誉法院、纪律法院、仲裁法庭、社团法院、调解法庭等均属于执行"社会司法职能"的组织,它们依据社会规则进行准司法活动。当然,这里的所谓"法院"或"法庭"并非代表国家权力,而是行使社会权力的社会组织。

他说道:"至于那些非属国家司法机构的法庭,人们不再主张,此类法庭必须以法律命题为基础来裁判案件。国家的行政法院、警察机关、纪律法院、人民代表机构的首脑必须经常基于道德、伦理习俗、荣誉、礼仪、言行得体、礼节等规范作出裁判。这更久适用于非国家的法庭、各种各样的仲裁法庭、社会法院、荣誉法院、卡特尔法庭、信托法院、工会法院和会所法院。……以上所有的这些法庭都是由社会自己建立和维持的法院,它们的裁决主要以非法律规范为基础,它们开展了富有成效的、日益增加的活动,而且,在某种程度上,这些法庭有其自主决定的强制手段,这些强制手段比国家裁决机构的强制手段更有效。"①

此段话是埃利希对社会司法(准司法)现象的概括性描绘,社会司法的场所在一种不太严格的意义上也被称为"法院"或"法庭"(笔者认为它们其实是一些化解纠纷的社会组织),但它是社会自己建立的法院,裁决的依据是所谓"非法律规范",即各种社会规则。根据埃利希另外的表述,社会司法的方式包括调解、仲裁、处罚之类,其中处罚的方式也包括多种,如荣誉法庭会勒令违反荣誉规则的官员辞职,纪律法院会因为一名官员损害官僚队伍的名誉而谴责他,会所法院会将没有支付赌债的成员除名,卡特尔法庭会向一个存在不当竞争行为的企业发布联合抵制令,等等。

另外,所谓的"社会法院"甚至还应当包括"家庭法院""村庄法院"等,他还欣喜地宣称"发现了氏族首领的司法权、家族首领的司法权和村庄里年长者的司法权"。严格地说,此类"司法权"只能称之为"准司法权",正是这种准司法权的正常运行,才促成了一种稳定的基层社会秩序。

然而,根据西方法律社会学理论,"准司法"还有另外一个层面的含义,我

---

①　[奥]尤根·埃利希:《法律社会学基本原理》,叶名怡等译,中国社会科学出版社 2011 年版,第 96 页。

们姑且称其为"弹性司法"。埃利希就探讨了这种"弹性司法",认为这种弹性司法实质上是指国家法院的法官可以"主要依据习惯作出裁判"①。这里的"习惯",按埃利希的解释即"非国家法",或谓"活法",实际上也就是社会规则。那么,法官依习惯进行裁判,也就是根据社会规则进行裁判。如上所言,国家的法院根据活法进行裁判是一种"弹性司法",与根据国家制定法进行裁判的国家司法是有区别的。从"准司法"的角度看,埃利希的"准司法"既包括社会司法,也包括弹性司法(或"半国家司法")。

埃利希又指出:"法律必须由国家创制不是法律概念中的本质因素,它也构不成法院或其他裁决机构裁决的基础,它也不是裁决必然产生的法律强制的基础。"②这段话有两层意思:(1)从立法的角度看,法律并非主要由国家所创制;(2)从司法的角度看,法律不应当也不可能成为国家司法机构的裁判基础。可能正因如此,埃利希才"主张给予法官有创造法律的'自由裁量权',从而使法律能起到促进各种利益平衡的社会作用,其目的仍是反对概念法学的僵化理论和司法活动中过于拘泥于法律条文的状况。"③

埃利希又说:"法官都是基于事实问题作出判决,而不是基于法律问题。事实就是人类联合体的内部秩序,关于这一秩序,法官从证人和专家的证言、契约、继承人之间的协议、遗嘱的宣告中获得信息。即使在今天,也正如原始时代一样,个人的命运在很大程度上由联合体的内部秩序决定,而不是由法律命题来决定。"④

照他的说法,法官的裁判依据似乎主要不是国家制定法,而是所谓"事实"即联合体的"内部秩序",这种内部秩序恰恰是活法或依赖活法而形成的秩序。活法是社会规则,如果国家司法机关依据活法进行裁判,那么这种"司法"已非真正意义上的国家司法——国家司法只能依据国家制定法——或可谓之"半司法"(即"弹性司法"),亦可谓之"准司法"。根据埃利希的其他表

---

① [奥]尤根·埃利希:《法律社会学基本原理》,叶名怡等译,中国社会科学出版社 2011 年版,第 8 页。

② [奥]尤根·埃利希:《法律社会学基本原理》,叶名怡等译,中国社会科学出版社 2011 年版,第 6 页。

③ 《北京大学法学百科全书》,北京大学出版社 2000 年版,第 703 页。

④ [奥]尤根·埃利希:《法律社会学基本原理》,叶名怡等译,中国社会科学出版社 2011 年版,第 25 页。

述,我们可以对其所言的司法活动区分为几个层次:一个层次是指国家司法而言,要求根据国家制定法进行裁判;一个层次是国家司法机关依据社会规则进行裁判,这也可以算得上是一种"准司法"(属于弹性司法);还有一个层次是指民间组织根据社会规则进行带有司法性质(如调解、仲裁、惩戒等)的活动,这也是一种"准司法"(属于社会司法)。

如前所述,即使在国家司法的层面上也存在着社会司法的因素,或者说也存在着"准司法"的内容。他指出:"如果我们考虑到法院据以作出裁判之规范的内在内容——这是唯一合宜的思考方式——我们将会确信非法律规范即使在国家的法院里也发挥着重大的作用。"①如果一个法院的裁判活动不是根据国家制定法而是根据"非法律规范"及社会规则进行的,那么就很难说那是一种纯粹意义上的国家司法了,故用"准司法"(或称弹性司法)对其加以表达或许更为适当。

他认为,国家不是全能的,国家在创制法律的过程中发挥的作用十分有限,立法和司法是在不断追随社会的脚步,而法官则致力于从社会中发现裁判规范,即所谓"法官必须从生活关系的内部秩序中提炼出裁判规范"②。这描绘了一幅"社会司法"(准司法)的图景,而所谓的"国家司法",要不被社会司法侵蚀(如法官利用社会规则裁判),要不退居次席。于是,社会司法成了人类司法文明的真正主角!

根据埃利希的描述,"活法"的内容多种多样,但习惯法是其中的一个重要方面。他称"习惯法首先是行为规则,并继而成为裁判规范",其论证逻辑是:"习惯法作为行为规则,直接产生于整个民族或各种阶层的法律意识当中,整个民族或不同的单个阶层按照习惯法来调整他们的行为,这样,习惯法成了伦理习惯。以这种形式,它可被法学家所认知,特别被法官所认知;此后,法学家,特别是法官从中推导出裁判规范。"③法官依据习惯法进行裁判,虽然这种司法活动也是在国家司法的层面上展开的,其性质却与真正的国家司法

---

① [奥]尤根·埃利希:《法律社会学基本原理》,叶名怡等译,中国社会科学出版社 2011 年版,第 94 页。

② [奥]尤根·埃利希:《法律社会学基本原理》,叶名怡等译,中国社会科学出版社 2011 年版,第 271 页。

③ [奥]尤根·埃利希:《法律社会学基本原理》,叶名怡等译,中国社会科学出版社 2011 年版,第 338—339 页。

有异,或者应该将其称为"半国家司法"或"弹性司法"更恰当,我们认为它也可以被划入"准司法"的范畴。

根据以上的引述和论述,可以看到,法律社会学将法律发展的重心放在社会而不是国家,是符合历史实际的。"活法"不但在调整社会秩序方面发挥着远远超过"国法"(国家制定法)的作用,而且其本身又成为国法的基础,对国家立法产生潜移默化乃至直接的影响。从司法的角度看,大量的独立于国家司法机构之外的"准司法组织"即社会组织——各种由社会建立的仲裁法庭、社区法院、工会法院、荣誉法院、会所法院、村庄法院及家族法院等——也发挥着重要的化解纠纷的功能,此种功能甚至远超国家司法,其依据的"非法律规范"即所谓"活法",亦即社会规则,这种司法活动是典型意义上的"准司法"——亦即"社会司法"。另外,还存在一种非典型意义上的"准司法"——即使在国家司法层面上,法官也要善于从社会生活中提炼出裁判规范,此种裁判规范也属于"非法律规范",这就意味着法官是在援用"活法"进行裁判,此与纯粹的国家司法有所区别,纯粹的国家司法要求法官必须严格依据国法裁判,而当法官依据活法裁判的时候,这种国家司法已经不那么"纯粹"和"严格"了,而是被赋予了一定的"弹性",故可称"弹性司法"——它也可归入"准司法"的范畴。

另外,在我国当前的社会规范体系中,"党规"也是一个重要的规范体系。党规即党内法规,中共十八届四中全会发布的《关于全面推进依法治国若干重大问题的决定》规定:"党内法规既是管党治党的重要依据,也是建设社会主义法治国家的有力保障。"可见,党规是用来管党治党的,是管理和约束我国执政党的纪律规范。从广义上看,党规属于社会规则的一种,带有"活法"的性质。依据党规施加的纪律处分,也带有"准司法"即"社会司法"的性质。

2012年,党中央修订了《中国共产党党内法规制定条例》,又制定了《中国共产党党内法规和规范性文件备案规定》《关于开展党内法规的备案审查和规范性文件清理工作的意见》,启动了党内法规的备案审查和清理工作。中共十八届四中全会将形成完备的党内法规体系作为全面推进依法治国五大战略任务之一,标志着我党党内法规体系建设进入了一个新阶段。新时代的法治战略要求将全面依法治国与全面从严治党相结合,故完善党规体系成为一个摆在党的各级领导面前的一个非常重要的战略任务。

　　有的学者认为,党规"是指中国共产党的中央组织以及中央纪律检查委员会、中央各部门和省、自治区、直辖市党委制定的规范党组织的工作、活动和党员行为的党内规章制度的总体。党的章程是最重要的党内法规,在党的章程之下,还有准则、条例、规则、规定、办法、细则,这些都属于党内法规。党组织制定的一般文件、工作安排等不是党内法规。党的其他组织、地方党委制定的规范性文件,在本部门、本地方党组织内部具有约束力,也不属于党内法规。"①这一说法是值得参考的,但所谓在地方党组织内部具有约束力的规范性文件不属于党规范畴则似有不妥。其实,所有具有约束力的党内规范性文件均应视为党规,只是层级有所不同而已。

　　该学者还指出:"法"或"法律"具有强烈的国家属性,"必须具有国家意志性和特定的国家表达形式,并以国家强制力保障实施,否则就是'非法'的了。而一个政党,即便是执政党,其内部制定的规范,不具有法的这些国家特征,也不以国家强制力保障实施,司法机构不会'司'党内法规。因此,党制定的任何规范都不能与'法'相联系,任何名称都可以用,就是不能叫作'法'。"②这里的"法"也可以作广义理解,即其不仅指国家制定法,还包括党规之类的"活法",亦即社会规则。根据党规所作的纪律处分应当属于"准司法"之类。因此,将法等同于以国家强制力为后盾的法律显得过于简单偏狭,在逻辑和实际上,法应当包括国家制定法与社会规则在内。显然,党规作为社会规则的一种,理应被纳入广义的"法"之中。

　　在党规体系中,党章居于核心地位。中共十八届四中全会决定指出:"党章是最根本的党内法规,全党必须一体严格遵行。完善党内法规制定体制机制,加大党内法规备案审查和解释力度,形成配套完备的党内法规制度体系。"另外,党的纪律也是党规的重要组成部分,有学者认为它就像党内的"刑法","是党的各种规范中最具基础性、最具刚性和约束力的部分,是对党员要求的底线。如果这种最低要求都无法满足,那就只好处罚。就像违反刑法,就必须接受刑事制裁一样,违反了纪律,也必须会有相应的强烈的后果,要接受相应的处分"③。所谓进行党内纪律处分,实际上就是一种"准司法"活动,或

----

① 王振民等:《中国共产党党内法规研究》,人民出版社 2016 年版,第 1—2 页。
② 王振民等:《中国共产党党内法规研究》,人民出版社 2016 年版,第 2 页。
③ 王振民等:《中国共产党党内法规研究》,人民出版社 2016 年版,第 8 页。

者称"党内司法",当然,这种"司法"非以国家强制力为后盾,而是以政党强制力为后盾的。

2015 年 7 月,时任中央纪委书记王岐山在修订廉政准则和党纪处分条例座谈会上指出,严明党的纪律,首要任务就是遵守和维护党章,把政治纪律和政治规矩、落实中央八项规定精神突出出来,把党章党规的纪律要求丰富、完善、具体化。……逐步让党纪处分、组织调整成为大多数,重处分的是少数,而严重违纪涉嫌违法立案审查的成为极少数。这就是说,党纪是党章党规的体现,是党内制裁的依据。根据党纪施加的处分可以视同"党内司法",而这是"社会司法"的一个组成部分。

学界将党内法规分成如下几种:一是党的思想建设法规,如将马列主义、毛泽东思想、邓小平理论等写入党章;二是党的组织建设法规,如地方党组织工作条例等;三是党的队伍建设法规,如《党员权利保障条例》《党政领导干部选拔任用条例》等;四是党的作风建设法规,如《关于党内政治生活的若干准则》等;五是反腐倡廉建设法规,如《党员干部廉洁从政若干准则》《党内监督条例》《纪律处分条例》等;六是党内工作程序法规[①]。如果从制定主体来看,党内法规又可分为中央党内法规、部门党内法规和地方党内法规。2014 年,中共十八届四中全会决定把"形成完善的党内法规体系"作为全党努力的一个重要目标,目前来看该目标已在一定程度上得到了实现。

对违反党规行为的惩治,实际上就是一种"准司法"活动。违规者担责,这是党规"刚性"原则的必然要求,也是党规权威性的表现。"违反党内法规的制裁是指党内法规体系中的有权机关对于违反党内法规的党组织和党员依其违反党内法规的责任而实施的强制性惩罚措施。制裁的强制性、惩罚性只是保障党内法规得到贯彻实施的次要的、辅助性手段,党内法规得到实施的首要保障乃是党组织和党员的自觉遵守。创制和实施党内法规的根本目的在于满足规范党组织的工作、活动和党员行为的需要,而不在于对违反党内法规的党组织或党员给予制裁。"[②]

虽然党规制定的目的不在于制裁,但党规的实施却必须通过制裁来保障。

---

① 参见王振民等:《中国共产党党内法规研究》,人民出版社 2016 年版,第 10 页。
② 王振民等:《中国共产党党内法规研究》,人民出版社 2016 年版,第 195 页。

换言之,制裁可以不用,但不能没有,它的存在所体现的"威慑力"足以让那些意志薄弱、铤而走险的党员感到畏惧,从而将自己的行为纳入党规要求的轨道。这就是没有规矩不成方圆的道理。违反党规的规则程序主要包括决定程序和执行程序两个方面。对违反党规的党员进行追责,是中共坚持党要管党以及从严治党的要求,这种"准司法"手段所体现的一种强制性可以督促党员干部遵守党规、尽职尽责,其功效不可低估。对党员的惩戒,一是纪律处分,根据《党章》的相关规定,包括警告、严重警告、撤销党内职务、留党察看、开除党籍;二是组织处理,根据《党政领导干部选拔任用工作责任追究办法》的相关规定,包括调离岗位、引咎辞职、责令辞职、免职、降职等。

党纪严于国法,但党纪并不等于国法。从性质上说,党纪党规仍属于"活法"即社会规则,尽管其强制性要高于普通社会规则。国法即国家制定法体现了国家意志(并靠国家强制力保证实施),党纪党规体现了党组织意志。"责任、监督、问责"是全面从严治党应当坚持的基本原则,而问责及惩戒则属于"准司法"活动。"健全的党建责任制、有效的党内监督机制、严格的问责惩处机制这三把管党治党的利器已经铸就、已经出鞘,三者的联动与协同效应已经出现,对有效解决好'主体责任缺失、监督责任缺位、管党治党宽松软'问题具有至关重要的作用。"①2015 年,《党员必须牢记的 100 条党规党纪》一书对《中国共产党纪律处分条例》进行了细致解读,共分政治纪律、组织纪律、廉洁纪律、群众纪律、工作纪律和生活纪律六部分,违反上述纪律的人员自然会受到党组织的纪律处分,此类处分即属于"准司法"活动。它是一种问责活动,问责有助于提高党员的责任意识,有助于推进党建责任制,有助于全面从严治党,而全面从严治党是全面依法治国的前提。但这种问责仍属于"准司法"的范畴。

目前学界所探讨的"软法",实际上也属于"活法"的范畴。根据有关学者的研究,软法主要包括四类制度:(1)法律法规和规章中那些旨在描述法律事实或者具有宣示性、号召性、鼓励性、促进性、协商性、指导性的法规范,通常不能或不必运用国家强制力保证实施。(2)国家机关依法创制的纲要、指南、标准、规划、裁量基准、办法等规范性文件,基本上也不是靠国家强制力保证实施

① 刘红凛:《全面从严治党的格局与谋略》,上海人民出版社 2017 年版,第 88 页。

的。(3)各类政治组织创制的旨在解决执政、参政、议政等政治问题的自律规范。(4)名目繁多的社会共同体创制的自治规范。以上四类制度"有一个共同点，即其'效力'不能运用依靠国家强制力保证实施的方式转化为'实效'，而主要是依靠国家激励、当事人自愿服从或者社会自治力等方式。……就属于我们所谓'软法'，亦即不能运用国家强制力保证实施的法规范。"①由此可见，软法就是一种游离于国家强制力(如法院)之外的社会规则，或者称为"活法"——借用西方法律社会学派的观念，那种依据软法而进行的惩戒活动亦可称为"准司法"或"社会司法"。

二、现代中国需要"准司法"

根据以上对"准司法"的理解——两层含义——(1)社会解纷组织根据社会规则解决纠纷(社会司法)，(2)国家司法机构根据社会规则进行裁判(弹性司法)，我们认为中国古代社会同样存在"准司法"现象，甚至可以说它在中国古代司法文明中占有非常重要的地位。

中国古代在国家司法机构之外，还有很多的"准司法组织"(社会组织)负责解决大量的民事纠纷和轻微的刑事纠纷。这些准司法组织包括宗族组织、行会组织、帮会组织、村落组织等。

宗族是以共同血缘为纽带的"聚族而居"的组织，体现了古代汉族的宗法性特点。宗族有宗族法规，基本内容为汉族习惯法，宗族的"准司法权"以习惯法为依据。清代张海珊说："凡族必有长，而又择齿、德之优者为之副，凡劝导风化，以及户婚田土争竞之事，其长副先听之，而事之大者方许之官。"②凡属民事争讼之事，族长有处断之权。

族长对本族拥有管理、教育和惩戒的权力，有的宗族还设有专门监督、审理机构及人员。如浙江萧山《管氏宗谱》卷四规定："立通纠二人，以宗一族之是非，必选刚方正直、遇事能干者为之。凡族人有过，通纠举鸣于家长。"这里

---

① 　罗豪才等：《软法亦法——公共治理呼唤软法之治》，法律出版社 2009 年版，第 3 页。
② 　张海珊：《聚民论》，载《清朝经世文编》卷五八。

的"通纠"就是协助族长行使惩戒权的专门人员。族长的惩戒权就是"准司法权",这也是得到封建国家认可的。

正如有学者指出的,中国古代的国家政权默许或公开承认宗族的司法权,特别是明中叶以后的宗族逐渐控制了乡村司法审判权,宗族实际上具备了初级裁判权和一般惩罚权。由族长主持的审判是解决纠纷的必经程序,族人不经宗族,不许径自向官府投诉,宗族司法实际上已经成为司法审判的第一审级①。

宗族司法一般没有固定的程序和模式,但也有宗族在这方面做了规定。如安徽合肥《邢氏宗谱》即规定:"凡族中有事,必具禀于户长,户长协同宗正批示:某日讯审。原被告及词证先至祠伺候。至日原告设公案笔砚,户长同宗正上座,各房长左右座。两告对质毕,静听户长宗正剖决,或罚或打,各宜凛遵,违者公究。"

宗族司法的场所一般为祠堂。"处理、审理大多在祠堂进行,以体现宗族习惯法的威严。祠堂是宗族最主要的集体表征。祠堂既是祭祖的圣地,又是宗族聚会和讨论宗族事宜的集合场所,还是宗族执行族规家法的公共场所。"②

宗族司法的依据是通行于本地区的习惯法(一般以宗族法规的形式体现出来),宗族司法的方式即处罚方式一般为:训斥、罚站、罚跪、罚款、责打、出族(开除族籍)、鸣官(将嫌犯扭送官府治罪)等。

中国古代第一家族曲阜孔氏家族,如果族内成员发生纠纷,一般先经衍圣公、孔府衙门的处理后再移送基层司法机关处理。孔氏宗族有权受理本族的民事案件和轻微的刑事案件,在审理前一般要先进行调解,调解协议达成后立即生效。调解不成则进入审理程序。在审理时,允许双方互相辩论,并让证人出庭作证,或提出书面证言,同时也很重视物证的运用。审理后作出的判决当即生效,应责应罚,都立即执行。如果当事人不服判决,可诉诸国法,但孔氏宗族总是避免诉讼入官。据考证,孔氏家族的处罚方式名目繁多,如训斥、赔礼、记过、停胙、革胙、罚谷、罚银、罚修节孝祠、笞责、罚跪、不准入谱、不准葬入

---

① 参见陈柯云:《明清徽州宗族对乡村统治的加强》,载《中国史研究》1995 年第 3 期。
② 高其才:《多元司法》,法律出版社 2009 年版,第 43 页。

孔林、开除或免职、鸣官、拘押、枷号示众等①。

中国古代基层社会的"准司法"除宗族司法外,尚有"村落司法"。著名社会学家费孝通曾指出:"中国乡土社区的单位是村落。"②另有学者指出:"村落作为一种生活制度和社会关系网络,在中国古代社会的汉族地区有着十分重要的作用,村落组织担负着极为重要的职能,执行习惯法、处理各种民间纠纷、处罚违反习惯法的各种行为,便是其中的重要方面。"③

元代的立社令规定:"若有不务本业,游手好闲,不遵父母兄长教令,凶徒恶党之人先从社长叮咛教训,如是不改,籍记姓名,候提点官到日,对社众审问是实,于门首大字粉壁书写不务本业、游惰、凶恶等名称。如本人知耻改过,从社长保明申官,毁去粉壁。如终是不改,但遇本社合著夫役,替民应当,候悔过自新,方许除籍。"④这说明,对于村落成员违反村落习惯法的行为,村落组织享有调处权(调解处分权)。"村落司法"属于"准司法",其司法方式除调处外,尚有批评教育、罚款赔偿、殴打责罚、开除村籍、禀官究治等方式。

应当指出,中国古代基层社会的"准司法"追求的基本目标是"和为贵",这是儒家观念影响民众生活的例证。既然强调和为贵,故调处成为化解纠纷的最主要途径。正如学者所言:"中国古代社会汉族地区村落纠纷的解决以'和'为目标,审判程序灵活,处罚方式多样,对维持村落秩序、实现社会公正具有积极意义。"⑤

中国古代民间社会还有"行会司法",也属于"准司法"的一种。行会又称行帮,是商人或手工业者为排斥竞争、保护同业立业,以业权为基础,以习惯法为保障而组织起来的一种社会团体,一般分为手工业行会、商业行会两种。行会具有审理权、处分权,还设立了执行机构、审理机构,并制定了行规——行会习惯法。"行规明确禁止在没有先送会馆法庭进行裁决的情况下,擅自告官。""除了说服讲理、劝告批评外,对违反习惯法的行为,行会一般规定根据

---

① 参见胡旭晟主编:《狱与讼:中国传统诉讼文化研究》,中国人民大学出版社 2012 年版,第 661—663 页。
② 费孝通:《乡土中国》,生活·读书·新知三联书店 1985 年版,第 4 页。
③ 高其才:《多元司法》,法律出版社 2009 年版,第 52 页。
④ 《通制条格》卷十六。
⑤ 高其才:《多元司法》,法律出版社 2009 年版,第 63 页。

情节轻重、态度、社会影响等而给予罚款、罚酒、罚请戏、开除行籍、肉刑、禀官处纠等各种处罚。"①

中国古代的"准司法",其主要方式就是调处(调解),调处的形式有官府调处、官批民调及民间调处三种。官府调处是在行政长官主持下对民事案件或轻微刑事案件的调解,是诉讼内的调解。考虑到古代行政兼领司法的传统,故可说官府调解类似于今日的司法调解。官批民调是指官府在审理案件过程中,如认为情节轻微,不值得传讯,或认为事涉亲族关系,不便公开传讯,便批令亲族邻里等加以调解,并将调解结果报告官府。民间调处的主体是乡绅、里正、族长等人,属于诉讼外调解。其形式多样,因各地风俗民情而多变。上述调解方式均属于"准司法"的内容,即使所谓官府调处(司法调解)也是如此,因其吸收了民间调解的形式,依据的均是民间习惯法,其区别仅仅在于官府调解一般要由当事人"具结"达成调解协议,此调解协议被赋予了官府强制力。

在官府(法院)的司法活动中,因受儒家思想的影响,推崇"情理法兼顾"的司法原则。宋代的《明公书判清明集》所载判词中多有"情法两尽"的用语,体现了古代法官判案中坚持情理与国法相统一的风格,其目的在于达到实质正义与形式正义的并重。该书所载胡石壁之言:"法意、人情实同一体,循人情而违法意,不可也;守法意而拂人情,亦不可也。权衡于二者之间,使上不违于法意,下不拂于人情,则通行而无弊矣。"所谓"情理"即社会规则或民间习惯法,"法"指国法即国家制定法。情理法兼顾的司法原则要求司法官在国法没有明文规定或虽有明文但与情理相冲突的情况下,可按照情理进行裁决。这里的"情理",类似于西方法律社会学所谓"活法"。依据情理裁判显然与依据国法裁判的"国家司法"在性质上是不同的,仅从其性质上看,此类司法活动仍属于"准司法"(弹性司法)。

综上可知,中国古代的宗族组织、村落组织、行会组织及帮会组织等强调依据社会规则进行调解之类的准司法活动,这正是我们所谓的"社会司法";而受儒家"情理法兼顾"观念的影响,儒家型法官注意依据"情理"即社会规则进行裁判,在裁判依据和司法活动中展示了相当的弹性和灵活性,故可称此类司法为"弹性司法"。上述两种司法活动均属于"准司法"。

① 高其才:《多元司法》,法律出版社2009年版,第67—68页。

另外,我国少数民族地区同样广泛存在"准司法"的传统经验,它主要表现在根据民族习惯法化解纠纷方面。"准司法"相对于"国家司法"而言——后者是指国家司法机关根据国家制定法裁决纠纷的程序性活动,"准司法"的依据不是国家制定法,而是民族习惯法;准司法也没有严格的程序;准司法的主要手段是调解、仲裁之类,另外也包括一定的惩戒权。

例如,生活在广西、贵州的侗族在化解纠纷方面形成了以调解为主的民事纠纷解决形式。"传统侗族社会民事纠纷的调解人,都是由当事人自己选择和认定的。他们既没有任何报酬,也没有任何强加于人的权力。他们的威望高低、影响大小,都取决于他们能力的大小、态度的好坏和公正的程度等。在调解人中,有的已经成为侗族历史上的佳话,并深深地铭记在侗族人民的心中。"①

历史上侗族地区还形成了成文的习惯法,如《约法款》即是其代表之作。其中的《六面阳规》就记载了有关处理民事纠纷的内容:"如若哪家孩子,偷水截流,破塘埂,毁沟堤;他私自开沟过山坳,他私自引水过山梁;害得上边吵,下边闹,这个人拿来手臂粗的木棒,那个人拿起碗口大的石头;相抓打破了耳朵,相推碰破了脑袋;这个人皮开肉绽,那个人血迹斑斑;这个人指桑骂槐,那个人报名道姓;这个人挽起衣袖,那个人卷起裤筒。人人都修起挖不平的田埂,咱们要让水往低处流,咱们要让理往尺上量;要让他的父亲出来修平田埂,要让他的母亲出来赔礼道歉。"②通过说理、教育和调解等方式,让加害方赔礼道歉等,这正是一种"准司法"(社会司法)活动。

侗族发生纠纷时,通常不报官府而自行解决。据民国时期的《三江县志》记载:侗族各寨"昔则各有规约,各族各守,渐演而联定规约,共同遵守。……惟遇事必先依其条款求解决,不得已始报官司,即今多半犹然。"自行解决的方式一般为调解、罚款之类。

瑶族习惯法也注重采取和平方式解决纠纷和争端,这从广西金秀的《五十一村石牌》中可得到证明。"调解和审理时,瑶族习惯法强调以公平为原则,坚持平等对待、公正解决。公正是法官和执法者所应具有的品质。""纠纷

---

① 郭婧:《侗族地区民事纠纷解决机制研究》,载《法治论坛》2012 年第 3 辑。
② 吴浩等主编:《侗族款词》,广西民族出版社 2009 年版,第 201 页。

解决方面的调解处理审理习惯法是中国少数民族习惯法的主要部分。"①

少数民族习惯法实际上是少数民族地区长期流传的社会规则和道德规则。"尤其是各民族习惯法的核心内容和基本精神,是民族文化的重要组成部分,习惯法观念是民族意识民族心理的重要方面,因而更具有稳定性。""对违反本民族习惯法者,全体成员要给予批评教育和谴责,并在社会生活中对其区别对待和给予一定限制,杀猪牛请酒赔罪则是恢复正常社会生活所必需的一种强制处罚。对一般的违反习惯法的行为往往处以罚款……"②。

从以上材料和论述可知,在我国少数民族地区,不仅存在着根深蒂固的习惯法或社会规则,而且存在着依据这种习惯法所进行的调解、审理和处罚之类的"社会司法"即"准司法"活动,这种准司法活动对维系少数民族地区的社会秩序起了至关重要的作用。有的学者甚至主张,在我国现代少数民族地区司法机构处理少数民族纠纷时,"可适当参照少数民族习惯法的有关内容"③,这就意味着,在国家司法层面上,仍然可以吸收少数民族习惯法的部分内容,从而难免具有"弹性司法"的特点。

"准司法"在西方又被称为"替代性纠纷解决方式"(Alternative Dispute Resolution,简称 ADR),或称为"多元化纠纷解决机制""非诉讼纠纷解决机制"。该机制是根源于各国历史传统,并在 20 世纪逐步发展起来的各种诉讼外纠纷解决方式的总称,通常具有非诉讼性(替代性)、当事人的自主选择性和纠纷解决的功能性等属性。ADR 的兴起导因于社会利益冲突、社会主体关系及文化价值观念的多元化、社会主体对纠纷解决方式需求的多样性④。

1998 年美国的《ADR 法》对 ADR 方式所作的定义是:替代性纠纷解决方法包括任何主审法官宣判以外的程序和方法,在这种程序中,通过早期中立评估、调解、小型审判和仲裁的方式解决纠纷,中立第三方在争议中参与协助解决纠纷。

ADR 机制实际上是一种"社会司法",它体现了社会意志和社会权力。与其对应的应该是"国家司法",它体现的是国家意志和国家权力。从西方的经

①　高其才:《多元司法》,法律出版社 2009 年版,第 97—99 页。
②　高其才:《中国习惯法论》,湖南出版社 1995 年版,第 408—409 页。
③　高其才:《中国习惯法论》,湖南出版社 1995 年版,第 468 页。
④　参见范愉:《非诉讼纠纷解决机制研究》,中国人民大学出版社 2000 年版,第 28 页。

验看,社会司法与国家司法两种司法权可以并行不悖,两者可以互补,但并不存在谁取代谁的问题。

　　这一机制在司法领域的崛起,意味着国家司法权在纠纷解决领域的垄断地位被突破了,"但并不意味着诉讼与司法裁判的被取代。作为与诉讼并行的一种制度化纠纷解决方式,它以当事人的自主选择与合意为基础。也就是说,ADR 的存在和运作,是以法院和诉讼程序的存在以及当事人的诉讼权利和处分权为前提的,当事人可以在法院的审理、裁判和各种非诉讼方式之间进行自主性与合意性选择。从功能上讲,替代性纠纷解决方式可以有效地对诉讼和司法补弊纠偏,并在现代社会中承担纠纷解决、保障当事人自治、促进社会对话和修补社会关系等多方面的作用。"①

　　1925 年,美国出台了《联邦仲裁规则》,对非诉讼纠纷解决机制在法律层面上加以确认。此前,美国对非诉讼纠纷解决机制并不热心,甚至持排斥态度。但因为"诉讼爆炸"导致的法院不堪重负,而扩大法院规模影响法官素质和法院权威,并过多消耗司法资源,因此美国官方开始重视非诉讼纠纷解决方式。对当事人个人来说,进入司法程序意味着付出高昂的诉讼费,还意味着因为程序的拖沓导致恢复正义的迟延,故选择非诉讼纠纷解决机制乃明智之举。

　　在《联邦仲裁规则》出台后,美国国会及政府不断通过一些法令政令推广ADR 机制的运用,甚至要求法院强制运用 ADR 机制。1993 年,国会通过了在所有联邦区法院实行强制性附设仲裁的法案。1998 年,克林顿总统签署了《ADR 法》,并授权联邦法院制定具体规则。其后,美国各州法院纷纷结合本州具体情况制定了 ADR 规则,据统计全美大约有 1200 个法院采用了这一规则来处理纠纷。

　　ADR 机制走红美国,是因其具有诉讼形式所不可替代的优势:(1)它具有较强的灵活性。它充分尊重当事人的意志,允许当事人自主选择更有效的解纷机制。(2)它使纠纷的解决成本大大降低。(3)它强调当事人的合意,主张纠纷双方在妥协的基础上达成一致,有利于双方今后保持合作关系。(4)它

---

①　胡平仁:《法律社会学》,湖南人民出版社 2006 年版,第 278 页。

一般是在不公开状态下进行的,有助于保护个人隐私和商业秘密①。

非诉讼纠纷解决机制虽然存在及时、有效、灵活、成本低等优势,但其合意性、自主性特点又会导致其协议约束力低等劣势,当事人一方反悔就可进入诉讼程序,使合意达成的协议"前功尽弃"。为了克服此种弊端,在美国又出现了一种融合诉讼与非诉讼解纷机制的司法 ADR 机制,它又被称为法院附设 ADR(Court Annexed ADR),是一种以法院为主持机构的但与诉讼程序不同的纠纷解决程序。

司法 ADR 机制具有如下特点:(1)诉讼与非诉讼纠纷解决机制互相融合。美国法院将调解、仲裁等非诉讼解纷机制与诉讼方式相结合,增强了法院对案件的宏观调控能力。法院明确要求当事人在寻求进入诉讼程序之前,必须尝试 ADR 机制中的一种或多种方式,并将其作为一个提起诉讼的必要条件。(2)调解制度的灵活运用。(3)ADR 的服务质量较高②。

在美国,除调解外,尚有仲裁、谈判等方式。仲裁是一种根据双方当事人共同约定,将争议交由第三者依法居中裁判,以确定双方权利义务的纠纷解决方式。仲裁具有自愿性、民间性、秘密性和效率性等特点,因而备受推崇。据说古罗马时期就已经出现了仲裁活动。1887 年,英国出台了人类历史上最早的仲裁法。1958 年,国际性的《承认及执行外国仲裁裁决公约》在纽约诞生,迄今已有近百个国家宣布加入。

所谓谈判(Negotiation)也是西方国家常用的一种纠纷解决方式。"由于谈判不仅符合 ADR 的非诉讼性(替代性)、当事人的自主选择性和纠纷解决的功能性等三个属性,而且在当代的纠纷解决过程当中,其被当事人和律师作为一种基本技术而频繁使用,因而更多的学者一般都把它列为最基本的纠纷解决方式之一。谈判是一种旨在相互说服的交流或对话过程,其实质是一种双方或多方之间的协商和交易活动。"③

谈判与仲裁、调解之间存在区别,一是谈判的主体既可以是双方,也可以是多方,这取决于卷入纠纷的主体的数量;二是谈判通常不企求纠纷外力量的

---

① 参见张彩凤主编:《比较司法制度》,中国人民公安大学出版社 2007 年版,第 157 页。
② 参见张彩凤主编:《比较司法制度》,中国人民公安大学出版社 2007 年版,第 157 页。
③ 胡平仁:《法律社会学》,湖南人民出版社 2006 年版,第 284 页。

介入，即使有外部力量的介入也非以调解者或仲裁者自居，而是只起协助作用，因此谈判具有高度的自治性。20世纪80年代以来，美国司法界在非诉讼方式、法庭诉讼与律师参与之间找到一个契合点即"法律谈判"。在法律谈判过程中，律师代表当事人参加谈判，运用其法律知识和诉讼经验，对法庭诉讼的各种可能后果进行全面评估后，借助律师技能和谈判技巧进行庭外博弈，通过沟通、协商、妥协等手段，达到当事人双方的和解。可见，此种方式基本上也属于一种"准司法"活动。

目前，我国在"治国理政"方面既重视"国家治理"，也重视"社会治理"；既强调提高"国家治理能力"，也强调提高"社会治理能力"。如果说"国家司法"是提高国家治理能力的关键，那么"社会司法"当然是提高社会治理能力的关键。因此，这就为"准司法"的研究及相关理念的实践化铺平了道路。

例如，我们现在对调解工作似乎有了异乎寻常的关注，一些地方法院热衷于"完善调解机制"或"构建诉调对接机制"，一些地方政府也注意构建所谓"大调解格局"（司法调解、人民调解、行政调解的结合）。最高人民法院还在四川专门召开了一次全国性的多元化纠纷解决机制的法院系统工作会议，会上政法系统高层领导都发表了重要讲话，强调了构建多元化纠纷解决机制的极端重要性。这透露出了一个重要信号，法院系统今后将在"准司法"机制的构建和运作方面大有作为。

但也有一些不同的声音对构建包括调解机制在内的多元解纷机制表示了质疑，认为其会"妨碍法治""影响法治权威"等。其实，这种声音多年来一直回荡，似乎一提重视法治就不能搞非诉讼纠纷解决机制或多元化纠纷解决机制。如有的学者就说道："我们给予调解的种种希望能否实现令人怀疑。而作为社会观念的调解与司法外的调解，则更是传统法观念与法心理的堡垒。另就调解的本质属性而言，其弹性太大，'自由度'过高，与作为'准则'的法律在本质上相悖，其适用范围应受限制。判决与调解应是原则性与灵活性的关系。主张'调解为主'是一种失误，而以调解结案率作为衡量法官水平的重要尺度更是失误！任何事物均有其历史的阶段性，任何社会都基于特定的历史条件而进行选择。20世纪以来西方社会热衷于调解是由于它们存在着完全不同于当今中国的社会背景。因此，我们认为：当历史进入20世纪之后，中国社会的首要任务应是高扬法的权威，树立民众对法的信仰；过分地强调调解，不利于法律制度的完善,不利于社会观念(尤其是法观念)的转变,从根本上讲,不利于现代法治的健康发展。"①

上述担忧虽然不算多余,但也过于悲观。其基本思路是有问题的,即将法治、司法与"准司法"(如调解等)完全对立起来了,忽视了其间存在着互相补充、相得益彰的关系。众所周知,中国古代社会存在着"皇权不下县"的传统,即体制性力量及国家司法权并不介入基层社会的管理,基层社会靠宗族、村落、行会等组织实行"自治",这一治理模式保证了基层社会秩序的基本稳定,无论上层社会和国家政权有何变动,其动荡余波很难撼动基层社会秩序。应该说,这是一种成功的社会治理经验。基层社会组织靠调解、处罚等"准司法权"化解了大量的民事纠纷和轻微的刑事纠纷,为国家节约了大量的司法资源,也降低了国家治理的成本。

20世纪以来,以美国为首的西方国家正是借鉴了这种"东方经验",建立了其ADR机制,该机制将95%的纠纷在其进入诉讼程序之前就化解了,这不能不说是一个司法领域的巨大成功。我们怎能说"调解为主"的主张是一种过分的观念呢? 其实,从美国的经验看,调解与诉讼是并行的,调解不成仍可诉讼;调解也不会影响法院权威,相反,大量的普通纠纷被庭前调解程序分流,使法院可以集中精力办理一些重要案件,自然可以提高办案的质量和效率,因而也就有利于树立法院的权威。我们应该反省我们对待改革、对待做事情的一些态度,这种态度就是过于急躁和缺乏耐心,一种改革、一种事情才刚刚开始或者尚未到位,一些人往往就因其存在的一些不完善之处而对整个改革、整个事情失去耐心,去横加指责,甚至全盘推翻,导致有关的事业半途而废。

其实,改革也好,做任何事情也好,都是一个不断完善的过程,不可能一点问题都没有,应当从大局着眼,绝不能过于"性急"。调解制度也好、多元解纷机制也好,要在现代中国发展壮大需要不断完善,而且改革中的问题只能靠进一步改革来完善,世界上没有十全十美的事情,我们不能因其局部的问题而否定其整体。我相信,包括调解制度在内的多元解纷机制("准司法")会有一个光明的未来,它不仅不会成为侵蚀法治的力量,而且有助于树立国家司法的权

---

① 胡旭晟主编:《狱与讼:中国传统诉讼文化研究》,中国人民大学出版社2012年版,第899页。

威,并在中国现代司法文明中占有重要的地位。

三、"准司法"的理论基础与制度建构

那么,如何才能完善当前我国的调解机制呢? 笔者认为,可考虑采取如下措施:

首先,实现人民调解与司法调解的对接。人民调解又称民间调解,它是指在人民调解委员会的主持下,根据国家法律法规、政策制度和社会道德、风俗习惯对纠纷当事人说服劝解,促使双方互谅互让、平等协商,自愿达成协议,从而消除纷争的一种群众自治活动。而司法调解是法院调解,是诉讼调解,包括民事诉讼调解、行政诉讼调解和刑事诉讼调解。其中行政诉讼调解主要是行政赔偿方面的调解,刑事诉讼调解主要是有关刑事自诉的调解和附带民事诉讼的调解,民事诉讼调解则是贯穿于人民法院受理的全部民事案件的始终。应注意人民调解与司法调解的对接问题,如法院在立案接待时,可将一些未经人民调解组织调解、案情简单、争议不大的民事纠纷,在征得当事人同意后,暂缓立案,先由相关人民调解委员会进行调解,调解成功的,就出具调解协议书;调解不成,再由人民法院审查立案。在案件进入诉讼程序后,对有可能通过人民调解解决的,法院征得当事人同意后,可以出具委托人民调解书,将案件委托给人民调解组织进行调解。经调解达成协议的,可向人民法院撤诉,由人民调解委员会制作调解协议书,也可以将协议书提交人民法院确认;达不成协议则由人民法院依法审判。

其次,实现行政调解与司法调解的对接。行政调解是行政机关依照法律规定,在其行使行政管理的职权范围内,以自愿为原则,在分清责任、明辨是非的基础上,对特定的民事纠纷和轻微的刑事案件进行的调解。它包括公安、民政、劳动、商业、邮政、计量、医疗卫生、环境保护、自然资源和公共交通等行政管理领域。行政调解具有相当的权威性和公信力,由于其以政府部门为依托,较易为纠纷当事人信服,所以由政府出面调解的纠纷往往能顺利解决。但是行政调解也有不足,因其属于行政行为,达成的调解协议或作出的处理决定不具有法律效力,其法律效力需要由法院加以确认。这就为行政调解与司法调

解的对接提供了可能,法院可以对行政调解协议进行审查,如果合法则加以确认。

最后,应加强行政诉讼"协调"工作,完善相关机制,为行政诉讼调解的制度化提供实践经验。在行政诉讼中引入调解,是满足诉讼中多种利益诉求的一个重要方式,它有助于平衡各方利益,并进而有助于社会和谐。"调解"的目的是"合意"的生成,合意性是一切纠纷解决的本质属性,合意是矛盾双方和解的前提,而"合意"又是平等协商的产物,如果参与诉讼的双方地位不平等,则无合意可言。因此,目前一些法院对行政诉讼协调机制(实为"调解")的探索将为我国行政诉讼制度的改革提供有益的借鉴①。

需要指出的是,在目前我国的基本体制下,构建基层社会的"准司法"(社会司法)机制也存在许多障碍,如大部分的宗族组织在新中国成立后基本上都被破坏,少数地区的宗族组织虽仍保留,但其活动仅限于婚丧嫁娶之类,其功能、作用及地位等与古代中国或近代中国都已大相径庭了。古代中国的宗族组织不仅有经济权(财权),也有政治权(如推举基层行政官员等),更有"准司法权",这种准司法权包括调解权、教训权及一般的惩戒权等,族长、房长等正是靠上述权力对族众进行了有效的"治理"。而目前的宗族组织已经基本上完全丧失了上述权力,仅仅剩下一点调解权,而此种调解权因为缺乏宗族整体权力的支撑而失去权威性。因此,重建宗族组织、赋予宗族组织更多的权力也被一些学界人士所呼吁,这种呼吁的合理之处在于:健全且有权威的宗族组织是稳定基层社会秩序的有力保障。

自20世纪50年代以来,在国际社会中一度流行的"司法裁决中心主义"受到了强力挑战,人们认识到,那种由国家司法权全面介入社会纷争的解纷模式在实践中产生了种种弊端,甚至给社会的和谐稳定带来了消极影响。这种由国家强制力保证的秩序,与社会之间缺乏一种内在的亲和力,在纠纷解决过程中往往难以促成人们之间的合作氛围,与和谐的社会秩序相去甚远。相比而言,诉讼和解在解纷过程中的高效性与灵活性,弥补了司法裁判的"功能失效"②。

---

① 参见崔永东:《司法学原理》,人民出版社2011年版,第180—182页。

② 陈光中等:《中国司法制度的基础理论问题研究》,经济科学出版社2010年版,第532页。

有学者指出:"所谓诉讼和解是指在刑事、民事、行政三大诉讼中,案件当事人及相关主体在专门机关的参与下,以平等、自愿、合法为基础,对相关事项达成和解协议,从而实现一定实体或程序效果的行为。"①并认为诉讼和解与人民调解、恢复性司法、辩诉交易、替代性纠纷解决方式等存在着"概念上的可比性、方式上的亲和性"。而且,所谓诉讼和解,需要司法机关的强力保障,"应从程序和实体保障诉讼和解具有合法性,积极促进案件相关主体合意解决纠纷。司法保障原则体现一种司法能动主义的倾向"②。

有学者认为,目前,应当确立诉前和解与诉讼和解相统一的立体化和解机制,可将民间调解、治安调解、信访调解等诉前和解形式与诉讼和解相结合,及时分流处理社会纠纷,减少诉讼和解的案件数量压力。可在区县、乡镇二级建立社会矛盾和解服务中心,在社区或村庄设立和解服务站。另外,还要完善民间社会团体的行业自治机制和基层社会的自我管理体系,完善民间社会团体的行业自治,可从发展各种行业协会、基金会、促进会、联合会等的自治管理与服务着手;完善基层社会的自我管理,可以从村民自治、居委会自治等方面进行改革③。

应该指出,所谓的诉讼和解虽然是指三大诉讼程序之内的和解,并且以国家司法机关的强制力为后盾,但就其性质而言,它仍属于"准司法"。司法机关的强制力及法官的主导性等只是形式而已,实质上和解的依据往往是社会习俗和惯例,而且也不遵循一定的法律程序。如此看来,所谓"准司法"不仅指社会司法而言,还包括国家司法中的调解、和解之类的内容,也就是说,国家司法是将本属于社会司法的内容进行了"合法化"包装,将其纳入了国家司法机关的司法活动之中,而这正属于我们所谓"弹性司法"的内容——弹性司法不仅指国家司法机构依据社会规则进行裁判,同时也指国家司法机关依据社会规则进行调解之类的活动。

综上可知,在现代社会,无论是西方国家还是中国,面对"诉讼爆炸"与

---

① 陈光中等:《中国司法制度的基础理论问题研究》,经济科学出版社 2010 年版,第534 页。

② 陈光中等:《中国司法制度的基础理论问题研究》,经济科学出版社 2010 年版,第556 页。

③ 参见陈光中等:《中国司法制度的基础理论问题研究》,经济科学出版社 2010 年版,第571 页。

"案多人少",为寻求化解之道,都将目光投向了"社会司法",并注意社会司法与国家司法的衔接,希望借助社会组织及社会司法的力量来为国家司法减轻压力和拖累,以降低司法成本、提高司法效率。由此,国家司法与社会司法之间从背道而驰变成相向而行,从分道扬镳变成携手共进!同时,又注意在国家司法的层面上引入"弹性司法"的因素,赋予法官在司法裁判与司法调解中以一定的灵活性,如在必要时援用社会规则进行裁判或调解,因而使国家司法在一定程度上也吸收了"准司法"的部分内容。应该说,国家司法与社会司法之间的"携手",国家司法与弹性司法之间的"联姻",以及国家司法权与社会司法权之间的"趋近",已经成为现代世界司法体系革新的制度化进路,反映了当代世界司法文明的发展趋势。

所谓"准司法",既是"社会司法"(如依据社会规则进行调解、仲裁之类的活动),又是指内含于国家司法之中的那些依据社会规则进行裁判的活动——"弹性司法"。"国家司法"的依据主要是国家制定法,"社会司法"的依据是社会规则(民间规则,即法律社会学所谓的"活法")。应该说,国家司法主要体现了国家权力和国家意志,而"准司法"则体现了社会权力与社会意志。

西方的法律社会学将法律发展的重心放在社会而不是国家,是符合历史实际的。"活法"不但在调整社会秩序方面发挥着远远超过"国法"(国家制定法且靠国家强制力保证实施)的作用,而且其本身又成为国法的基础,对国家立法产生潜移默化乃至直接的影响。从司法的角度看,大量的独立于国家司法机构之外的"准司法组织"即社会组织——各种由社会建立的仲裁法庭、社区法院、工会法院、荣誉法院、会所法院、村庄法院及家族法院等——也发挥着重要的化解纠纷的功能,其依据的"非法律规范"即所谓"活法",亦即社会规则,这种司法活动是典型意义上的"准司法"。另外,还存在一种非典型意义上的"准司法"——即使在国家司法层面上,法官也要善于从社会生活中提炼出裁判规范,此种裁判规范也属于"非法律规范",这就意味着法官是在援用"活法"进行裁判,此与纯粹的国家司法有所区别,纯粹的国家司法要求法官必须严格依据国法裁判,而当法官依据活法裁判的时候,这种国家司法已经不那么"纯粹"了,故称其为"准司法"也是适当的。

中国古代的宗族组织、村落组织、行会组织及帮会组织等强调依据社会规则进行调解之类的准司法活动,这正是我们所谓的"社会司法";而受儒家"情理法兼顾"观念的影响,儒家型法官注意依据"情理"即社会规则进行裁判,在裁判依据和司法活动中展示了相当的弹性和灵活性,故可称此类司法为"弹性司法"。上述两种司法活动均属于"准司法"。在我国少数民族地区,不仅存在着根深蒂固的习惯法或社会规则,而且存在着依据这种习惯法所进行的调解、审理和处罚之类的"社会司法"即"准司法"活动,这种准司法活动对维系少数民族地区的社会秩序起到了至关重要的作用。同时,目前我国少数民族地区司法机构在处理少数民族纠纷时,也适当参照了少数民族习惯法的有关内容,因而使国家司法具有了某些"弹性司法"的特点。

综上所述可知,"准司法"既是"社会司法"——依据社会规则进行调解、仲裁之类的活动,又是"弹性司法"——国家司法机构在某些情况下依据社会规则进行裁判。准司法的上述两层含义恰与西方法律社会学的相关理论相吻合,埃利希的学理论证为中国学界对准司法的理论诠释提供了有益的启示。根据上述有关准司法的理论阐释,笔者从司法传统与少数民族习惯法两个维度考察了准司法的实践形态,并对其价值蕴含及实践经验进行了揭示。然后又基于现实的立场,并从国外经验与国内探索两个维度考察了准司法的制度化进路,揭示了准司法的制度化运作之路关键在于制度的完善及其可行性与可接受性的增进。准司法的制度化进路及其逐步完善,必将促进中国当前的司法改革与司法文明的构建,并为中国现代化司法体系的形塑打下基础。

第十四章　司法与诉讼法治战略

一、诉讼法治战略概说

　　法治战略是对法治发展模式的一种顶层设计和宏观思路,现代法治战略的设计是以保护人民权利为核心来展开的。诉讼制度是国家整体司法制度的核心内容,诉讼法治战略(包括民事诉讼、行政诉讼和刑事诉讼三大法治战略)是国家宏观司法战略的重要组成部分。民事诉讼法治战略的核心同样是保护人民权利(私权)。作为一种保障民法实施的程序法,民事诉讼法自然应当贯彻民法"私权至上"的基本理念。所谓私权至上也被称为"权利本位",它来源于古罗马时期的"市民法"。罗马市民法深刻地洞察了人性并尊重了人性,这主要表现在:第一,它承认人们对个人利益追求的正当性,承认这种追求是人类文明发展不可或缺的原动力。只有这些利益和权利得到最大程度的尊重和保障,社会才可能进步。第二,对个人利益诉求的承认不仅仅是观念上的,更是规则和制度上的。西方近代的启蒙运动及后来资产阶级的法律思想只不过是对古罗马法学家的思想加以发扬光大和丰富而已。

　　既然作为实体法的民法是以权利为本位的,那么作为保障民法实施的民事诉讼法当然也应当以保护私权为首要任务。从宏观上看,民事诉讼法治战略的设计也必须以权利为本位,贯彻私权至上的原则,否则就与民事诉讼法治的基本精神背道而驰,同时也远离了民法的真义。这里的"权利"包含多种,但尤以平等权、自治权为要。

　　民事诉讼法治战略的实施是围绕保护私权这一核心来展开的,包括立法、司法、执法、守法、司法解释及法律监督等各个方面。我国的民事公益诉讼制度是实施民事诉讼法治战略的重要举措,体现了该制度保障私权和公共利益的价值取向,也是对"以人民为中心"理念加以践行的重要途径,具有重大的现实意义和理论意义。多元化纠纷解决机制也是实施民事诉讼法治战略的重要举措,因其也体现了保障私权、强调平等和自治的精神。解决"执行难"也是实施民事诉讼法治战略的重要步骤,如果法院的判决得不到切实执行,不仅使利益受损方的当事人得不到救济,而且会影响法律和司法的权威及公信力。平等原则应当体现于法治的各个环节,民法与民事诉讼法以保护私权为要务,对人的平等权的保护更加重视,关系也更为密切。因此,民事诉讼法治战略的设计必须体现"平等"的价值取向。

法律监督也是民事诉讼法治战略实施的重要方面,我国检察机关作为专门的法律监督机关,在此方面自可大有作为。落实司法责任制同样是实施民事诉讼法治战略的一个重要方面,因为只有做到"由裁判者负责",掌握司法权力者才会慎重行权、依法办案,坚持以公正和效率为价值目标,力争让每一个老百姓都感受到公平正义,从而杜绝冤假错案,切实保障案件当事人的权利。另外,自2018年以来推进的司法体制综合配套改革也是实施民事诉讼法治战略的前提条件之一,改革的成功不仅有利于构建一种符合司法规律的司法体制,还有利于提高司法公正和司法效率,从而有助于保障人权和尊重人性,彰显司法和法治的人道性。

当然,尽管民事诉讼法治在持续推进人权保障和私法自治方面取得了不可低估的成绩,但也不能过高估计其成效,因为历史和体制的原因,在此方面仍有很大的努力空间,还有很长的路要走。在民事公益诉讼制度、多元化纠纷解决机制、彻底攻克"执行难"、对不同市场主体加以平等保护等方面还要持续发力,在通过法律监督、司法责任制改革、司法体制综合配套改革来推进民事诉讼法治实施方面任重道远,还远未到"弹冠相庆"的时候。因此,需要我们以更大的定力、更坚强的意志、更顽强的努力来持续推动民事诉讼法治的实施,并使其在充分尊重人性和人权、尊重自治和平等的轨道上前行。

法治战略是体现主流法律价值观的顶层设计,是国家治理体系和治理能力的核心体现及重心展示。我国当代法治战略在中央文件中是如此表述的:"全面推进依法治国,总目标是建设中国特色社会主义法治体系,建设社会主义法治国家。这就是,在中国共产党领导下,坚持中国特色社会主义制度,贯彻中国特色社会主义法治理论,形成完备的法律规范体系、高效的法治实施体系、严密的法治监督体系、有力的法治保障体系,形成完善的党内法规体系,坚持依法治国、依法执政、依法行政共同推进,坚持法治国家、法治政府、法治社会一体建设,实现科学立法、严格执法、公正司法、全民守法,促进国家治理体系和治理能力现代化。"①

这就是说,新时代的法治战略是坚持依法治国、依法执政、依法行政共同推进,坚持法治国家、法治政府、法治社会一体建设,实现科学立法、严格执法、公正司法、全民守法。习近平总书记提出了"治国理政须臾离不开法治"的名论。新时代的法治战略是以人权保障作为价值支撑的,"加强人权法治保障,保证人民依法享有广泛权利和自由。把体现人民利益、反映人民愿望、维护人民权益、增进人民福祉落实到依法治国全过程,使法律及其实施充分体现人民意志。"②

既然法治战略是体现一定法律价值观的宏观思路和整体谋划,那么,行政诉讼法治战略则是指关于行政诉讼法治的宏观思路和整体谋划,它是对我国当前主流价值观的展示和体现。具体说来,我国当前的行政诉讼法治就体现了"保权"(保护公民权利)和"限权"(限制公权力)的价值取向,而限权的目的也是为了保权。限权的第一目标是建立"有限政府",即通过法治手段限制政府权力,将权力关进制度的笼子里,此亦即"法治政府"之义;保权旨在通过法律手段保护公民权利,它体现了人道主义的价值取向。限权是保权的前提,没有限权就没有保权,因为不受制约的政府权力才有可能构成对公民权利的最大侵犯。因此可以说,我国的行政诉讼法治战略是基于人道主义价值观而设计的,以保权和限权为支撑原则的诉讼法律体系及司法实践。

"法治战略实施"是将宏观的法治战略落实到具体的立法、司法、执法、守法、法律解释和法律监督等活动中去,因此它包括了法律实施但又不限于法律实施,如立法活动就不在法律实施的范围之内。当代中国行政诉讼法治战略

---

① 《中共中央关于全面推进依法治国若干重大问题的决定》,人民出版社 2014 年版,第 4 页。

② 中共中央宣传部编:《习近平新时代中国特色社会主义思想学习纲要》,人民出版社 2019 年版,第 99 页。

的设计是以"保权"和"限权"为两翼而展开的,前者指保护民众权利,后者指限制执政者和行政者的权力——旨在构建法治政府或有限政府,最终目的在于构建充分保护人权、得到人民广泛认同的法治国家和行政诉讼法治体系。

当然,行政诉讼法治战略的实施是一个漫长的过程,其核心价值即"保权"和"限权"的完全实现还需要我们付出巨大的、持续性的努力,前进航程上的艰难险阻自不待言。特别是在以司法权监督和限制行政权方面,更是需要我们以更大的决心、更强的定力去持之以恒地努力,只有秉持"不达目的决不收兵"的态度,敢于克服一切体制机制性障碍,才能实现司法权与行政权的平衡,才能达到"限权"与"保权"的平衡。

党的十八届四中全会作出《中共中央关于全面推进依法治国若干重大问题的决定》,将依法治国的方略放在突出地位。在整个改革的过程中,中央和地方高度重视运用法治思维和法治方式,发挥法治的引领和推动作用,加强对相关立法工作的协调,确保在法治轨道上推进改革。刑事诉讼法在国家法治建设中占有十分重要的地位,党的十八大以来所部署的司法改革中就有三分之二的内容涉及刑事司法领域,以习近平同志为核心的党中央协调推进"四个全面"战略布局,在深化国家监察体制改革、反腐败追逃追赃、深化司法体制改革等方面作出了一系列重大决策部署,确定了重大成果和进展。

党的十九大报告明确提出要深化依法治国实践,深化司法体制综合配套改革,全面落实司法责任制,努力让人民群众在每一个司法案件中感受到公平正义。2018 年是中国决胜全面建成小康社会的关键一年,中国司法体制改革也已步入新时期。在全面推进依法治国的宏观背景下,2018 年 10 月 26 日,十三届全国人大常委会第六次会议通过了《关于修改〈中华人民共和国刑事诉讼法〉的决定》,并于当天公布施行。此次的刑事诉讼法修正案回应了当下我国监察体制改革和司法制度改革,与 1996 年和 2012 年刑事诉讼法修改相比,此次修改特点鲜明:(1)从修改主体上看,由全国人大常委会会议而不是全国人大会议修改,开辟了适时修法的新模式;(2)从修改内容上看,及时回应了国家司法改革和监察体制改革的制度需求;(3)从时间上看,本次修正案自公布之日起施行。

通过此次刑事诉讼法律的修改,我国确立了普通程序、简易程序、速裁程序有序衔接的多层次刑事诉讼程序体系,强调疑难复杂案件要按照庭审实质化要求审理、简单案件要快速审理。相应地,适应改革趋势,体现繁简分流的要求,认罪认罚从宽制度、速裁程序写入刑事诉讼法,对不同案件适用不同的诉讼程序,区分了认罪与非认罪的诉讼模式,优化司法资源配置,缓解司法需求和司法资源之间的矛盾。为了进一步推进反腐败斗争,尤其是及时有效惩治潜逃境外的犯罪分子,刑事诉讼法首次将缺席审判制度写入立法。

深化国家监察体制改革是一项事关全局的重大政治体制、监察体制改革,是强化党和国家自我监督的重大决策部署。2018 年 3 月 20 日,十三届全国人民代表大会第一次会议正式通过了《中华人民共和国监察法》。与监察体制改革相关的修改涉及检察机关自侦案件范围的调整,以及监察委向检察机关移送案件在程序上的衔接。强化了检察机关的法律监督职能,尤其强调了对司法工作人员侵犯公民权利、损害司法公正的犯罪予以立案侦查的相关规定;建立了值班律师制度,完善了辩护制度体系,加强了律师执业保障和管理规范,刑事司法制度向着更加法治化、现代化的方向发展。

二、民事诉讼法治战略述论

法治的核心在于"保权"即保护私权(公民权利),法治战略是对法治发展模式的一种顶层设计和宏观思路,也是以保护私权为核心来展开的。习近平总书记指出:"必须坚持法治为了人民、依靠人民、造福人民、保护人民。要保证人民在党的领导下,依照法律规定,通过各种途径和形式管理国家事务,管理经济和文化事业,管理社会事务。要把体现人民利益、反映人民愿望、维护人民权益、增进人民福祉落实到依法治国全过程,使法律及其实施充分体现人民意志。"①《习近平新时代中国特色社会主义思想学习纲要》一书也指出:"加强人权法治保障,保证人民依法享有广泛权利和自由。"②可见,法治的重心在于保护人民权利已经成为主流舆论的共识。

民事诉讼法治战略的核心同样是保护人民权利(私权)。所谓民事诉讼,

---

① 《习近平谈治国理政》(第二卷),外文出版社 2017 年版,第 115 页。
② 中共中央宣传部编:《习近平新时代中国特色社会主义思想学习纲要》,人民出版社 2019 年版,第 99 页。

根据《法学词典》的解释，是指"法院和当事人在其他诉讼参与人参加下，按照法定程序为解决财产、婚姻家庭等民事纠纷而进行的活动。……各个诉讼活动只能按照法律规定的程序顺次进行，不能逾越或颠倒。在民事诉讼中，人民法院着重进行调解，调解无效的及时判决。人民检察院有权对人民法院的民事审判活动实行法律监督。诉讼当事人有权在法律规定的范围内处分自己的民事权利和诉讼权利。"①另有专家指出："民事诉讼是人民法院在当事人和其他诉讼参与人的参加下，审理和解决民事案件的活动以及在这种活动中产生的各种法律关系的总和。""民事诉讼法，是国家制定的、规范法院与民事诉讼参与人诉讼活动，调整法院与诉讼参与人法律关系的法律规范的总和。"②

民事诉讼法的任务在于：保护当事人行使诉讼权利；确认民事权利义务关系，制裁民事违法行为，保护当事人合法权益；保证人民法院正确审理案件；教育公民自觉遵守法律。有学者指出："诉讼权利是当事人维护自己民事权益的手段，是其进行诉讼活动，实施具体诉讼行为的根据。当事人的诉讼权利如果得不到保护，诉讼程序也就无法正常运转，诉讼制度也就得不到有效的贯彻。"又说："民事诉讼法是解决民事主体权利义务之争的程序法。程序法是否能有效地发挥这一功能就在于它是否能通过诉讼制度的贯彻和诉讼程序的运用对有争议的民事权利义务关系予以确认，并在此基础上，对违法行为予以制裁，实现对当事人合法权益的保护。"③可见，民事诉讼法的任务也体现了民事诉讼法治战略的精神，体现了其保护人权的要求。

实际上，作为一种保障民法实施的程序法，民事诉讼法自然应当贯彻民法"私权至上"的基本理念。所谓私权至上也被称为"权利本位"，它来源于古罗马时期的"市民法"，"民法正是关于肯定和保护人之基本生存状态所需要的权利的法，这就是市民法"④。"罗马法揭示了两个最基本的人之为人的东西：（1）它承认对个人利益的追求，承认这种追求是人类文明发展不可或缺的原动力。只有这些利益、权利、欲望得到最大程度的尊重和保障，社会才可能得到进步，才可能创造丰富的社会物质财富和文化财富来满足人们的生活。

---

① 《法学词典》，上海辞书出版社 1989 年版，第 270 页。
② 陈桂明主编：《民事诉讼法学与仲裁法学》，法律出版社 2000 年版，第 1—2 页。
③ 陈桂明主编：《民事诉讼法学与仲裁法学》，法律出版社 2000 年版，第 2 页。
④ 《中国民法学精粹》2003 年卷，机械工业出版社 2004 年版，第 137 页。

(2)质的变化就出现了:这种对利益追求的认可不光是观念上的,而且是规则上的、制度上的,一国之内,从皇帝到臣民,都必须遵守这个规则,它最大程度地保护了人们权益的实现、追求的满足,所以可以说17世纪至18世纪的西方启蒙思想运动不过是恢复了罗马法学家、政治学家已经创立的这种思想,再在自由竞争经济时期将它丰富、充实而已。"①上述见解是深刻的。

贯穿民法体系的一条主线就是权利,"所以民法被称为权利法,一部民法典就是一部权利宣言。……说到底,民法的本质体现了对人性的终极关怀。"②"权利本位也可以理解为权利至上或私权至上。'本位'是一种制度的出发点和归宿。民法以权利为其本位。它的一切制度都是为了人们能更好地、充分地获享权利,使人们更安宁、美满地生活。权利本位的理念包含以下几层意义:(1)民法以充分创设和保障私权为己任;(2)任何私权均受法律之平等保护;(3)人格权神圣和所有权神圣是私权的核心内容。"③

既然作为实体法的民法是以权利为本位的,那么作为保障民法实施的民事诉讼法当然也应当以保护私权为首要任务。正如我国主流民事诉讼理论所认为的,"民事诉讼的作用,是通过民事诉讼制度和程序的运用,解决当事人之间的权利义务之争,保障民事经济实体法所确定的权利义务关系在社会生活中得以实现。"④其实,从宏观上看,民事诉讼法治战略的设计也必须以权利为本位,贯彻私权至上的原则,否则就与民事诉讼法治的基本精神背道而驰,同时也远离了民法的真义。

这里的"权利"包含多种,但尤以平等权、自治权为要。关于平等权,我国民事诉讼法规定了当事人诉讼权利平等原则。人民法院审理民事案件,应当保障当事人享有平等的诉讼权利,对当事人在适用法律上一律平等。民事诉讼法上的平等理念也来源于罗马法,"罗马法视私人平等和自治为终极关怀"⑤。学者认为,社会主义民事法治无疑也是追求平等目标的:"离社会主义越远,民法中越缺乏平等。社会主义民法追求平等的目标,非社会主义民法在

---

① 《中国民法学精粹》2003年卷,机械工业出版社2004年版,第138页。
② 《中国民法学精粹》2003年卷,机械工业出版社2004年版,第139页。
③ 《中国民法学精粹》2003年卷,机械工业出版社2004年版,第140页。
④ 陈桂明主编:《民事诉讼法学与仲裁法学》,法律出版社2000年版,第1页。
⑤ 《中国民法学精粹》2003年卷,机械工业出版社2004年版,第129页。

这方面的追求较弱或没有这方面的追求。社会主义民法规定的是总则平等或宏观平等,非社会主义国家规定的是分则平等或微观平等。这种对比跟社会主义国家在主观上对平等的追求强于西方国家有关。"①平等是民事法律关系的基石,没有平等就没有真正意义上的民事实体法和程序法。

自治权意味着自己的权利可以自由行使或自由处分,它是以自由权为支撑的。此与"私法自治"含义相近。"私法自治的核心概念是,法律要更多地给予人们自由创设权利的依据,每个人得依其自我意愿处分有关私法上的事务。私法自治是对政府的一种制约,政府不能对市民社会的生活指手画脚。私法自治说到底就是对政府权力扩张的一种扼制。现代社会中,必须通过对私法自治的强调来尽量淡化政府在市民社会中的角色,政府的重要性更多地体现在当个人权利极度滥用以致损害他人权利的情况下进行干预,而干预的目的正好是为了权利的更好实现,而不是为了显示政府的存在。"②

我国民事诉讼法同样规定了这种私法自治的权利,如所谓处分原则,是指民事诉讼当事人有权在法律规定范围内处分自己的民事权利和诉讼权利,"处分"意味着自由支配,也就是可以行使权利,也可以放弃权利。这里的"处分"主要分为两种情况:一是基于民事诉讼法律关系所产生的诉讼权利,二是基于实体法律关系而产生的民事实体权利。就后者而言,主要表现为如下几个方面:第一,当事人可依自己的意愿决定是否行使起诉权。第二,在诉讼过程中,原告可以申请撤回起诉,亦即要求人民法院终结已经进行的诉讼,被告也有权提出反诉来主张自己的实体权利,以对抗原告的诉讼请求。当事人双方都有请求法院以调解方式解决纠纷的权利,也有依其意愿决定是否行使提供证据的权利。第三,在一审判决之后,当事人可依其意愿决定是否行使上诉权,二审之后还有决定是否行使申请再审的权利,对已经生效的判决或者其他具有执行力的法律文书,享有权利的当事人还有权决定是否申请强制执行。如此等等。

① 徐国栋:《民法哲学》,中国法制出版社 2009 年版,第 106 页。
② 《中国民法学精粹》2003 年卷,机械工业出版社 2004 年版,第 140 页。

三、民事诉讼法治战略的实施

（一）民事公益诉讼制度助推民事诉讼法治战略的实施。民事诉讼法治战略的实施是围绕保护公民权利这一核心来展开的，包括立法、司法、执法、守法、司法解释及法律监督等各个方面。2017 年 6 月 27 日，第十二届全国人民代表大会常务委员会第二十八次会议通过了关于修改《民事诉讼法》的决定，随后，相关的实施工作就开始了。例如，在公益诉讼方面，新修改的民事诉讼法就有了明确的规定，2018 年，法院、检察院在公益诉讼方面开展了卓有成效的工作。

公益诉讼分为民事公益诉讼和行政公益诉讼，两者是有区别的：一是其适用的法律规范不同，前者适用民事法律规范，后者适用行政法律规范；二是其被告不同，前者以民事主体（或私人）为被告，后者以行政主体（行政机关或其他公权机关）为被告。按照起诉的主体划分，公益诉讼可以划分为由检察机关提起的公益诉讼和其他社会组织或个人提起的公益诉讼，前者称为民事公益诉讼或行政公益诉讼，后者称为一般公益诉讼。

2019 年 3 月 12 日，在十三届全国人大二次会议上，周强所作的《最高人民法院工作报告》对 2018 年人民法院在审理公益诉讼案件方面取得的成绩进行了汇报："审结检察机关和社会组织提起的公益诉讼案件 1919 件。会同最高人民检察院出台司法解释，明确检察公益诉讼案件审理规则。广东法院公开宣判全国首例共享单车消费公益诉讼案，判决经营者按承诺退还押金，维护消费者合法权益，促进共享经济规范发展。江苏、山东等地法院依法审理侮辱消防烈士公益诉讼案，以法律正义捍卫英烈荣光。"

张军在十三届全国人大二次会议上所作的《最高人民检察院工作报告》中也总结了 2018 年的工作，强调了公益诉讼制度在保障人权、监督和限制行政权方面所发挥的重要作用。报告指出，我国检察机关在 2018 年积极落实以人民为中心、探索中国特色公益诉讼检察之路，开局效果良好。全年共立案办理民事公益诉讼 4393 件、行政公益诉讼 108767 件。其中，涉及生态环境和资源保护 59312 件、食品药品安全 41118 件、国有财产保护 10025 件、国有土地使用权出让 2648 件、英烈权益保护 57 件。

应该指出,民事公益诉讼制度是实施民事诉讼法治战略的重要举措,体现了该制度保障公民权利和公共利益的价值取向,也是对"以人民为中心"理念加以践行的重要途径,具有重大的现实意义和理论意义。

(二)多元化纠纷解决机制助推民事诉讼法治战略的实施。多元化纠纷解决机制也是实施民事诉讼法治战略的重要举措,因其也体现了保障私权、强调平等和自治的精神。多元化纠纷解决机制重在调解,而调解是中国传统法律文化中源远流长的一大传统,在新中国又以"枫桥经验"的形式焕发出了新的生命力。我国人民法院在新时代主动作为,将枫桥经验引入司法实践,取得了可圈可点的成绩。周强在十三届全国人大一次会议上所作的《最高人民法院工作报告》中指出:"坚持和发展'枫桥经验',完善矛盾纠纷多元化解机制,为人民群众提供线上与线下结合、诉讼与调解对接的司法服务。"

法院调解是我国调解制度的重要组成部分,也是民事诉讼制度中的一项重要制度。《简明中国法治文化辞典》对此解释道:"法院调解,又称诉讼调解,是指在人民法院审判人员的主持下,双方当事人在自愿、平等的基础上,就争议的民事实体权利、义务进行协商以达成协议,解决纠纷的诉讼活动。"[1]在当事人自愿的基础上,诉讼调解贯穿于诉讼的全过程,既包括一审、二审程序,还包括再审程序。"相对于一纸冷冰冰的判决书,在审判人员的主持下由双方当事人参与的法院调解方式似乎更有温度,较容易被双方当事人接受,因此有助于防止矛盾激化、彻底解决纠纷、维护社会稳定。这对于构建社会主义和谐社会也有重要意义。"[2]是的,调解是一种有"温度"的民事诉讼制度,它彰显了一种尊重自主自愿、保护当事人权利的理念,因而体现了人道主义精神,有助于民事诉讼法治战略的实施。

以调解为核心的"枫桥经验",不仅成为当代中国社会治理的模式,还与司法实践产生了密切关联,其自治性、人道性更是契合了民事诉讼法治战略的设计与实施。最高人民法院司法改革办公室副主任、长期致力于研究"枫桥经验"的学者汪世荣教授指出:"在基层纠纷治理的现有架构当中,以人民法

---

① 韩君玲主编:《简明中国法治文化辞典》,商务印书馆 2018 年版,第 161 页。
② 韩君玲主编:《简明中国法治文化辞典》,商务印书馆 2018 年版,第 162 页。

院为核心的基层司法机关构成了基层纠纷治理的重要主体,同时也构成了国家通过司法治理,全面实现依法治国方略的践行者和国家治权下沉承接的重要主体。在基层纠纷治理的实践当中,纠纷解决主要是通过人民调解和司法诉讼两个路径来具体展开。基层社会纠纷治理,既要努力通过公正司法向社会输出法律规则和司法公正,又要努力推进诸如'诉源善治''诉访分流''诉调对接'等基层纠纷解决机制的建设,以切实有效地化解社会矛盾,实现'矛盾化解在基层'和'纠纷解决在基层'等社会治理的基本目标。在当前基层社会治理实践的不断探索当中,'枫桥经验'中的基层司法在回应基层纠纷治理及其法治化的目标上,无疑具有重要的启示意义。"①

值得注意的是,人民法院还将多元化纠纷解决机制引入了涉侨纠纷的化解工作之中,取得了令人瞩目的成就。2019 年 3 月 12 日,周强在《最高人民法院工作报告》中指出:"保护港澳台同胞和归侨侨眷、海外侨胞合法权益。审结涉港澳台案件 1.7 万件,办理涉港澳台司法协助互助案件 9502 件。签署内地与香港法院相互认可和执行民商事案件判决的安排,基本实现内地与香港民商事领域司法协助全覆盖。福建法院推出 59 条措施,切实保护台胞台企合法权益。审结涉侨案件 1.6 万件。会同中国侨联出台意见,在福建、广东、海南等 11 个省区市开展涉侨纠纷多元化解试点,促进涉侨纠纷有效化解。"

2018 年,最高人民法院、中华全国归国华侨联合会联合发布了《关于在部分地区开展涉侨纠纷多元化解试点工作的意见》(以下简称《意见》),指出为加强预防和化解社会矛盾机制建设,推进涉侨领域矛盾纠纷多元化解,打造共建共治共享的社会治理格局,依法维护归侨侨眷和海外侨胞合法权益,根据我国《调解法》《归侨侨眷权益保护法》及两办《关于完善矛盾纠纷多元化解机制的意见》、最高人民法院《关于进一步深化人民法院多元化纠纷解决机制改革的意见》,决定在吉林、上海、浙江等 11 省开展涉侨纠纷多元化解试点工作。《意见》要求要健全调解组织。各级侨联组织应当广泛吸纳归侨侨眷和各类专业人员加入人民调解组织。有条件的地区可以探索建立具有民办非企业单位性质的涉侨纠纷调解中心等。依托现有调解组织、法院特邀调解组织和诉

---

① 汪世荣等:《枫桥经验:基层社会治理体系和治理能力现代化实证研究》,法律出版社 2018 年版,第 243—244 页。

调对接中心等,吸收归侨侨眷和各类专业人员担任调解员。涉侨调解组织可以在婚姻家庭、相邻关系、小额债务、劳动争议、物权争议、工程承包、投资、金融、知识产权、国际贸易等领域提供调解服务。各级侨联组织及涉侨调解组织、行业调解组织、仲裁机构、公证机构等建立和完善工作对接机制。与高等院校、科研机构加强合作,在人员培训、业务拓展、工作协同等方面发挥各自优势、互相提供支持,服务创新驱动发展战略、乡村振兴战略、区域协调发展战略、"一带一路"建设等国家重大发展战略。

《意见》还要求试点地区人民法院积极推荐和确定符合条件的归侨侨眷担任人民陪审员,参与涉侨纠纷的审理工作。在归侨侨眷比较集中的农场、企业和乡镇,人民法院可以通过设立巡回办案点、权益保护基地等形式,方便群众诉讼。另外还要强化司法保障,《意见》指出,人民法院要完善涉侨案件诉调对接机制,积极吸纳涉侨调解组织和调解员加入人民法院特邀调解组织和特邀调解员名册。对于当事人起诉到人民法院适宜调解的涉侨纠纷或案件,人民法院可以通过委派或者委托调解,由涉侨调解组织和调解员先行调解。经人民法院委派或者涉侨调解组织调解达成协议,当事人申请司法确认的,人民法院应当依法确认调解协议效力。另外,试点地区人民法院和侨联组织应当及时总结本地区试点工作取得的成熟经验,积极推动本地区出台相关地方性法规、规章;已经出台相应地方性法规、规章的地区,要做好配套机制的完善和落实,将试点成果制度化、法律化,确保试点工作依法有序、顺利推进。

最高人民法院《四五改革纲要》对多元化纠纷解决机制改革作出了部署,上海法院认真贯彻该部署,"以构建职能明确、机制健全、管理规范、功能强大的人民法院诉调对接平台为抓手,有效对接行政机关、社会组织、企事业单位等各方面纠纷解决主体的力量,更好地发挥审判的规范、引导和审查监督作用,促进各种纠纷解决方式的有效衔接、相互配合和全面发展,为当事人提供多元的纠纷解决渠道,引导当事人自愿选择适当的纠纷解决方式,促进多元化纠纷解决机制的制度化、法治化。"①为此,先后出台了《关于推进诉调对接多元纠纷解决机制建设的若干意见》《关于民事调解协议司法确认程序的实施

---

① 崔亚东主编:《上海法院司法体制改革的探索与实践》,人民法院出版社 2018 年版,第237 页。

细则》等文件。又成立诉调对接中心,出台了《关于加强立案和诉调对接中心衔接工作的意见》《诉调对接中心调解员管理办法》等文件。从实践的效果来看,"大量矛盾纠纷得以解决,维护了人民群众的合法权益",自 2013 年以来,上海市法院诉调对接中心调解纠纷数由 18 万余件增至 23 万余件,年均增长 7.25%。

(三)攻坚"执行难"助推民事诉讼法治战略的实施。解决"执行难"也是实施民事诉讼法治战略的重要步骤,如果法院的判决得不到切实执行,不仅使利益受损方的当事人得不到救济,而且会影响法律和司法的权威及公信力。为此,自 2016 年以来,最高人民法院持续发力,如今在解决执行难方面取得了令人欣喜的成绩。周强在十三届全国人大二次会议上作 2019 年《最高人民法院工作报告》时指出:"为贯彻落实党的十八届四中全会关于'切实解决执行难'的部署,最高人民法院 2016 年 3 月在十二届全国人大四次会议上提出'用两到三年时间基本解决执行难问题'。三年来,人民法院全力攻坚,共受理执行案件 2043.5 万件,执结 1936.1 万件,执行到位金额 4.4 万亿,与前三年相比分别增长 98.5%、105.1%和 71.2%,解决了一批群众反映强烈的突出问题,基本形成中国特色执行制度、机制和模式,促进了法治建设和社会诚信建设,'基本解决执行难'这一阶段性目标如期实现。"报告还指出,在解决执行难方面,经过人民法院的持续努力,出现了良好的工作局面:一是综合治理执行难工作格局基本形成;二是执行模式发生深刻变革;三是执行工作更加规范有序;四是群众关心的一些突出问题得到解决;五是理解支持执行工作的氛围更加浓厚。周强总结说:"我们深刻体会到,'基本解决执行难'目标的实现,关键在于党中央全面依法治国战略的实施,关键在于党的领导和我国社会主义制度能够集中力量办大事的政治优势,关键在于通过深化改革破解难题,关键在于信息化发展提供的科技支撑。"这里讲到基本解决"执行难"目标的实现关键在于依法治国战略的实施,其实也包括民事诉讼法治战略的实施在内。

作为司法改革"排头兵"的上海法院,在总攻"执行难"方面也屡屡发力。各级法院"以提高司法公信力为根本尺度,坚持需求导向,坚持问题导向,坚持目标导向",先后出台了《上海法院推进执行体制改革试点工作实施方案》《上海市高级人民法院关于开展破解"执行难"专项治理的方案》。其指导思想是"以'努力让人民群众在每一个司法案件中感受到公平正义'为总目标，以提高司法公信力为根本尺度，坚持党委领导、人大监督、政府支持、政法委协调、法院主办、部门配合、社会各界参与的综合治理大格局，紧紧抓住'向执行难全面宣战'的良好机遇，以推进执行体制机制改革为动力，全力破除实现公平正义的最后一道藩篱，坚决破解执行难这一难题"①。

（四）"平等保护"的司法政策助推民事诉讼法治战略的实施。习近平总书记指出："平等是社会主义法律的基本属性，是社会主义法治的基本要求。坚持法律面前人人平等，必须体现在立法、执法、司法、守法各个方面。"②平等原则应当体现于法治的各个环节，民法与民事诉讼法以保护私权为要务，对人的平等权的保护更加重视，关系也更为密切。因此，民事诉讼法治战略的设计必须体现"平等"的价值取向。

如前所言，"平等权"是民事诉讼法治战略之人权保护核心价值的重要方面，在实施民事诉讼法治战略过程中，人民检察院注意贯彻平等原则，对各种市场主体进行平等保护，为打造优良的营商环境保驾护航。张军在2019年两会上所作的《最高人民检察院工作报告》对2018年人民检察院的相关工作加以介绍："平等保护各类企业合法权益。认真学习贯彻习近平总书记在民营企业座谈会上的重要讲话精神，在司法办案中对国企民企、内资外资、大中小微企业落实好'平等'二字，确保各类企业诉讼地位、诉讼权利、法律保护一视同仁。"周强在2019年两会上所作的《最高人民法院工作报告》也对2018年人民法院在平等保护民营企业和企业家合法权益方面开展的工作："坚决贯彻习近平总书记在民营企业座谈会上的重要讲话精神，依法服务民营经济发展，保护诚实守信、公平竞争，审慎适用强制措施，禁止超范围查封扣押冻结涉案财物，坚决防止将经济纠纷当作犯罪处理，坚决防止将民事责任变为刑事责任，让企业家专心创业、放心投资、安心经营。加大涉产权刑事申诉案件清理力度，再审改判张文中无罪，依法甄别纠正涉产权冤错案件，发布两批13个典型案例，传递党中央依法保护产权和企业家人身财产安全的强烈信号，促进稳定社会预期。"

---

① 崔亚东主编：《上海法院司法体制改革的探索与实践》，人民法院出版社2018年版，第167页。

② 《习近平谈治国理政》（第二卷），外文出版社2017年版，第115页。

（五）司法体制综合配套改革助推民事诉讼法治战略的实施。目前正在推进的司法体制综合配套改革是实施依法治国战略的重要举措,也是实施民事诉讼法治战略的重要举措,因其在保障人权、实现平等自由方面的目标是一致的。周强在 2019 年两会上所做的工作报告总结了 2018 年人民法院在此方面所开展的工作:"制定深化人民法院司法体制综合配套改革意见,增强改革系统性整体性协同性。制定进一步全面落实司法责任制实施意见,健全审判监督管理机制和惩戒制度,健全新型审判权力运行机制,让审理者裁判,由裁判者负责。健全常态化改革督察机制,开展集中督察,编发 55 个司法改革示范案例,推广各地先进经验,提高全国法院改革整体效能。"张军在 2019 年的两会报告中也介绍了人民检察院在 2018 年推进司法体制综合配套改革方面的工作:"积极推进司法体制综合配套改革,检察人员分类管理、检察官办案责任制不断完善,检察官单独职务序列及工资制度逐步健全,检察人员职业保障政策基本落实。深化跨行政区划检察改革,将一起涉及苏豫皖三省水域污染案指定相关检察院异地办理;支持上海牵头探索长三角环境保护一体化检察协作机制。"

党的十九大报告提出了"深化司法体制综合配套改革"的主张,上海法院率先试点、逐步推进。上海市高级人民法院院长刘晓云指出:"深化司法体制综合配套改革,重在持续深化,贵在综合全面,要在系统配套。具体而言,就是要按照系统性、整体性、协同性相统一的改革方法论要求,对已经出台的改革举措狠抓配套落实,对存在短板的改革举措持续配套补齐,对分散发力的改革举措强化配套协同,对相互关联的改革举措注重配套对接,对行之有效的改革举措强化配套立法,全面激发改革的'联动效益'和'共生效应',确保各项改革举措形成整体合力、真正落地见效。"①

（六）法律监督助推民事诉讼法治战略的实施。法律监督是民事诉讼法治战略实施的重要方面,我国检察机关作为专门的法律监督机关,在此方面自可大有作为。2019 年 3 月 12 日张军在《最高人民检察院工作报告》中介绍了2018 年人民法院开展法律监督特别是民事诉讼监督方面的情况:"针对民事、

---

① 最高人民法院司法改革领导小组办公室编:《新时代深化司法体制综合配套改革前沿问题研究》,人民法院出版社 2018 年版,第 1 页。

行政申诉持续上升,监督案件大量积压,认真落实全国人大常委会审议意见,着力解决'重刑轻民'问题,分别设立民事、行政检察机构。忠实于公共利益代表的嘱托和法律赋权,落实中央全面深化改革委员会第三次会议精神,专设公益诉讼检察机构。去年12月,最高人民检察院内设机构改革落地,地方检察机关同步部署。刑事、民事、行政、公益诉讼'四大检察'法律监督总体布局着力推进。"

根据周强在2019年两会上的《最高人民法院工作报告》,2018年各级人民法院也"依法接受检察机关诉讼监督,认真审理检察机关对生效裁判提出的抗诉案件,及时办理检察建议,共同维护司法公正"。这说明,法律监督已经成为落实依法治国战略、实施民事诉讼法治战略的重要一环。

(七)司法责任制改革助推民事诉讼法治战略的实施。落实司法责任制也是实施民事诉讼法治战略的一个重要方面,因为只有做到"由裁判者负责",掌握司法权力者才会慎重行权、依法办案,坚持以公正和效率为价值目标,力争让每一个老百姓都感受到公平正义,从而杜绝冤假错案,切实保障案件当事人的权利。中共十八届三中全会通过的《关于全面深化改革若干重大问题的决定》,提出完善主审法官、合议庭办案责任制,让审理者裁判,由裁判者负责。中共十八届四中全会通过的《关于全面推进依法治国若干重大问题的决定》提出"落实谁办案谁负责""实行办案质量终身负责制和错案责任倒查问责制"。2015年,最高人民法院出台了《关于完善人民法院司法责任制的若干意见》,明确了司法责任制改革的方向和途径,即健全司法权运行机制,这是落实司法责任制的基础,然后落实审判责任制,让负责案件审理的法官、合议庭对办案质量负责。

最高人民法院编写的《司法热点问题读本》指出:"司法责任制改革的目标就是实现让审理者裁判、由裁判者负责;完善审判权运行机制的改革就是要去除审判活动的行政化、促进法院内部审判权独立;……审判责任制追究应当以违法和过错责任为原则,限于追究法官故意违法审判的行为,或者因重大过失造成错案并造成严重后果的行为。"[①]2018年出版的《上海法院司法体制改革的探索与实践》一书对司法责任制的基本内涵加以概括:"司法责任制是指

---

① 黄永维主编:《司法热点问题读本》,人民法院出版社2016年版,第56页。

在遵循司法权运行规律和司法亲历性的前提下,按照权责明晰、权责统一、监督有序、制约有效、程序公正等要求,让司法人员对所办理的案件真正承担责任,并明确司法人员职责和权限、责任范围、责任承担和责任追究的一种司法制度。"①

2018年,最高人民法院印发了《关于进一步全面落实司法责任制的实施意见》的通知。该通知主要从以下四个方面提出了要求:一是坚定不移推进司法责任制改革;二是完善审判权力运行机制,切实落实"让审理者裁判"的要求;三是完善新型监督管理机制和惩戒制度,切实落实"由裁判者负责"的要求;四是统筹推进司法责任制配套改革,提升司法责任制改革整体效能。其中第三个方面是重点,即健全信息化全流程审判监督管理机制,加强审判、执行工作标准化、规范化建设,细化落实院长、庭长审判监督管理权责清单,强化案件质量评查,严格落实违法审判责任追究制度,完善司法廉政风险防控体系,等等。

2018年9月,最高人民法院司法改革领导小组办公室编的《新时代深化司法体制综合配套改革前沿问题研究》一书由人民法院出版社出版,该书收录了一篇题为《深化司法责任制改革的实践及其实效问题研究》的文章,系由最高人民法院司改办与成都市中级人民法院合作撰写的。文章指出:"司法责任制改革是本轮司法改革的基础性制度性措施,其四项内容:落实司法责任制、完善司法人员分类管理、健全司法人员职业保障制度、推进省以下地方法院检察院人财物省级统一管理,无一不涉及司法管理制度与司法权运行制度的核心问题。从目的上看,司法责任制改革旨在促使司法权的配置与输出,与社会的司法需求相匹配,这要求行权主体具有必要的行权能力,制度赋予行权主体必要的手段与保障,同时又要给予必要的监督与平衡,以此确保司法权的输出结果符合公正与效率的价值要求;从方法上看,司法责任制改革抓住司法活动存在的主要问题,从'去行政化'和'去地方化'两个角度对司法权运行的权责问题与司法管理的层级问题进行了关键性的制度重构。"②

---

① 崔亚东主编:《上海法院司法体制改革的探索与实践》,人民法院出版社2018年版,第100页。

② 最高人民法院司法改革领导小组办公室编:《新时代深化司法体制综合配套改革前沿问题研究》,人民法院出版社2018年版,第287页。

这就揭示了司法责任制改革的方向:提高行权能力、输出正义产品。前者指"还权"于办案法官,后者指当事人获得法律的及时救济。上文还强调:"司法责任制改革的目标是实现'让审理者裁判,由裁判者负责','让人民群众在每一个司法裁判中感受到公平正义'。"①该文认为,公众的司法获得感可以通过裁判认可度进行评估。改革后,成都法院一审案件上诉率下降了37%,申诉率下降了16%,申诉信访受理数下降了5%。同时,根据第三方测评数据,成都法院测评平均得分高达96%,较改革前提升了3.6分。这说明,司法责任制改革让当事人的获得感和公众的满意度都有了较大提升,其价值取向的人道性在具体的改革措施中得以彰显。因此,这项改革契合了民事诉讼法治战略的价值取向,并助推了民事诉讼法治战略的实施。

四、行政诉讼法治战略述论

所谓行政诉讼,"是法院应公民、法人或者其他组织的请求,通过审查行政行为合法性的方式,解决特定范围内行政争议的活动"②。行政诉讼与民事诉讼、刑事诉讼并称为"三大诉讼",是我国诉讼制度的基本形式之一。这里有几点需要注意:其一,行政诉讼是司法机关通过审判方式所进行的司法活动;其二,行政诉讼是法院以审查行政行为合法性的方式解决行政争议的活动;其三,行政诉讼是解决特定范围内行政争议的活动。

所谓行政诉讼法,"是有关行政诉讼的法律规范的总和。它是规定人民法院、诉讼当事人和其他参与人的诉讼活动程序,规范各种行政诉讼行为,调整行政诉讼关系的法律规范,也是我国法律体系中的一个重要法律部门"③。其主要特点如下:第一,行政诉讼是规定行政诉讼活动程序的法律规范;第二,行政诉讼法调整的对象是诉讼行为和诉讼关系;第三,行政诉讼法的主要内容是规定行政诉讼主体的权利和义务;第四,行政诉讼是关于行政诉讼的法律规

---

① 最高人民法院司法改革领导小组办公室编:《新时代深化司法体制综合配套改革前沿问题研究》,人民法院出版社 2018 年版,第 287 页。

② 马怀德主编:《行政诉讼法学》,法律出版社 2000 年版,第 1 页。

③ 马怀德主编:《行政诉讼法学》,法律出版社 2000 年版,第 3 页。

范的总和。

战略,是体现一种价值观的宏观思路和整体谋划。行政诉讼法治战略则是指关于行政诉讼法治的宏观思路和整体谋划,它是对一种主流价值观的展示和体现。具体说来,我国当前的刑事诉讼法治就体现了"保权"(保护公民权利)和"限权"(限制公权力)的价值取向,而限权的目的也是为了保权。限权的第一目标是建立"有限政府",即通过法治手段限制政府权力,将权力关进制度的笼子里,此亦即"法治政府"之义;保权旨在通过法律手段保护公民权利,它体现了人道主义的价值取向。限权是保权的前提,没有限权就没有保权,因为不受制约的政府权力才有可能构成对公民权利的最大侵犯。因此可以说,我国的行政诉讼法治战略是基于人道主义价值观而设计的,以保权和限权为支撑原则的诉讼法律体系及司法实践。

从限权的直接目标看,是构建"法治政府",它以责任行政、合法行政与合理行政为运行原则。而责任行政是法治政府的首要原则。"所谓责任行政是指国家行政机关必须对自己所实施的行政活动承担责任,整个行政活动应处于一种负责任的状态,不允许行政机关只实施行政活动,而可以对自己的行为不承担责任。"①行政法的基本原则是用来指导行政法的立法、执法以及规范行政行为的实施与行政争议的处理的,是高于行政法具体规范又贯穿于行政法具体规范之中的。法治社会是每个人必须对自己行为负责的社会,推而广之,每个社会组织、国家机关也要为自己的行为负责,因其是一个社会赖以生存的条件。如果社会允许某个人或某个组织可以对自己的行为不负责任,那么这个社会将无秩序可言。法律的目的就在于通过某种行为责任的追究来维护社会秩序。特别是公权力机关自身的性质及其活动特点更应当建基于责任之上,它的活动具有公共性质,以整个社会为对象,以公共利益为目标,以作用于个人和社会团体的利益为特征,如其随意实施而不承担责任,就会诱导社会进入无序状态。从此意义上说,责任行政是行政法及法治政府的基础性原则。

正如学者所论:"责任行政原则是全部行政法产生的基础,是贯穿所有行政法规范的核心和基本精神。行政规范之所以产生,其目的就在于克服行政活动中的无责任状态,把全部行政活动置于一种法律责任的基础之上,而不能

---

① 张树义主编:《行政法学》,法律出版社 2000 年版,第 4 页。

随心所欲、任意行政、滥用职权。服务于这一根本目的,各种行政法规范确立了行政权力行使的规则,行政活动实施的程序,以及违反这些规则和程序所要负担的法律上的后果。"①责任行政原则的主要内容:一是其基本目标在于实现行政活动的有责任状态;二是其要求必须有明确的主体;三是其要求将行政机关的各种活动与责任相连,不存在无责任的行政活动;四是其要求在行政机关实行违法活动的时候,立即将责任从法律规定转化为实际状态。

法治政府的第二个重要原则是合法行政原则,或称行政合法性原则。"所谓行政合法性原则,是指行政机关必须遵守法律。法律规定了行政机关活动的权限、手段、方式,行政活动必须符合这些法律规定,一切行政活动必须以法律为依据,法无明文规定不得为之;严格遵守法律的规定,违法者必须承担相应的法律后果。"②其实,合法行政是责任行政的前提,行政机关为自己的行为负责,在什么情况下对什么行为承担责任应当由法律明确规定,否则责任行政将难以落实。合法行政原则的要点在于:一为行政活动必须有法律依据,二为行政行为必须符合法律,三为行政行为必须符合法定程序。

2018 年 8 月 24 日,习近平在中央全面依法治国委员会第一次会议上发表了题为《加强党对全面依法治国的领导》的重要讲话。讲话指出:"坚持依法治国、依法执政、依法行政共同推进,法治国家、法治政府、法治社会一体建设。全面依法治国是一个系统工程,必须统筹兼顾、把握重点、整体谋划,更加注重系统性、整体性、协同性。依法治国、依法执政、依法行政是一个有机整体,关键在于党要坚持依法执政、各级政府要坚持依法行政。法治国家、法治政府、法治社会三者各有侧重、相辅相成,法治国家是法治建设的目标,法治政府是建设法治国家的主体,法治社会是构筑法治国家的基础。"在这里,把法治政府提到了一个很高的地位来看待,法治政府是建设法治国家的主体,而法治政府的重要一环在于依法行政,亦即上文所言贯彻合法行政原则。

法治政府的第三个重要原则是合理行政原则,或称行政合理性原则。"所谓行政合理性原则是指行政行为内容要客观、适度,符合公平正义等法律理性。"③实际上,法律不可能规范全部行政活动,有些行政活动非法律所能调

---

① 张树义主编:《行政法学》,法律出版社 2000 年版,第 5 页。
② 张树义主编:《行政法学》,法律出版社 2000 年版,第 6 页。
③ 张树义主编:《行政法学》,法律出版社 2000 年版,第 7 页。

整,属于行政机关自由裁量权的范围。合理行政原则的主要内容包括:一是行政行为必须符合法律的目的;二是行政行为必须具有合理的动机;三是行政行为必须考虑相关的因素;四是行政行为必须符合公正法则。

在目前我国进行司法体制改革的大背景下,伴随着经济社会的发展、人权意识的提高,行政诉讼法治战略的设计也在"限权"与"保权"两个方向发力,其成效可圈可点。行政诉讼就是通过审判手段来体现司法权对行政权的监督,这种监督也是"限权"(限制行政权)的题中应有之义。同时,司法权对行政权的监督又有维持合法行政行为的一面。对此,曾有学者进行过探讨:"行政诉讼法并不是单纯的公民权利救济法,同时也是司法机关对行政机关实施监督的法。根据我国行政诉讼法的规定,法院通过审理行政案件,有权撤销违法的具体行政行为,有权维持合法的具体行政行为。撤销违法的具体行政行为,不仅意味着对行政行为的否定评价,而且也是防止行政机关再犯同样错误的重要监督方式。……行政诉讼法在保护公民、法人或其他组织合法权益与监督和维护行政机关依法行使职权方面并不矛盾。维护和监督行政机关依法行使职权的最终目的是保护公民、法人或者其他组织的合法权益,同样,只有促进行政机关依法行政,公民、法人和其他组织的合法权益才能得到更广泛、更切实的保护。"①换言之,"限权"与"保权"并不矛盾,没有前者就没有后者,而限制、监督行政权"越轨"的同时,又要维持和支持合法的行政行为,其根本目的都是为了保护公民、法人与其他组织的合法权益。

行政诉讼旨在实现司法权对行政权的监督,其主要表现是司法机关对行政行为进行合法性审查。"行政诉讼以合法性审查为原则的特点是由司法权和行政权的关系决定的。在我国,行政权和司法权都是由宪法和国家权力机关赋予的,受国家权力机关制约。行政权与司法权彼此独立,各有自己的活动领域。司法权对行政权的监督来自法律的明确授权,并且必须在法定范围内进行。因而,司法权对行政权的监督只能限于合法性。"②

在行政执法和司法保护人权方面,习近平总书记也高屋建瓴地指出:"法治建设要为了人民、依靠人民、造福人民、保护人民。必须牢牢把握社会公平

---

① 张树义主编:《行政法学》,法律出版社 2000 年版,第 7 页。
② 张树义主编:《行政法学》,法律出版社 2000 年版,第 9 页。

正义这一法治价值追求,努力让人民群众在每一项法律制度、每一个执法决定、每一宗司法案件中都感受到公平正义。要把体现人民利益、反映人民愿望、维护人民权益、增进人民福祉落实到依法治国全过程,保证人民在党的领导下通过各种途径和形式管理国家事务,管理经济和文化事业,管理社会事务。"①这里,总书记所言"努力让人民群众在每一项法律制度、每一个执法决定、每一宗司法案件中都感受到公平正义""要把体现人民利益、反映人民愿望、维护人民权益、增进人民福祉落实到依法治国全过程"就是从战略高度论证了法治包括诉讼法治的人道性,实际上是为新时代法治及诉讼法治的发展指明了方向。

五、行政诉讼法治战略的实施

所谓"法治战略实施"与"法的实施"两个概念,既有联系又有区别。《法学词典》对法的实施作了如下解释:"国家机关、公职人员、社会团体和公民实现法律规范的活动。它表现为法律规范对一定的社会关系的调整过程。法的实施使法律规范的要求在社会生活中获得实现,起到保护和巩固有利于统治阶级的社会关系和社会秩序的作用。……社会主义法的实施主要是变革和废除剥削关系,确立、维护和发展新型的社会主义关系的过程,主要表现为:(1)国家机关、公职人员和国家授权的单位把法律的一般规范应用于具体情况,通称法律适用;(2)国家机关、公职人员、企事业单位、社会团体和公民自觉遵守法律规范,从而实现法律规范的要求。"②根据学界通说,法的实施或法律实施包括法的适用(国家司法机关根据法定职权和法定程序,将法律运用于具体的人或组织的专门活动,即执行法律的活动)、法的遵守、法的解释(特定的人或组织依据立法原意和法律意识对法律及其他规范性文件的具体内容、含义和术语所作的解释)、法的监督(狭义上特指国家机关依照法定权限和程序对法律实施的合法性所进行的监察和督促,如检察机关的监督及监察委的监

---

① 习近平:《加强党对全面依法治国的领导》,《求是》2019 年第 4 期。
② 《法学词典》,上海辞书出版社 1989 年版,第 662 页。

督）。

"法治战略实施"是将宏观的法治战略落实到具体的立法、司法、执法、守法、法律解释和法律监督等活动中去，因此它包括了法律实施但又不限于法律实施，如立法活动就不在法律实施的范围之内。

如前所述，当代中国的行政诉讼法治战略设计是以"保权"和"限权"为两翼而展开的，前者指保护民众权利，后者指限制行政者的权力——旨在构建法治政府，最终目的在于构建充分保护人权、得到人民广泛认同的法治国家及行政诉讼法治体系。

为了实施上述行政诉讼法治战略，2017 年 6 月 27 日，第十二届全国人民代表大会常务委员会第二十八次会议通过了关于修改行政诉讼法的决定，这是继 2014 年第一次修订后的第二次修订。本次修法正是贯彻行政诉讼法治战略的重要步骤之一，着重在"保权"和"限权"两方面来展开。此点从该法总则第一条即可得到印证："为保证人民法院公正、及时审理行政案件，解决行政争议，保护公民、法人和其他组织的合法权益，监督行政机关依法行使职权，根据宪法，制定本法。"所谓"保护公民、法人和其他组织的合法权益"体现了"保权"理念，所谓"监督行政机关依法行使职权"则体现了"限权"理念。第六条规定："人民法院审理行政案件，对行政行为是否合法进行审查。"通过司法审查来实现司法权对行政权的监督，也体现了"限权"的理念。

这里应该指出，本次行政诉讼法的修订虽然是在 2017 年完工并通过的，但 2018 年确是开始将其实施了，其表现即该年 2 月 8 日起施行的《最高人民法院关于适用中华人民共和国行政诉讼法的解释》（以下简称《解释》）。该《解释》对行政诉讼法的实施是从"保权"和"限权"两个方面来展开的。在"保权"方面，《解释》首先明确了行政诉讼的受案范围，即"公民、法人或者其他组织对行政机关及其工作人员的行政行为不服，依法提起诉讼的"，就属于人民法院行政诉讼的受案范围。这就是说，行政机关要为自己的侵权行为负责，通过司法手段对行政侵权行为的阻却来达到救济受损的公民、法人等利益的目的。该《解释》第十四条规定，"公民因被限制人身自由而不能提起诉讼的，其近亲属可以依其口头或者书面委托以该公民的名义提起诉讼。近亲属起诉时无法与被限制人身自由的公民取得联系，近亲属可以先行起诉，并在起诉中补充提交委托证明。"这也是一项保护人权的规定，体现了法律的"温情"。

以下解释性规定同样也体现了法律的温情,如《解释》第十六条指出:"联营企业、中外合资或者合作企业的联营、合资、合作各方,认为联营、合资、合作企业权益或者自己一方合法权益受行政行为侵害的,可以自己的名义提起诉讼。"《解释》第十七条指出:"事业单位、社会团体、基金会、社会服务机构等非营利法人的出资人、设立人认为行政行为损害法人合法权益的,可以自己的名义提起诉讼。"《解释》第十八条指出:"业主委员会对于行政机关作出的涉及业主共有利益的行政行为,可以自己的名义提起诉讼。业主委员会不起诉的,专有部分占建筑物总面积过半数或者占总户数过半数的业主可以提起诉讼。"针对《行政诉讼法》第四十三条规定的"以非法手段取得的证据",《解释》界定了非法证据:"(一)严重违反法定程序收集的证据材料;(二)以违反法律强制性规定的手段获取且侵害他人合法权益的证据材料;(三)以利诱、欺诈、胁迫、暴力等手段获取的证据材料。"上述解释体现了对非法证据排除规则的坚守,也体现了对人权的保护。

关于"限权"即对行政权力的限制问题,从《解释》中"规范性文件的一并审查"部分就能得到印证。《解释》第一百四十五条指出:"公民、法人或者其他组织在对行政行为提起诉讼时一并请求对所依据的规范性文件审查的,由行政行为案件管辖法院一并审查。"《解释》第一百四十八条指出:"人民法院对规范性文件进行一并审查时,可以从规范性文件制定机关是否超越权限或者违反法定程序、作出行政行为所依据的条款以及相关条款等方面进行。"又将下列情形列为"规范性文件不合法":"(一)超越制定机关的法定职权或者超越法律、法规、规章的授权范围的;(二)与法律、法规、规章等上位法的规定相抵触的;(三)没有法律、法规、规章依据,违法增加公民、法人和其他组织义务或者减损公民、法人和其他组织合法权益的;(四)未履行法定批准程序、公开发布程序,严重违反制定程序的;(五)其他违反法律、法规以及规章规定的情形。"

那么,对上述情形应当如何处理?《解释》指出:"经审查认为规范性文件不合法的,不作为人民法院认定行政行为合法的依据,并在裁判理由中予以阐明。作出生效裁判的人民法院应当向规范性文件的制定机关提出处理建议,并可以抄送制定机关的同级人民政府、上一级行政机关、监察机关以及规范性文件的备案机关。规范性文件不合法的,人民法院可以在裁判生效之日起三个月内,向规范性文件制定机关提出修改或者废止该规范性文件的司法建议。"可见,作为规范性文件的"抽象行政行为"也被纳入了司法审查的范围,并非仅仅是"具体行政行为",这是我国行政诉讼制度的一个重要进步,它无疑加大了对行政权力的监督力度,扩大了司法权对行政权的监督范围,对促进法治政府建设发挥了重要作用,同时也间接促进了人权保障。

2019年3月12日,周强在十三届全国人大二次会议上所作的《最高人民法院工作报告》对2018年的主要工作进行了总结,其中说道:"促进行政争议实质性化解。审结一审行政案件25.1万件,出台贯彻执行新修改的行政诉讼法司法解释,发布行政审判白皮书,服务保障'放管服'改革。山西、河南、甘肃等地法院开展行政案件集中管辖试点,军事法院推进军事行政审判试点,取得良好效果。依法审理房屋拆迁、劳动保障等行政案件,维护行政相对人合法权益。"这是法院系统实施行政诉讼法治战略的具体举措,可以看出,法院正是围绕"限权"和"保权"来推进相关实施工作的。

我国检察机关在实施行政诉讼法治战略方面更是砥砺前行,在"保权""限权"方面倍加努力。张军在2019年3月12日的十三届全国人大二次会议上所作的《最高人民检察院工作报告》中总结了2018年的工作,强调了公益诉讼制度在保障人权、监督和限制行政权方面所发挥的重要作用。报告指出,我国检察机关在去年积极落实以人民为中心、探索中国特色公益诉讼检察之路,开局效果良好。全年共立案办理民事公益诉讼4393件、行政公益诉讼108767件。其中,涉及生态环境和资源保护的案件有59312件、食品药品安全的案件有41118件、国有资产保护的案件有10025件、国有土地使用权出让的案件有2648件、英烈权益保护的案件有57件。

该报告又指出:"树立双赢多赢共赢理念。行政公益诉讼涉及政府履职,本质是助力政府依法行政,共同维护人民根本利益,得到各方面有力支持。"其实,行政公益诉讼制度的本质在于实现检察权对行政权的监督(限权),而监督的目的在于维护人民群众的根本利益(保权),即监督和限制行政权的目的是为了保护人民权利,这就是行政诉讼法治战略的出发点和落脚点。

根据报告所述,全国各地检察机关在克服重重困难之后,行政公益诉讼工作正在积极推进:"黑龙江省人大常委会就检察公益诉讼专门作出决定,该省检察机关专项调查 387 家小煤矿关闭整治公益保护问题,发现违法违规和犯罪问题线索 132 件;对公益受损案件,以检察建议督促主管机关履职,取得良好成效。针对公益诉讼案件确定管辖难、调查取证难、司法鉴定难等问题,会同最高人民法院出台司法解释,与生态环境部等 9 部委会签协作意见;河北、上海、广西、陕西等地检察机关与有关部门建立协作联动机制。全国县级检察院办理公益诉讼已做到全覆盖。"

另外,报告还指出:"把诉前实现维护公益目的作为最佳状态。检察机关诉前发出公告或检察建议,促使有关主体提起诉讼、行政机关依法履职,不仅可以及时保护公益,更以最少司法投入获得最佳社会效果。共办理诉前程序案件 102975 件。其中,公告督促有关社会组织提起民事公益诉讼 1721 件;向行政机关发出检察建议 101254 件,97.2%得到采纳,更多问题在诉前得以解决。"这说明,有了行政诉讼的威慑,检察机关在诉讼前向行政机关发出的检察建议也能发挥积极作用,成功地督促行政机关履行自己的职责。

报告说:"诉前检察建议不能有效落实,就以诉讼、庭审接力推动问题解决,警示一片、教育社会面。共提起公益诉讼 3228 件,法院已判决 1526 件,支持起诉意见 1525 件。"这些数据说明,检察机关配合审判机关,助推公益诉讼工作的开展,共同实现了司法权对行政权的监督,今后这一趋势会逐步得到增强。

六、刑事诉讼法治战略述论①

打击犯罪与保护人权是我国刑事诉讼法的立法宗旨和根本任务,也是对刑事诉讼法治的一种战略表达。正如有学者所说:"惩罚犯罪和保护人民是中国刑事诉讼法任务中不可分割的两个方面,惩罚犯罪和保护人民是完全一致的,惩罚犯罪是为了保护人民,只有有效打击了犯罪,人民的合法权益才能得到有效保护。片面地强调惩罚犯罪而使无罪的人受到了追究,片面地强调

---

① 本部分系笔者与胡萌博士合作。

保护人民而放纵了犯罪,这两种倾向都是错误的。"①

　　但问题是,重打击、轻保护一直是我国刑事诉讼法领域的"顽疾",对犯罪嫌疑人、被告人的保护并不到位。陈瑞华教授在《刑事诉讼的前沿问题》一书中就 1979 年我国刑事诉讼法所确定的刑事诉讼任务问题加以探讨,说道:"在这一由国家基本法律确定的刑事诉讼任务中,实体真实、惩治犯罪等与实体法实施有关的目标得到强调,而保障被告人的诉讼权利,维护刑事诉讼过程的公正性等程序法意义上的目标则受到忽略,甚至连一席之地也没有。这与世界性的保障人权趋势,以及中国加强民主和法制建设的情况越来越不相适应。而从刑事司法的层面来看,中国司法实践中相当严重地存在着'重打击,轻保护'的现象,无论是犯罪嫌疑人、被告人还是被害人,其诉讼权利和人格尊严在国家和社会利益面前,往往显得无足轻重。有关加强公民基本权利和自由保障的观念不仅在公检法三机关那里没有形成,而且在普通民众中也相当薄弱。有鉴于此,不少学者都认为,必须通过学术研究,在司法人员和普通民众中传播人权保障的思想,使刑事诉讼活动不再成为纯粹行政意义上的治罪活动,而成为国家与个人进行平等的理性对抗的诉讼活动。"②并强调:"刑事诉讼立法的历史,在一定意义上讲,也就是刑事被告人权利保护不断加强的历史。"③以上见解可谓精到,它提示我们,在当前和今后较长的一段时期内,保护人权将是刑事诉讼法治战略设计的重心所在。打击犯罪是必要的,但更重要的是保护人权,特别是刑事被告人的人权。

　　党的十八大以来,以习近平同志为核心的党中央协调推进"四个全面"战略布局,在深化国家监察体制改革、反腐败追逃追赃、深化司法体制改革、完善刑事诉讼法治以及保护人权等方面作出了一系列重大决策部署,确定了重大成果和进展。④

　　(一)深化依法治国实践。党的十九大报告中提出:全面依法治国是中国特色社会主义的本质要求和重要保障。必须把党的领导贯彻落实到依法治国全过程和各方面,坚定不移走中国特色社会主义法治道路,完善以宪法为核心

---

① 陈卫东主编:《刑事诉讼法学》,法律出版社 2000 年版,第 3 页。

② 陈瑞华:《刑事诉讼的前沿问题》,中国人民大学出版社 2013 年版,第 55 页。

③ 陈瑞华:《刑事诉讼的前沿问题》,中国人民大学出版社 2013 年版,第 57 页。

④ 樊崇义:《2018 年〈刑事诉讼法〉最新修改解读》,载《中国法律评论》2018 年第 6 期。

的中国特色社会主义法律体系,建设中国特色社会主义法治体系,建设社会主义法治国家,发展中国特色社会主义法治理论,坚持依法治国、依法执政、依法行政共同推进,坚持法治国家、法治政府、法治社会一体建设,坚持依法治国和以德治国相结合,依法治国和依规治党有机统一,深化司法体制改革,提高全民族法治素养和道德素质。

全面依法治国是国家治理的一场深刻革命,必须坚持厉行法治,推进科学立法、严格执法、公正司法、全民守法。在谈及法治问题时,习近平总书记曾引用王安石的"立善法于天下,则天下治;立善法于一国,则一国治",治理国家必须重视法治建设。刑事诉讼法是国际人权评价的重要指标,为在国际舞台上提升国家地位,我国刑事诉讼法须与世界刑事司法准则相协调。刑事诉讼法素有"小宪法"之称,以打击犯罪和保障人权为基本目标。

在2018年刑事诉讼法的修改中,缺席审判制度的确立备受瞩目,体现了党中央高度重视反腐败和国际追逃追赃工作,并以法治化的思路进行制度建设,落实党的十九大精神,全面推进依法治国、推进反腐败国家立法、推进国际追逃追赃工作的需要。① 长期以来,"双规""双指"的调查手段因缺少程序的正当性而备受争议,且两大反腐主力之间的职能划分不明,影响了打击贪腐行为的力度。《监察法》的出台,打破了以往"侦查—公诉"的格局,构建出全新的"调查—公诉"模式,②改变了原有的刑事诉讼职能管辖格局,解决了刑事诉讼体制中人民检察院对于职务犯罪自立、自侦、自诉的问题,为新形势下反腐败斗争提供了法治保障。

(二)深化以审判为中心的诉讼制度改革。诉讼分流、繁简分流是化解案多人少矛盾、提高诉讼效率的重要途径,是推进以审判为中心诉讼制度改革的重要配套机制。③ 从犯罪结构看,有统计显示,我国犯罪结构呈现重罪和轻罪案件的"二八"现象,即重罪案件占整个犯罪案件比例为两成左右,而轻罪案件大致占八成;相应地,不认罪案件和认罪案件也呈现"二八"分化,认罪案件

① 参见樊崇义:《2018年〈刑事诉讼法〉最新修改解读》,载《中国法律评论》2018年第6期。

② 参见李奋飞:《"调查—公诉"模式研究》,载《法学杂志》2018年第6期。

③ 参见樊崇义:《2018年〈刑事诉讼法〉最新修改解读》,载《中国法律评论》2018年第6期。

占到公诉部门审查办理案件的 80% 左右,犯罪结构的变化对刑事诉讼制度也带来了新的影响。以审判为中心的刑事诉讼制度改革和刑事案件认罪认罚从宽制,均体现了"繁者更繁,简者更简"的改革趋势,犯罪结构的变化对统筹推进庭审实质化和案件繁简分流提出现实需求。

以审判为中心的刑事诉讼制度改革强调庭审实质化,公诉人要通过庭上有效举证质证,与被告人及其辩护人充分展开辩论,实现指控和证实犯罪的目标,这使得出庭公诉愈发成为追诉犯罪的关键战场,出庭公诉工作的重要性更加凸显。随着证据制度逐步确立完善,证据合法性越来越成为庭审争议的焦点,"四类人员"出庭渐成常态,庭审举证质证方式发生转变,简单出示证据已不能满足指控犯罪需要,力证证据"三性"、构建证据体系、排除合理怀疑、驳斥辩方质疑成为公诉人成功指控犯罪的关键,出庭公诉面临更高要求。认罪认罚从宽制度改革,确立了多层次诉讼体系,繁案精办、简案快办,实行"繁简分流",也给公诉提出新课题。

2018 年 7 月,最高人民检察院出台了《人民检察院公诉人出庭举证质证工作指引》,配合法庭审判实质化。该《举证质证指引》适应多层次诉讼体系需要,着眼于构建以庭前准备为基础,以当庭指控证实犯罪为核心,认罪与不认罪案件相区别的出庭公诉模式,提升公诉人出庭举证质证水平,为公诉人出庭举证质证提供了基本遵循。加强出庭公诉工作,是检察机关深化刑事诉讼制度改革,全面贯彻证据裁判规则,适应庭审实质化的必然要求,是充分发挥庭审决定性作用,推进司法公开化、民主化的必然要求。

2018 年 4 月,最高人民法院、司法部联合印发的《关于依法保障律师诉讼权利和规范律师参与庭审活动的通知》。该《通知》强调各级人民法院及其工作人员要尊重和保障律师诉讼权利,应当尊重律师,不得侮辱、嘲讽律师。人民法院要严格执行法定程序,平等对待诉讼各方,合理分配各方发问、质证、陈述和辩论、辩护的时间,充分听取律师意见。对于律师在法庭上就案件事实认定和法律适用的正常发问、质证和发表的辩护代理意见,不随意打断或者制止。《通知》重点对庭审阶段的律师权利保障和执业行为规范进行了规定,使律师参与庭审活动更加有章可循。2018 年 6 月,最高人民法院公布了《关于加强和规范裁判文书释法说理的指导意见》,对相关原则、内容、要求和方法进行了明确的规定。对裁判文书作出释法说理的要求,能够倒逼庭审实质化的实现,让法庭围绕事实和证据引导当事人进行更充分的调查、辩论。

(三)加强人权司法保障。自 2012 年刑事诉讼法修改将保障人权列为刑事诉讼的主要目标之一,完善保障人权相关制度就在实践中被不断提出。犯罪嫌疑人、被告人虽是被国家追诉的人,但其仍享有作为人的基本尊严和正当权益。在刑事追诉中,个体自由与国家利益存在一定程度的冲突,而宪法中的基本人权与基本原则是一道不可跨越的底线。犯罪嫌疑人、被告人在被限制人身自由的情况下,会见律师、接受法律帮助是实现其合法利益诉求和有效行使辩护权的重要渠道,律师意见与检察机关的法律监督是保障犯罪嫌疑人、被告人人权的常态机制。而我国刑事辩护制度仍存缺漏,影响了保障人权目标的实现。在完善刑事诉讼制度的改革中,一方面,以审判为中心的诉讼制度改革需要提高辩护率和辩护质量;另一方面,缺席审判、认罪认罚从宽制度等的建立都需要完善辩护制度予以配合。

2017 年 11 月始,最高人民法院、司法部在北京等地开展刑事案件律师辩护全覆盖试点工作。历经一年的实践探索,试点工作取得了积极成效,律师辩护率得到提高。2018 年 4 月,最高人民法院、司法部联合印发了《关于依法保障律师诉讼权利和规范律师参与庭审活动的通知》。该《通知》着眼于构建法官与律师之间彼此尊重、相互支持、相互监督的良性互动关系。2018 年 11 月 29 日,最高人民法院和司法部在安徽合肥召开刑事案件律师辩护全覆盖和律师调解两项试点工作推进会,部署在全国扩大两项试点工作。

律师执业权利的保障程度,不仅关系到律师作用能否有效发挥,当事人合法权益能否得到有效维护,而且直接关系到司法公正的实现,反映着一个国家民主法治的程度。律师执业行为是否规范,不仅影响律师职业的整体形象,而且关系到国家法律能否得到正确实施,影响着公众对法治的信仰、对社会公平正义的信心。党中央对律师维权惩戒工作高度重视,多次对加强律师队伍建设、保障律师执业权利、完善律师管理制度提出明确要求。近年来,各级司法行政机关、律师协会在政法各部门支持配合下,认真落实中央决策部署,坚持"严管""厚爱"相结合,切实加强律师维权惩戒工作,广大律师对维权工作满意度不断提高,惩戒工作的正面效果逐步显现,赢得律师行业和社会各界普遍认可。

此次刑事诉讼法修改中的值班律师制度、缺席审判制度、与监察法衔接的规定等,都体现了保障人权的基本理念,防止刑罚权的滥用,推进法治进步。

(四)监察体制改革与制度衔接。2018 年 3 月,第十三届全国人民代表大会第一次会议通过了《中华人民共和国宪法修正案》,其中有 11 条与国家监察体制改革相关,在第三章"国家机构"第六节后增加一节,专门规定了监察委员会相关制度。深化国家监察体制改革是一项事关全局的重大政治体制、监察体制改革,是强化党和国家自我监督的重大决策部署。2018 年 3 月 20日,第十三届全国人民代表大会第一次会议正式通过了《中华人民共和国监察法》。

监察机关调查终结的案件移交检察机关提起公诉,必然涉及监察制度与刑事诉讼制度衔接的现实问题。《监察法》的出台必然需要《刑事诉讼法》作相关调整予以配合,涉及内容主要包括以下几个方面:(1)明确监察案件三机关的关系。监察机关、检察机关、审判机关之间应是相互配合、相互制约的关系。(2)管辖权的调整。由人民检察院管辖的"贪污贿赂犯罪、国家机关工作人员的渎职犯罪",转由监察委管辖,主要涉及六类案件:贪污贿赂犯罪、滥用职权犯罪、玩忽职守犯罪、徇私舞弊犯罪、重大责任事故犯罪以及公职人员的其他犯罪。① (3)与移送审查起诉的衔接。

七、刑事诉讼法治战略的实施②

(一)《刑事诉讼法》修改

2018 年 10 月 26 日,第十三届全国人民代表大会常务委员会第六次会议通过了《关于修改〈中华人民共和国刑事诉讼法〉的决定》,并于当天公布施行。此次的刑事诉讼法修正案回应了当下我国监察体制改革和司法制度改革,修改了监察法与刑事诉讼法的衔接机制、认罪认罚从宽制度、速裁程序、律师值班制度、陪审制等内容。

1.值班律师制度的确立及辩护制度。修改后的《刑事诉讼法》第三十六

---

① 参见樊崇义:《2018 年〈刑事诉讼法〉最新修改解读》,载《中国法律评论》2018 年第6 期。

② 本部分系笔者与胡萌博士合作。

条规定:"法律援助机构可以在人民法院、看守所等场所派驻值班律师。犯罪嫌疑人、被告人没有委托辩护人,法律援助机构没有指派律师为其提供辩护的,由值班律师为犯罪嫌疑人、被告人提供法律咨询、程序选择建议、申请变更强制措施、对案件处理提出意见等法律帮助。"并且,办案机关应当为值班律师提供会见、了解案情等方面的便利。值班律师制度的建立,是适应世界人权发展潮流、彰显司法人权的重要成果,是我国司法人权保障制度的建构和完善的一大亮点。① 而对于值班律师的定位问题,此次修改中明确为"法律帮助",有学者认为其实质应当是法律援助制度的组成部分,或者说是特殊的法律援助制度,是特殊的辩护律师。② 但是,由于其值班律师的定位,无法充分行使辩护律师的相关权利,无法主动会见当事人、无法阅卷,不能有效保障当事人的辩护权利及其他正当权利。

同时,此次刑事诉讼法修正案还对辩护制度进行了完善。一是规定律师被开除公职和被吊销律师执业执照以后不得担任辩护人。二是配合认罪认罚从宽制度和速裁程序,辩护律师、法律援助律师以及值班律师的意见应受重视,并在他们的见证下,由犯罪嫌疑人签署认罪认罚具结书。三是配合此次写入立法的缺席审判制度,赋予了被告人、被告人近亲属委托辩护律师的权利,没有委托辩护律师的,人民法院应当通知法律援助机构指派律师为其辩护。可见,在本次立法中,虽然律师辩护算不上修改的重点,但其在刑事诉讼中的地位和作用得到了应有的重视。③

2. 缺席审判制度。《联合国反腐败公约》第 57 条第 3 款第 2 项规定:"对于该公约所涵盖的任何犯罪的所得,请求国欲向被请求国主张返还逃到该国的贪官携带去的巨额赃款,请求国必须提供生效的判决文书。"由于被告人并不在案,我国刑事审判程序无法正常展开,导致对外逃罪犯追赃追逃难的问题长期存在。此次《刑事诉讼法》修改在第五编特别程序中增设缺席审判一章,这一新制度的确立备受瞩目,体现了党中央高度重视反腐败和国际追逃追赃

---

① 参见樊崇义:《2018 年〈刑事诉讼法〉最新修改解读》,载《中国法律评论》2018 年第 6 期。

② 参见樊崇义:《2018 年〈刑事诉讼法〉最新修改解读》,载《中国法律评论》2018 年第 6 期。

③ 参见顾永忠:《2018 年〈刑事诉讼法〉再修改对律师辩护的影响》,载《中国法律评论》2019 年第 1 期。

工作,并以法治化的思路进行制度建设,落实党的十九大精神,全面推进依法治国、推进反腐败国家立法、推进国际追逃追赃工作的需要。① 全国人大法工委刑法室主任王爱立回答《法制日报》记者提问时说:"建立刑事缺席审判制度,对推动司法机关积极履职、丰富惩治犯罪手段、促进反腐败国际追逃工作来讲,都有着积极的意义,可以使一些案件得到及时的处理和及时固定一些证据,避免因为时间过长,证据灭失情形的发生。同时,对外逃的犯罪分子及时作出法律上的否定评价,可以彰显法治权威,维护国家和社会公共利益。"②

修改后的《刑事诉讼法》第二百九十一条第一款规定:"对于贪污贿赂犯罪案件,以及需要及时进行审判,经最高人民检察院核准的严重危害国家安全犯罪、恐怖活动犯罪案件,犯罪嫌疑人、被告人在境外,监察机关、公安机关移送起诉,人民检察院认为犯罪事实已经查清,证据确实、充分,依法应当追究刑事责任的,可以向人民法院提起公诉。人民法院进行审查后,对于起诉书中有明确的指控犯罪事实,符合缺席审判程序适用条件的,应当决定开庭审判。"该规定将缺席审判的适用范围严格限制在贪污贿赂犯罪、危害国家安全犯罪和恐怖活动犯罪,并对后两类犯罪适用缺席审判规定了限制条件。此外,关于缺席审判制度规定还适用于另外两种情形:一是被告人患有严重疾病中止审理六个月后仍无法出庭,被告人及其法定代理人、近亲属申请或者同意恢复审理的;二是被告人死亡,但有证据证明被告人无罪的,人民法院经缺席审理确认无罪的。上述两类适用缺席审理的情形并不是以反腐追赃为目标,而是出于对司法公正与效率的追求而一并作了规定。

缺席审判制度是对传统对席审判的突破,需要尤为注重程序的正当性。此次刑诉法修订中,对缺席审判案件的审级、送达方式以及被告人的相关权利作了规定。

(1)审级规定。修改后的《刑事诉讼法》第二百九十一条规定,缺席审判案件由犯罪地、被告人离境前居住地或者最高人民法院指定的中级人民法院组成合议庭进行审理。中级人民法院本身案件管辖范围就包括危害国家犯罪和恐怖活动犯罪案件,有较为丰富的审判经验。

---

① 参见樊崇义:《2018 年〈刑事诉讼法〉最新修改解读》,载《中国法律评论》2018 年第 6 期。
② 朱宁宁:《缺席审判制度正式写入刑事诉讼法》,载《法制日报》2018 年 10 月 26 日。

（2）送达方式。根据第二百九十二条的规定，人民法院应当根据司法协助方式或者被告人所在地法律允许的方式将传票和起诉书副本送达被告人。送达不仅是告知被告人诉讼的相关情况，保障其诉讼权利，也有利于促使其回国接受审判。

（3）委托辩护和指定辩护。第二百九十三条规定，人民法院缺席审判案件，被告人有权委托辩护人，被告人的近亲属可以代为委托辩护人。没有委托的，人民法院应当通知法律援助机构指派律师为其提供辩护。被告人的辩护权是宪法赋予的一项诉讼权利，缺席审判与对席审判在保护被告人诉讼权利方面有很大差别，缺席审判中被告人极有可能无法亲自委托辩护人，因此规定被告人近亲属可以代为委托，这与一般的委托辩护主体有所不同。

（4）上诉人及上诉权的规定。第二百九十四条规定，被告人或者其近亲属对判决不服有权上诉，辩护人经被告人或者其近亲属同意可以上诉。通常情况下，被告人近亲属只有在被告人同意的情况下可以行使上诉权；在缺席审判中，对被告人的近亲属赋予了独立的上诉权，无须经被告人同意。这也是考虑到与被告人无法取得联系的情况下，应保障其上诉权能被及时行使，权利救济不至于落空。

（5）被告人到案的处理和财产处理错误的救济。第二百九十五条规定，审理过程中被告人自动投案或者被抓获的，人民法院应当重新审理。罪犯在判决、裁定生效后到案的，人民法院应当将其交付执行，并告知其有权对判决、裁定提出异议；对于提出异议的应当重新审理。对财产处理确有错误的，应当予以返还、赔偿。对于被告人提出异议权的规定，是对引渡合作中被缺席审判者的一种特殊保障，有利于我国与他国之间合法展开引渡与司法协助工作。

3. 认罪认罚从宽制度。在总结试点经验的基础上，于刑事诉讼法总则增加了第十五条认罪认罚从宽的原则性规定："犯罪嫌疑人、被告人自愿如实供述自己的罪行，承认指控的犯罪事实，愿意接受处罚的，可以依法从宽处理。"这一原则性规定引发了学界对于其中的"关键词"的讨论。对于"认罪"，有学者认为根据 2003 年《关于适用普通程序审理"被告人认罪案件"的若干意见（试行）》中对"认罪"的定义，应指对被指控的犯罪事实无异议。① 对这一理

---

① 参见陈卫东：《认罪认罚从宽制度研究》，载《中国法学》2016 年第 4 期。

解学界较为一致,存在的主要争议在于"认罪"是否包含对罪名的承认。对于"认罚"的含义解释,一方面需要犯罪嫌疑人、被告人有真诚悔罪的主观态度,另一方面要有积极退赔退赃的客观行为。"从宽"是较为核心的部分,主要是量刑上的优惠以及程序上的简化。

(1)社会危险性的考量因素。修改后的《刑事诉讼法》第八十一条第二款规定:"批准或者决定逮捕,应当将犯罪嫌疑人、被告人涉嫌犯罪的性质、情节,认罪认罚等情况,作为是否可能发生社会危险性的考虑因素。"这一规定明确了认罪认罚可以作为是否逮捕的评价指标之一,对认罪认罚的犯罪嫌疑人可以优先考虑适用非羁押性强制措施。

(2)侦查人员的告知义务。修改后的《刑事诉讼法》第一百二十条第二款规定:"侦查人员在讯问犯罪嫌疑人的时候,应当告知犯罪嫌疑人享有的诉讼权利,如实供述自己罪行可以从宽处理和认罪认罚的法律规定。"2012年的刑事诉讼法仅为侦查人员设置了"告知犯罪嫌疑人如实供述自己罪行可以从宽处理的法律规定"的义务,这里的法律规定主要是《刑法》第六十七条的法定量刑情节。而在认罪认罚从宽制度被写入刑事诉讼法后,相关的权利和程序性规定必然成为侦查人员告知的内容。

(3)移送审查起诉程序。修改后的《刑事诉讼法》第一百六十二条第二款规定:"犯罪嫌疑人自愿认罪的,应当记录在案,随案移送,并在起诉意见中写明有关情况。"这一规定将从宽的政策切实落实。正如有学者所言,目前的认罪认罚从宽就是坦白从宽的法治化。

(4)审查起诉阶段的告知义务与听取意见规定。根据修改后的《刑事诉讼法》第一百七十三条的规定,犯罪嫌疑人认罪的,人民检察院应当告知其享有的诉讼权利和认罪认罚的法律规定,听取犯罪嫌疑人、辩护人或者值班律师、被害人及其诉讼代理人对相关事项的意见。在这一阶段,认罪认罚协商的内容主要包括:涉嫌的犯罪事实、罪名及适用的法律规定;从轻、减轻或者免除处罚等从宽处罚的建议;认罪认罚后案件审理适用的程序;其他需要听取意见的事项。

(5)签署认罪认罚具结书的规定。根据修改后的《刑事诉讼法》第一百七十四条的规定,犯罪嫌疑人自愿认罪,同意量刑建议和程序适用的,应当在辩护人或者值班律师在场的情况下签署认罪认罚具结书。同时规定三种不需要签署具结书的情形:犯罪嫌疑人是盲、聋、哑人,或者是尚未完全丧失辨认或者控制自己行为能力的精神病人的;未成年犯罪嫌疑人的法定代理人、辩护人对未成年人认罪认罚有异议的;其他不需要签署认罪认罚具结书的情形。

(6)量刑建议。修改后的《刑事诉讼法》第一百七十六条第二款规定:"犯罪嫌疑人认罪认罚的,人民检察院应当就主刑、附加刑、是否适用缓刑等提出量刑建议,并随案移送认罪认罚具结书等材料。"对于任何公诉案件,人民检察院都是"可以"提出量刑建议,而认罪认罚案件对人民检察院提出了"应当"提出量刑建议的要求。同时,突出了人民检察院提出的量刑建议对人民法院的约束力,提高量刑建议背后量刑从宽的激励效应。

(7)撤案和不起诉的规定。修改后的《刑事诉讼法》第一百八十二条规定:"犯罪嫌疑人自愿如实供述涉嫌犯罪的事实,有重大立功或者案件涉及国家重大利益的,经最高人民检察院核准,公安机关可以撤销案件,人民检察院可以作出不起诉决定,也可以对涉嫌数罪中的一项或者多项不起诉。"

(8)审判程序规定。审判阶段再次强调了对被告人知情权的保障以及对认罪认罚的合法性进行审查。修改后的《刑事诉讼法》第一百九十条第二款规定:"被告人认罪认罚的,审判长应当告知被告人享有的诉讼权利和认罪认罚的法律规定,审查认罪认罚的自愿性和认罪认罚具结书内容的真实性、合法性。"对于人民检察院的量刑建议,人民法院经审理认为量刑建议明显不当,或被告人、辩护人对量刑建议提出异议的,人民检察院可以调整;不调整量刑建议或者调整后仍明显不当的,人民法院应当依法作出判决。认罪认罚制度中法院的司法审查对保障犯罪嫌疑人、被告人认罪认罚的自愿性、合法性具有重要作用,在我国的司法制度下法官仍然有发现真实的义务。

4.速裁程序。为了提高刑事诉讼效率,优化对繁简案件的资源分配,2014年6月27日第十二届全国人民代表大会常务委员会第九次会议通过了《关于授权最高人民法院、最高人民检察院在部分地区开展刑事案件速裁程序试点工作的决定》,在北京等18个城市开展为期两年的刑事案件速裁程序试点工作。试点工作结束取得了一些成效,包括:(1)刑事诉讼效率明显提高;(2)认罪认罚从宽在一定程度上得到体现;(3)当事人权利得到有效保障。①

---

① 参见樊崇义:《2018年〈刑事诉讼法〉最新修改解读》,载《中国法律评论》2018年第6期。

在此次刑事诉讼法的修改中,速裁程序被列为与普通程序、简易程序相并列的刑事诉讼程序之一,这是对传统的诉讼程序结构的突破与创新,将试点工作中的经验以理性规范的方式确定下来。修改后的《刑事诉讼法》第二百二十二条至二百二十六条对速裁程序的适用范围、适用条件等作出了规定。

(1)速裁程序的适用范围和条件。修改后的《刑事诉讼法》第二百二十二条规定:"基层人民法院管辖的可能判处三年有期徒刑以下刑罚的案件,案件事实清楚,证据确实、充分,被告人认罪认罚并同意适用速裁程序的,可以适用速裁程序,由陪审员一人独任审判。人民检察院在提起公诉的时候,可以建议人民法院适用速裁程序。"速裁程序体现了效率优先、兼顾公平的价值取向,要确保在案件事实查清,并且当事人认罪认罚同意适用速裁程序时适用该程序,在保障公正和当事人权利的前提下实现司法资源的优化配置,提高司法效率。

(2)明确规定了不适用速裁程序的情形。第二百二十三条规定了不适用速裁程序的情形:被告人是盲、聋、哑人,或者尚未完全丧失辨认或者控制自己行为能力的精神病人的;被告人是未成年人的;案件有重大社会影响的;共同犯罪案件中部分被告人对指控的犯罪事实、罪名、量刑建议或者适用速裁程序有异议的;被告人与被害人或者其法定代理人没有就附带民事诉讼赔偿等事项达成调解或者和解协议的;其他不宜适用速裁程序审理的。上述情形都是需要更谨慎对待的案件,有些会影响到犯罪事实的查清,适用速裁程序有无法保障实体结果公正的风险。同时,增加了被告人是未成年人的案件不适用速裁程序的规定,以保证法庭教育发挥对未成年人的感化作用。

(3)速裁庭审程序。根据第二百二十四条的规定,速裁程序审理案件一般不进行法庭调查、法庭辩论,但保留在判决宣告前听取辩护人意见和被告人最后陈述意见,且应当当庭宣判。该规定体现了简化程序的同时,保障被告人的基本程序权利和辩护权利。速裁程序的效率体现在第二百二十五条的规定,即人民法院应当在受理后十日以内审结;可能判处有期徒刑超过一年的,可以延长至十五日。此外,第二百二十六条规定:"人民法院在审理过程中,发现有被告人的行为不构成犯罪或者不应当追究其刑事责任、被告人违背意愿认罪认罚、被告人否认指控的犯罪事实或者其他不宜适用速裁程序审理的情形的,应当按照本章第一节或者第三节的规定重新审理。"

5.刑事诉讼法与其他相关法律的衔接。除了与监察法的衔接,刑事诉讼法与律师法、公证法、陪审员法等相关法律有衔接之处,需要进行统一与调整。

(1)增加了海警行使侦查权的规定。2018年6月,《全国人民代表大会常务委员会关于中国海警局行使海上维权执法职权的决定》规定了中国海警局履行海上维权执法职责,打击海上违法犯罪活动、维护海上治安和安全保卫等,行使公安机关相应执法职权。刑事诉讼法修改决定中规定了中国海警的侦查权,即《刑事诉讼法》第三百零八条。

(2)违规律师惩戒规定。修改后的《刑事诉讼法》第三十三条规定:被开除公职和被吊销律师、公证员执业证书的人,不得担任辩护人,但系犯罪嫌疑人、被告人的监护人、近亲属的除外。

(3)审判组织人员调整。修改后的《刑事诉讼法》第一百八十三条对原第一百七十八条第一款做了调整规定:"基层人民法院、中级人民法院审判第一审案件,应当由审判员三人或者由审判员和人民陪审员共三人或者七人组成合议庭进行,但是基层人民法院适用简易程序、速裁程序的案件可以由审判员一人独任审判。"一方面,扩充了"审判员+人民陪审员"的组合人数,从三人改为三人或七人;另一方面,将新增的速裁程序列入相关规定中。同时,对原第一百七十八条第二款做了修改规定:"高级人民法院审判第一审案件,应当由审判员三人至七人或者由审判员和人民陪审员共三人或者七人组成合议庭进行。最高人民法院审判第一审案件,应当由审判员三人至七人组成合议庭进行。"一方面取消了高级人民法院一审中"审判员+人民陪审员"的五人组合,另一方面最高人民法院一审案件中不再有人民陪审员参与。

此外,《刑事诉讼法修改决定》删除原第一百七十八条第三款"人民陪审员在人民法院执行职务,同审判员有相同的权利",待对人民陪审员的权利地位予以重新确定。

(二)《监察法》的出台

1.监察体制改革的立法背景

"长期以来,我国对公权力的监督和制约机制存在监察范围过窄、反腐败力量过于分散、反腐败的专责和集中不够统一等问题。"2018年3月20日,第十三届全国人民代表大会第一次会议通过了《中华人民共和国监察法》,标志着集中统一、权威高效的中国特色国家监察体制已建立。

在《监察法》出台前,我国反腐败的权力格局主要有两大主力:一是纪检、监察部门,从党的纪律和行政纪律的角度查处干部贪腐行为;二是人民检察院对贪污、腐败等职务犯罪进行侦查、追诉。① 长期以来,"双规""双指"的调查手段缺少程序的正当性而备受争议,且两大反腐主力之间的职能划分不明,影响了打击贪腐行为的力度。《监察法》的出台,打破了以往"侦查—公诉"的格局,构建出全新的"调查—公诉"模式,②改变了原有的刑事诉讼职能管辖格局,解决了刑事诉讼体制中人民检察院对于职务犯罪自立、自侦、自诉的问题,为新形势下反腐败斗争提供了法治保障。

伴随着权力结构的调整,相关制度的衔接问题成为理论界与实务界的讨论焦点。其中,监察机关留置措施与刑事强制措施、监察证据与刑事证据的关系等,成为处理监察机关和刑事司法机关之间关系必须厘清的问题。监察制度体现了"有别侦查,对接公诉,服务审判"的特点,③而目前监察程序与刑事诉讼程序之间的衔接仍需更细致的规范。

2.《监察法》与《刑事诉讼法》的衔接规定

(1)管辖衔接。《监察法》第十一条第二项规定:监察机关对涉嫌贪污贿赂、滥用职权、玩忽职守、权力寻租、利益输送、徇私舞弊以及浪费国家资财等职务违法和职务犯罪进行调查。与此相对应的案件由检察机关转由监察机关管辖,刑事诉讼法对检察机关的案件管辖范围作出了调整。

(2)强制措施衔接规定。修改后的《刑事诉讼法》第一百七十条第二款规定:"对于监察机关移送起诉的已采取留置措施的案件,人民检察院应当对犯罪嫌疑人先行拘留,留置措施自动解除。人民检察院应当在拘留后的十日以内作出是否逮捕、取保候审或者监视居住的决定。在特殊情况下,决定的时间可以延长一日至四日。人民检察院决定采取强制措施的期间不计入审查起诉期限。"

(3)审查起诉程序衔接。根据《监察法》第四十七条的规定,对监察机关

---

① 参见樊崇义:《2018 年〈刑事诉讼法〉修改重点与展望》,载《国家检察官学院学报》2019年第 1 期。

② 参见李奋飞:《"调查—公诉"模式研究》,载《法学杂志》2018 年第 6 期。

③ 参见张云霄:《〈监察法〉与〈刑事诉讼法〉衔接探析》,载《法学杂志》2019 年第 1 期。

移送的案件,人民检察院依照刑事诉讼法对被调查人采取强制措施。人民检察院经审查,认为犯罪事实已经查清,证据确实、充分,依法应当追究刑事责任的,应当作出起诉决定;认为需要补充核实的,应当退回监察机关补充调查,必要时可以自行补充侦查。对于补充调查的案件,应当在一个月内补充调查完毕。补充调查以二次为限。人民检察院对于有刑事诉讼法规定的不起诉的情形的,经上一级人民检察院批准,依法作出不予起诉的决定。监察机关认为不起诉的决定有错误的,可以向上一级人民检察院提请复议。与此相衔接,修改后的《刑事诉讼法》第一百七十条第一款规定:"人民检察院对于监察机关移送起诉的案件,依照本法和监察法的有关规定进行审查。人民检察院经审查,认为需要补充核实的,应当退回监察机关补充调查,必要时可以自行补充侦查。"

(4)证据规则的衔接。《监察法》第三十三条规定:"监察机关在收集、固定、审查、运用证据时,应当与刑事审判关于证据的要求和标准相一致。以非法方法收集的证据应当依法予以排除,不得作为案件处置的依据。"与此相对应,修改后的《刑事诉讼法》第二百九十一条规定:"对于贪污贿赂犯罪案件,以及需要及时进行审判,经最高人民检察院核准的严重危害国家安全犯罪、恐怖活动犯罪案件,犯罪嫌疑人、被告人在境外,监察机关、公安机关移送起诉,人民检察院认为犯罪事实已经查清,证据确实、充分,依法应当追究刑事责任的,可以向人民法院提起公诉。"

(5)处置涉案财产的衔接。《监察法》第四十六条规定:"监察机关经调查,对违法取得的财物,依法予以没收、追缴或者责令退赔;对涉嫌犯罪取得的财物,应当随案移送人民检察院。"修改后的《刑事诉讼法》第一百七十七条第三款规定:"人民检察院决定不起诉的案件,应当同时对侦查中查封、扣押、冻结的财物解除查封、扣押、冻结。对被不起诉人需要给予行政处罚、处分或者需要没收其违法所得的,人民检察院当提出检察意见,移送有关主管机关处理。有关主管机关应当将处理结果及时通知人民检察院。"第一百八十二条规定:"根据前款规定不起诉或者撤销案件的,人民检察院、公安机关应当及时对查封、扣押、冻结的财物及其孳息作出处理。"

以下,对刑事诉讼法治的完善问题略加探讨。此次刑事诉讼法的修改虽增添修改的条文不算繁多,但修改的内容非常丰富,涉及的问题也十分复杂。

对于认罪认罚从宽的适用、值班律师地位等问题在学界的争论意见分歧颇多。随着各项改革工作的不断推进,刑事诉讼法律的修改也将步履不停,对疑难问题的思索与研讨有益于未来法律的修缮。

首先,监察委调查阶段的律师会见权问题。监察机关行使的调查权具有监督属性、行政属性和司法属性三重性质。其中,监督属性是本质,行政属性和司法属性是实现监督不可或缺的手段,三者相互联系,相互补充。[①] 在职务犯罪调查中,监察机关承担的是部分司法职能,这也是监察法与刑事诉讼法衔接的前提。《监察法》第三十三条规定:"监察机关在收集、固定、审查、运用证据时,应当与刑事审判关于证据的要求和标准相一致。以非法方法收集的证据应当依法予以排除,不得作为案件处置的依据。"而在目前监察委调查环节,辩护律师无权介入,只待审查起诉、庭审时发现存在非法证据应予排除,或者证据存在问题达不到证明标准才能发表辩护意见。如此,整个案件中律师辩护权的发挥空间被压缩,辩护意见无法及时形成和传达,给辩护工作带来挑战。

律师会见权是犯罪嫌疑人、被告人实现其辩护权十分重要的权利,留置期间与侦查期间相似,都是当事人被限制自由,若有合法权利受到侵害,则无合法有效的途径可以维权。同时,当事人无法得到法律上的帮助,往往只得"配合"调查员的调查,使案件朝着不利于己的方向发展。监察机关在行使司法职能时,应当秉持基本的司法理念,践行保障人权和正当程序的法治要求。刑事诉讼法律的修改呈现出对此种理念越来越重视的趋势,监察权力在司法领域的行使以及与刑事诉讼法律的衔接应当共享法治理念,杜绝权力滥用和侵害人权。有学者提出:"《监察法》刚刚起步施行,留置的场所等具体问题还有待进一步细化完善。在其完善的过程中,被调查人员可能会因为对自身权利的不明确而感到无助和恐惧,在此阶段保证律师会见权有助于缓解被调查人员的恐慌感,能够对监察活动起到良好的监督和细致的说明。留置期间的律师会见对被调查人来说是及时有效的帮助,对监察机关而言是严格遵守证据裁判原则的有利督促,也有助于监察机关按照法院庭审的要求和标准进行证

[①] 参见樊崇义:《2018 年〈刑事诉讼法〉修改重点与展望》,载《国家检察官学院学报》2019年第 1 期。

据调查。"①

其次,缺席审判制度中的上诉权问题。我国缺席审判制度中对被告人的上诉权规定:"被告人或者其近亲属不服判决的,有权向上一级人民法院上诉。辩护人经被告人或者其近亲属同意,可以提出上诉。"在这一规定中,被缺席审判的被告人享有当然的上诉权,而与常规不同的是赋予了被告人近亲属独立的上诉权。这是一种绝对的上诉权,无须征得被告人的同意;而在其他程序中被告人的近亲属只具有相对的上诉权,即需要征得被告人同意。绝对的上诉权应以被告人欠缺自我保护能力为前提,而在缺席审判中被告人是逃亡境外或死亡,难以保证近亲属独立行使上诉权不会违背被告人的意愿。

再次,值班律师在侦查阶段的权利。刑事诉讼法修改后对值班律师的法律帮助内容,人民法院、人民检察院和看守所的告知义务、提供便利的义务作出了规定,但对于值班律师会见犯罪嫌疑人及其维护自己合法权利的途径等却没有规定。根据目前的实践,检察机关一般都是在已经确定犯罪嫌疑人认罪认罚时,才会让值班律师介入作见证。在犯罪嫌疑人最需要帮助的侦查阶段,值班律师却无权介入,使得该角色沦为司法机关的程序辅助人。值班律师目前的定位是提供法律帮助的人,无法行使辩护律师的诸多权利,在这样的定位下,若值班律师无法主动会见当事人、无法主动阅卷,则其见证签署认罪认罚具结书未免使这一重要制度安排流于形式。

对于认罪认罚从宽制度而言,犯罪嫌疑人是否愿意作出这样的选择,十分依赖于值班律师对这一制度后果的专业解释。虽然在这一阶段是侦查人员固定证据、攻坚犯罪嫌疑人口供的关键期,但在追求司法公正目标一致性的基础上,值班律师在侦查阶段的介入有助于全面、客观发掘事实,固定证据,促使犯罪嫌疑人早日作出理性选择,提高司法效率。

最后,认罪认罚从宽制度的适用难题。认罪认罚从宽虽然在立法中确立了基本原则和适用程序,但其适用标准在实务中存在难题。首先,"认罪"既可以指承认被指控的犯罪事实,也可以指如实供述未被指控的罪行。那么,两种不同的认罪情形是否都包含在这一制度中? 以及,是否要包含对罪名的认

---

①　樊崇义:《2018 年〈刑事诉讼法〉修改重点与展望》,载《国家检察官学院学报》2019 年第 1 期。

可？其次，"认罚"也存在着类似的概念模糊问题，是指刑罚执行方式，还是要包含刑期长短？① 而犯罪嫌疑人、被告人的认罪认罚表现形式也会是具体多样的，如虽认罪却无悔改之意，避重就轻，存在认罪认罚的反复性和不稳定性等，这些都是在具体适用制度时会面临的难题。在试点期间，不少试点单位认为"认罪认罚"不外乎是宽严相济刑事政策的另一种表达，没有单独评价的必要，而是利用"自首""坦白""退赃退赔"等行为来评价即可。最后，如何从宽是一个量刑的问题，应当在实体法中予以规定，在程序上主要是为了从宽从简，却违背了程序法与实体法界分的法律原理。

有学者提出，认罪认罚案件处理程序是一个完整的过程，公检法机关在其中都扮演着相应的角色。从宽不仅体现在审判阶段，也体现在审前阶段。这意味着在审前程序中，侦查阶段应优先适用非羁押性强制措施，并向检察机关提出实体上从轻、程序上从简的建议；在审查起诉阶段，检察机关除了优先适用非羁押性强制措施，对符合相对不起诉的应该作出不起诉决定。② 此外，在适用认罪认罚从宽制度时，是否可以就罪名和罪数进行交换？有学者认为，不得通过罪名变化来作为办理案件的交换条件，不得在协议过程中降格指控、重罪变轻罪，或减少指控改变罪数，这应是我国认罪认罚制度的一个基本底线。③

对于认罪认罚从宽制度中律师参与，有学者提出，在认罪认罚案件中，由于诉讼流程明显加快，辩护空间缩小，更为关注律师参与的实质效果，即辩护的"实效性"。必须通过律师在关键环节(如第一次讯问)、关键阶段(如审查起诉阶段)的参与，来保障犯罪嫌疑人、被告人认罪认罚的自愿性、真实性、明智性和合法性。目前，认罪认罚从宽制度是被嵌入到速裁程序、简易程序、普通程序中，有学者认为，在我国刑事诉讼法的发展中，建构独立的认罪认罚从宽协商制度和程度是必然趋势，赋予认罪认罚从宽程序一个独立的地位和制度，类似美国的辩诉交易程序和德国的刑事处罚令程序。④

---

① 参见樊崇义：《2018 年〈刑事诉讼法〉修改重点与展望》，载《国家检察官学院学报》2019 年第 1 期。

② 参见朱孝清：《认罪认罚从宽制度的几个问题》，载《法治研究》2016 年第 5 期。

③ 参见陈卫东：《认罪认罚从宽制度研究》，载《中国法学》2016 年第 2 期。

④ 参见樊崇义：《认罪认罚从宽协商程序的独立地位与保障机制》，载《国家检察官学院学报》2018 年第 1 期。

　　党的十八大以来,中国的法治建设全面提速,我国刑事诉讼在其中扮演了十分重要的角色。刑事诉讼制度的现代化,是一个国家法治现代化的重要风向标。随着改革的推进,刑事诉讼制度不断健全完善,而徒法不足以自行,参与其中的公权力机关对刑事诉讼理念和精神的把握,深刻影响着刑事诉讼法律实施的效果。正如有学者所言,"法治作为一种治国手段和预期目标,它并不单纯是指法律制度建设,归根到底它是一种属人的活动。而法治精神作为人们对法律现象的价值把握的理性积淀,不仅是特定民族法律行为赖以生长的基础和内核,而且还通过每个人的观念介入法律现实,决定法的实施方式和法的职能本身"。社会发展变迁在法律领域不断提出新的时代课题,作为"小宪法"的刑事诉讼法律的实施,既要服务于总体的法治战略,又要把握自身规律,以新的视野深化对立法、司法、执法规律的认知,从理论和实践相结合系统回应法治时代之需。

主要参考文献

一、著作类

卓泽渊等主编:《金融法律服务与管理创新建设》,中国人民公安大学出版社 2012 年版。

王振民等:《中国共产党党内法规研究》,人民出版社 2016 年版。

沈忠俊等:《司法道德新论》,法律出版社 1999 年版。

崔亚东主编:《上海法院司法体制改革的探索与实践》,人民法院出版社 2018 年版。

朱小黄主编:《中国金融法治建设年度报告(2016—2017)》,社会科学文献出版社 2018 年版。

朱小黄等:《互联网金融与法治建设》,中国人民公安大学出版社 2015 年版。

朱苏力:《法治及其本土资源》,中国政法大学出版社 1996 年版。

朱力宇:《依法治国论》,中国人民大学出版社 2004 年版。

周玉华主编:《中国司法学》,法律出版社 2015 年版。

周海源:《创新的法治之维》,北京大学出版社 2017 年版。

中共中央宣传部编:《习近平新时代中国特色社会主义思想学习纲要》,人民出版社 2019 年版。

中国行为法学会金融法律行为研究会编:《金融安全与法治建设论坛论文集》,2017 年内刊本。

赵志华等:《金融犯罪的定罪与量刑》,人民法院出版社 2008 年版。

赵震江、付子堂:《现代法理学》,北京大学出版社 1999 年版。

张树义主编:《行政法学》,法律出版社 2000 年版。

张立文:《传统学七讲》,长春出版社 2008 年版。

张晋藩:《中国古代法律制度》,中国广播电视大学出版社 1992 年版。

张彩凤主编:《比较司法制度》,中国人民公安大学出版社 2007 年版。

俞可平主编:《国家底线——公平正义与依法治国》,中央编译出版社 2014 年版。

业露华:《佛教历史百问》,今日中国出版社 1992 年版。

杨一平:《司法正义论》,法律出版社 1999 年版。

徐显明主编:《人权法原理》,中国政法大学出版社 2008 年版。

徐美君:《司法制度比较》,中国人民公安大学出版社 2010 年版。

徐国栋:《民法哲学》,中国法制出版社 2009 年版。

徐国栋:《民法基本原则解释》,中国政法大学出版社 2004 年版。

肖金泉等:《中国司法体制改革备要》,中国人民公安大学出版社 2009 年版。

吴浩等主编:《侗族款词》,广西民族出版社 2009 年版。

王以真主编:《外国刑事诉讼法学》,北京大学出版社 1994 年版。

王立峰:《法治中国》,人民出版社 2014 年版。

王河主编:《中国科技法学》,法律出版社 1991 年版。

汪世荣主编:《枫桥经验:基层社会治理的实践》,法律出版社 2018 年版。

汪世荣等:《枫桥经验:基层社会治理体系和治理能力现代化实证研究》,法律出版社 2018 年版。

汪世荣等主编:《中国边疆法律治理的历史经验(上)》,法律出版社 2014 年版。

万斌:《法理学》,浙江大学出版社 1988 年版。

佟丽华:《十八大以来的法治变革》,人民出版社 2013 年版。

田思源主编:《体育法前沿》第二卷,中国政法大学出版社 2017 年版。

田明海主编:《法治经济建设与法律实施》,人民法院出版社 2016 年版。

孙磊:《法治经济》,人民出版社 2014 年版。

苏钦:《中国民族法制研究》,中国文史出版社 2004 年版。

石文龙:《21 世纪中国法制变革论纲》,机械工业出版社 2005 年版。

沈宗灵主编:《法学基础理论》,北京大学出版社 1988 年版。

沈宗灵主编:《法理学》,高等教育出版社 1994 年版。

沈宗灵主编:《法理学》,北京大学出版社 2000 年版。

沈忠俊等:《司法道德新论》,法律出版社 1999 年版。

尚洪立主编:《司法改革前沿问题研究》,人民法院出版社 2011 年版。

瞿同祖:《中国法律与中国社会》,中华书局 1981 年版。

漆多俊:《经济法基础理论》,武汉大学出版社 2002 年版。

牛志忠:《科技法律秩序的保护研究》,知识产权出版社 2019 年版。

倪正茂:《科技法学导论》,四川人民出版社 1990 年版。

缪蒂生：《当代中国司法文明与司法改革》，中央编译出版社 2007 年版。

马贤兴主编：《虚假诉讼防治的理论与实践》，人民法院出版社 2015 年版。

马怀德主编：《行政诉讼法学》，法律出版社 2000 年版。

吕廷君：《论乡规民约的效力基础》，载《民间法》第七卷，山东人民出版社 2008 年版。

罗豪才等：《软法亦法——公共治理呼唤软法之治》，法律出版社 2009 年版。

罗昶：《伦理司法》，法律出版社 2009 年版。

刘在信：《早期佛教与基督教》，今日中国出版社 1991 年版。

刘善春：《行政审判实用理论与制度建构》，中国法制出版社 2008 年版。

刘隆亨：《经济法概论》，北京大学出版社 2002 年版。

刘红凛：《全面从严治党的格局与谋略》，上海人民出版社 2017 年版。

李养正：《道教概说》，中华书局 1989 年版。

李顺德等：《知识产权与科技法律探索》，科学出版社 2013 年版。

李龙等主编：《和谐社会中的重大问题研究》，中国社会科学出版社 2008 年版。

孔祥俊：《司法哲学与裁判方法》，人民法院出版社 2010 年版。

卡多佐：《司法过程的性质》，苏力译，商务印书馆 2002 年版。

金泽：《宗教禁忌》，社会科学文献出版社 1998 年版。

教育部课题组：《深入学习习近平关于教育的重要论述》，人民出版社 2019 年版。

姜明安主编：《行政法学》，法律出版社 1998 年版。

江必新主编：《中国法律实施报告 2013》，法律出版社 2014 年版。

江必新：《行政法论丛》，法律出版社 2014 年版。

黄竹生：《司法权新探》，广西师范大学出版社 2003 年版。

黄永维主编：《司法热点读本》，人民法院出版社 2016 年版。

怀效锋主编：《德治与法治研究》，中国政法大学出版社 2008 年版。

胡旭晟主编：《狱与讼：中国传统诉讼文化研究》，中国人民大学出版社 2012 年版。

胡伟：《司法政治》，香港三联书店有限公司 1994 年版。

胡平仁：《法律社会学》，湖南人民出版社 2006 年版。

韩君玲主编：《简明中国法治文化辞典》，商务印书馆 2018 年版。

郭树理：《体育纠纷的多元化救济机制探讨》，法律出版社 2004 年版。

郭道晖：《法的时代挑战》，湖南人民出版社 2003 年版。

顾元：《衡平司法与中国传统法律秩序》，中国政法大学出版社 2006 年版。

高其才：《中国习惯法论》，湖南出版社 1995 年版。

高其才：《多元司法》，法律出版社 2009 年版。

费孝通:《乡土中国》,三联书店 1985 年版。

范愉:《非诉讼纠纷解决机制研究》,中国人民大学出版社 2000 年版。

董小龙、郭春玲主编:《体育法学》,法律出版社 2018 年版。

董疆:《司法权威:认同与制度建构》,厦门大学出版社 2015 年版。

崔永东:《中西法律文化比较》,北京大学出版社 2004 年版。

崔永东:《中国传统司法文化研究》,人民出版社 2017 年版。

崔永东:《司法学原理》,人民出版社 2011 年版。

陈业宏等:《中外司法制度》,商务印书馆 2015 年版。

陈兴业等:《中外司法制度比较》,商务印书馆 2000 年版。

陈卫东主编:《刑事诉讼法学》,法律出版社 2000 年版。

陈瑞华:《刑事诉讼的前沿问题》,中国人民大学出版社 2013 年版。

陈桂明主编:《民事诉讼法学与仲裁法学》,法律出版社 2000 年版。

陈光中等:《中国司法制度的基础理论问题研究》,经济科学出版社 2010 年版。

陈光中:《中国古代司法制度》,北京大学出版社 2017 年版。

曹文泽、崔永东等主编:《司法学研究·2017》,人民出版社 2017 年版。

崔永东:《司法改革与司法公正》,上海人民出版社 2016 年版。

博登海默:《法理学:法律哲学和法律方法》,邓正来译,中国政法大学出版社 1999 年版。

伯尔曼:《法律与宗教》,梁治平译,三联书店 1991 年版。

卞建林主编:《中国诉讼法治发展报告(2016)》,中国政法大学出版社 2017 年版。

包涵:《论刑法中的道德判断》,中国人民公安大学出版社 2015 年版。

昂格尔:《现代社会中的法律》,吴玉章译,中国政法大学出版社 1994 年版。

[英]梅因:《古代法》,沈景一译,商务印书馆 1959 年版。

[英]哈特:《法律的概念》,张文显等译,中国大百科全书出版社 1996 年版。

[美]庞德:《法律与道德》,陈林林译,中国政法大学出版社 2003 年版。

[美]卡尔·贝克尔:《18 世纪哲学家的天城》,何兆武等译,三联书店 2001 年版。

[美]杰佛理·罗森:《最民主的部门:美国最高法院的贡献》,胡晓进译,中国政法大学出版社 2013 年版。

[美]富勒:《法律的道德性》,郑戈译,商务印书馆 2005 年版。

[法]托克维尔:《论美国的民主》,董国良译,商务印书馆 1991 年版。

[奥]尤根·埃利希:《法律社会学基本原理》,叶名怡等译,中国社会科学出版社 2011 年版。

《中国民法学精粹》2003 年卷,机械工业出版社 2004 年版。

《西方法律思想史资料选编》,北京大学出版社 1980 年版。

《加快推进国防和军队现代化》,人民出版社 2015 年版。

《法学词典》,上海辞书出版社 1989 年版。

《北京大学法学百科全书》,北京大学出版社 2000 年版。

最高人民法院司改办编:《新时代司法体制综合配套改革前沿问题研究》,人民法院出版社 2018 年版。

最高法院司改领导小组办公室:《新时代深化司法体制综合配套改革前沿问题研究》,人民法院出版社 2018 年版。

二、论文类

朱孝清:《认罪认罚从宽制度的几个问题》,载《法治研究》2016 年第 5 期。

朱宁宁:《缺席审判制度正式写入刑事诉讼法》,载《法制日报》2018 年 10 月 26 日。

郑飞:《论提升司法公信力的路径》,载《证据科学》2015 年第 1 期。

张云霄:《〈监察法〉与〈刑事诉讼法〉衔接探析》,载《法学杂志》2019 年第 1 期。

余南平:《我国治理能力现代化建设助推营商环境不断优化》,载《文汇报》2019 年 10 月 25 日。

尹锋林:《当代司法科技的基本架构和发展趋势》,载《科学学研究》2019 年第 2 期。

王海峰等:《我国军民融合法治建设研究》,载《上海军民融合》(内刊) 2018 年第 2 期。

童蕴河等:《以法治保障推进军民融合深度发展》,载《学习时报》2018 年 10 月 25 日。

田友方:《军民融合促进军队司法制度建设》,载《法制日报》2013 年 4 月 11 日。

李奋飞:《"调查-公诉"模式研究》,载《法学杂志》2018 年第 6 期。

李博:《大幅提升 15 位,中国营商环境全球排名第 31 名》,载《21 世纪经济报道》2019 年 10 月 25 日。

季金华:《依宪治国下民主政治渠道的司法疏通理路》,载《法学论坛》2018 年第 3 期。

后宏伟:《藏族习惯法回潮及其原因探析》,载《甘肃政法学院学报》2017 年第 4 期。

郭婧:《侗族地区民事纠纷解决机制研究》,载《法治论坛》2012 年第 3 辑。

顾永忠:《2018 年〈刑事诉讼法〉再修改对律师辩护的影响》,载《中国法律评论》2019 年第 1 期。

樊崇义:《认罪认罚从宽协商程序的独立地位与保障机制》,载《国家检察官学院学报》2018 年第 1 期。

樊崇义:《2018 年〈刑事诉讼法〉最新修改解读》,载《中国法律评论》2018 年第 6 期。

樊崇义:《2018 年〈刑事诉讼法〉修改重点与展望》,载《国家检察官学院学报》2019 年第 1 期。

陈卫东:《认罪认罚从宽制度研究》,载《中国法学》2016 年第 2 期。

陈柯云:《明清徽州宗族对乡村统治的加强》,载《中国史研究》1995 年第 3 期。

陈光中:《略论司法公信力问题》,载《法制与社会发展》2015 年第 5 期。

陈斌等:《论军民融合式发展与司法协调》,载《法制与社会》2008 年第 35 期。

《中国营商环境全球排名跃居第 31 位》,载《文汇报》2019 年 10 月 25 日。

责任编辑:张　立
封面设计:胡欣欣
责任校对:陈艳华

图书在版编目(CIP)数据

司法与社会之关系研究/崔永东 著. —北京:人民出版社,2020.10
(司法学研究丛书)
ISBN 978－7－01－022185－4

Ⅰ.①司… Ⅱ.①崔… Ⅲ.①法律社会学-研究 Ⅳ.①D902

中国版本图书馆 CIP 数据核字(2020)第 094866 号

司法与社会之关系研究
SIFA YU SHEHUI ZHI GUANXI YANJIU

崔永东　著

人民出版社 出版发行
(100706 北京市东城区隆福寺街 99 号)

中煤(北京)印务有限公司印刷　新华书店经销

2020 年 10 月第 1 版　2020 年 10 月北京第 1 次印刷
开本:710 毫米×1000 毫米 1/16　印张:14
字数:225 千字

ISBN 978－7－01－022185－4　定价:49.00 元

邮购地址 100706　北京市东城区隆福寺街 99 号
人民东方图书销售中心　电话 (010)65250042　65289539